大いなる誤解・親子が殺し合わないために

子どもの魂を健やかに育て、
幸せな親子関係を
築くために必要なこと

小石川真実

Ψ
金剛出版

三種類の読み方案内

伊敷病院　神田橋條治

この本は読者の立ち位置によって三種類の読み方が可能です。第一は『学び』の読み方、第二は『追体験』の読み方、第三は『痛棒』としての受け止めです。どの読み方を選ばれても豊かな時間になりますが、他の二つの読み方がありうることを、こころに留めてくださるとさらに視界が拡がります。

1　『学び』の読み方

娯楽としての読書でない、認識を深めるための通常の「読書」として、この本は最良の水準にあります。

上野公園はパンダブームです。抽選の幸運を引き当てた親子が、四分間の陶酔を体験して興奮しています。僕らはテレビ画面で見るだけですが、それでもシャンシャンとシンシンの関わりの様子に魅了されます。情愛の世界が展開します。そこには情と意との未分化があり、知のような能力の参与も感じ取れます。すなわち、意と知は情愛に付随し、従属しています。

中国奥地のまだ文字を知らない古代人の親子が、パンダの親子に遭遇したことがあったかもしれません。そのとき、陶酔も興奮もなく「アア自分らと同じだ」と親愛の気持ちが生じただけでしょう。だけど、同じではないのです。古代人の親子はパンダの親子を観察しますが、パンダの親子はヒトの親子に気付くだけでしょう。シャンシャン・シンシンは観客に気付いている様子すらありません。観察は知が主導する動きであり、ヒトは知が肥大しているのです。パンダには天敵がいないようですし、竹を主食にしているようですが、身を守ったり狩猟をしたりする動物では、観察という知の活動が必要になります。そのような動物でも、親子関係にあっては情愛が主導し、意と知とはそれに従属するようです。パンダとの四分間の出会いをした親子のなかには、ヒトの親子の基盤にも在る情愛主導の関係のリフレッシュを得た親が子がいたことでしょう。フィードバック効果です。

残念ながら、知が文字という手段を得たことで、情愛のフィードバックが阻止されがちになりました。知の支配の横暴が始まりました。知が意を家来にして、情をメチャクチャにする現代社会が発生しました。ないがしろにされ悲しみ・怒りへと化した情愛が、意を味方に取り戻して、知さえも手段におとしめての活動が「反社会・非社会」の活動として目立つようになりました。「いのち」の悲鳴・一揆です。もともとはすべての技芸の習得活動であった「勉強」という概念が、文字文化の習得のみを指すようになった今日この頃の自然な結末です。最近の学校生活を瞥見すると、恐ろしい事態が急速に拡大しつつあります。

著者は極めて優れた知性と感性の持ち主です。それは家系的な資質です。現代の学校教育の到達目標像に似た文字文化支配家庭です。ちなみに、感性とは、知の機能のうち文字文化にからめ捕られなかった要素です。「優れた」という評価尺度は本来、知の活動を量るための用語で、他の領域への転用には少し無理がありま す。それはともかく、著者には情愛の豊かな資質があります。それゆえに本質として「情け容赦のない」文字文化・教条にメチャクチャにされ、大変な苦労の末そこから脱し得た体験記です。

同時に、優れた文字文化の能力を含め、著者の不幸の原因となった資質そのものが、そこからの脱出を可能にし、かつ現代のボクらの親子関係に深甚な警告を発してくれているのです。書かれている事態も提言も「よそ事ではない」のです。

2 『追体験』の読み方

読者のなかには、親をしたことがある・している・する予定である人もいましょう。それよりも全員が子をしたことがあるでしょう。そして現代社会に生きる我々は、多かれ少なかれ著者のいう「親子関係関連障害」を体験し、それに由来する「生き難さ」に何とか折り合いを付けたり、他に押し付けたりしています。現代社会人でこの障害と無縁の人はいません。無縁だと思う人は逆に大変重症の人かもしれません。著者が「叫び」の形で伝えてくれる認識と提言とを、一つずつわが身に照らして味わうと、「体験した者同士」の共感がさまざまな示唆を与えてくれるはずです。著者は知性と感性が卓越し情愛が豊かな資質であったせいで、深く傷つき、かつそれをコトバにして伝えてくれているだけです。我々の体験と同質です。量が甚大であるだけです。

「親子関係関連障害」は世代間で次々と連鎖します。それは著者の突き止めた通りです。しかし多くの場合、自分が親になったときシャンシャン・シンシンを見習って親子関係を作っていくことで、子への連鎖は断たれます。それだけでなく、親自身の「親子関係関連障害」が癒されてゆくのです。著者は提言でそれを分析的に（それがコトバの機能）語ってくれています。「情けは他人のためならず」です。障害児を育て上げた親が「この子に育てられた」と語るのは例証です。

3　『痛棒』としての読み方

著者は子育ての機会がなかったので、「与える活動で得る」という癒しの機会がありません。が幸いなことに、著者は現役の医師です。日々の臨床の場で、シャンシャン・シンシンの母子関係を参考にすると著者の「親子関係関連障害」は軽減するはずです。

長いもがきの歴史の途上で、著者は十数人の医師に治療を受けています。そして最後に出会った医師の寄り添う関わりで立ち直りの足掛かりを得ます。不幸中のわずかな幸いは、有害な医師の態度と有益な医師の態度との典型例を自ら味わい得たことです。著者がこれから「与える活動で得る」のに格好のモデルを身を以て見聞しておられます。

ここで、「親子関係関連障害」の治療者としての人生のなかで、有害な治療者と有益な治療者とをともに自ら行ってきたボクの老医としての述懐から、少しの助言をお話ししましょう。

「親子関係関連障害」の患者に寄り添おうとすると、その求める態度と叫びにこちらが引き込まれ、その雰囲気の住人になります。援助者が有害な親の態度へと誘導されます。その過程はブロンズ像と石膏型の関係に似ます。援助者側に潜んでいる「親子関係関連障害」が活性化されるのです。その苦しさから逃れるべく関係を切ってしまう援助者もいます。「境界例とは関わらない」と宣言する精神科医がいますが、事態をつぶさに観察すると、「境界例」というラベルは「関わらない」の正当化のために登場したことがわかります。「関わらない」は、著者が親と絶縁したのと立場は逆ですが方法・効果としては同じです。関係を切らない場合(切れない場合)に二つの方策があります。一つは著者の両親が採用した態度です。十数人の医師の行いは両親と似ています。命を救うために、やむなく鼻から経管栄養をしたのと同質の治療が再三行われたはずです。本書に描きだされる医師たちの言葉や態度に著者の親と同じ味わいがあります。さらに著者の「親への七つのお願い」を医師へのお願いとして読み替えると「痛棒」の効果があるはずです。

二つ目の方策は、最後の主治医が採った態度です。最終的には「この患者に育てられた」との述懐に終わるありようです。幸い潜んでいる「親子関係関連障害」が軽かった医師なのかもしれませんが、ボクはもう一つの可能性を連想しています。

著者がもがいていた歴史のなかで援助者として関わったのは医師だけではありません。医師以外の援助者、おそらくは病棟のスタッフのなかに、しっかりと受け止めてくれた人々があったのだと思います。シンシンと同様に情愛が主で意と知を従属させている人です。その人々との関わりで、著者は自分の苦悩の渦のなかから「観察者」を救出して、その観察者が観察結果として語った歴史が最後の医師に受け止めやすい情報だったのでしょう。ボクは非医師の援助者にいつも助けられてきました。

老医としてのボクの技術的到達点は、患者のなかから「観察者」を救出することが治療の当面の目標であり、その方法は、ボク自身の感情状態を観察して語ることでモデルを示すことだ、としています。

もっともっと豊かな内容のこの体験記から、みなさんそれぞれが収穫を得られることを期待します。

はじめに

最近、親子間の流血の惨事の報道が後を絶たない。

私にはそうした不幸の多くが、親子関係について、特に親の側が数々の深刻な誤解をしていることが、最大の原因で起きる気がしてならない。

「自分にとって子どもとはどういう存在か」についての認識に始まる、一連の誤解である。

それに加え、子どもの側も物心ついたばかりの頃から、古くから社会に根強くある親子関係についての固定観念に、必要以上に縛られ過ぎてしまうことも、相当見逃せない原因になっていると感じる。


そう考える一番の根拠は、私自身の体験である。

私は親になった経験がないので、親がわが子を手にかける心理を親しく想像することは難しい。

しかし子どもが実の親を殺す事件については、正直な話、とても他人事と思えないほど身につまされる。

私はもう三六年医師をしているが、その一方で両親との関係の悪さが因で精神を病み、社会から落伍寸前の状態にまで至った経験を持つ。

そして不完全ながらも大幅に病状が改善して、仕事も社会生活もどうにか人並に営めるようになった現在でも、あとひと言、親に以前と同じようなことを言われたら、自分を絶対に冷静に保てるという自信が持てずにいる。

それが最大の理由で、五五歳以降、両親と絶縁し続けている。

多くの「親殺し」の事件の報道では、何故親子関係がそれほど救いのないところまで拗《こじ》れたのか、「心の闇」が詳細に報じられることはほとんどない。

何が悪くて最悪の事態に立ち至ったのか、何を改めればそうした事態が防げるのか、突き詰めて原因を分析し、有効な対策を立てようという本質的議論がなされないために、何度同様の陰惨な事件が起きても一向に教訓が活かされないのは、もったいない限りである。

それでこの本では、何よりも私自身の体験に基づき、その原因と対策についての本質的な議論を、できる限りしてみたい。

何故なら何を改めるべきかは、ふと「殺意」が萌《きざ》したことのある当事者にこそ最もよくわかると思うからだ。もちろんそこから実際に「殺す」という行為までの間には、大きな隔たりがあるが。

当事者の立場に立った経験のある人間が、過去の自分の心情を冷静に思い返して、正確に叙述すれば、何より現実の改善に役に立つ情報が提供できるものと信じる。

こうした話は「親は無条件で尊く、感謝すべき存在」という〝親信仰〟が昔から特に根強い日本の社会では、相当強い批判を受けるに違いない。

しかし親が、たとえば「子どもは親の言う通りにしていれば間違いない」という類《たぐい》の自らの認識が誤りだと悟り、本気で改めることさえできれば、それだけで深刻な不幸の大半は未然に防げると、私は確信している。

だからそれがどれほど困難であっても、できる限りその努力をしないのはもったいないと、切実に感じる。

現在でも、日本の親御さんたちの多くは、最初から子どもに酷《むご》かれと思って働きかけられている訳ではないと思う。ほとんどの親御さんは真剣に子どもの幸せを願い、「良かれと思って」働きかけてられているに違いない。

しかし、たとえば「子どもは親とは別個の人格」という正しい認識ができていないために、働きかけ方を誤って、逆に子どもを損なってしまう。

せっかくの努力が徒《あだ》になってしまい、もったいない限りである。

だからこそ、改めるべき要点だけをしっかり改めて、御自身の貴重な努力を、お子さんの幸せと温かい親子関係という、本来目指していた結果に是非つなげていただきたい。

そのために、僭越だがこれから私が展開する議論を是非役立てていただきたい。

尚、この本で私が社会のすべての人たちに訴えたい内容は、第Ⅱ部の「子どもに心を病ませないために、親の立場の方にお願いしたいこと」と、第Ⅲ部の「親との関係が原因の心の病から脱却するために、子どもの立場の方に勧めたいこと」に集約した。

またそこに思い切って「親子関係関連障害」という新しい疾患概念を提出した。

そしてそれ以前の第Ⅰ部には、私をそれらの考えに立ち至らせた私自身の体験を、洗いざらい書いてみた。それを行なったのは、第Ⅱ部と第Ⅲ部の主張に説得力を持たせるためと、日頃「親殺し」の事件がテレビなどのニュースで報じられる度《たび》に、子どもの「心の闇」のひと言で片付けられる殺人の動機が、実際にはどれほど複雑に入り組んだものであるか、せめて私の一例だけでも（もっとも私は実際に親を殺してはいないが）知っていただきたいという意図からである。

しかし真実を完全に追究し、伝えようとするあまり、第Ⅰ部は重苦しくなりすぎてしまったかもしれない。だから第Ⅰ部を途中まで読んで辛くなられた方は、先に第Ⅱ部と第Ⅲ部を読んでいただきたい。然る後にもし、著者がどういう経緯でそれらの考えに立ち至ったかを知りたいと思って下さったら、その時に改めて第Ⅰ部の続きを読んでいただきたい。

誠に勝手なことを言って申し訳ないが、是非そのようにお願いしたい。

目次

第3章　発症から回復・絶縁へ　

I

私自身の体験から考える
「親子が殺し合わないために」

私自身が親子関係の悪さが因で、精神を病んでいった事実経過については、既に『親という名の暴力』（高文研、二〇一二）と『私は親に殺された！』（朝日新聞出版、二〇一五）という二つの本に詳述した。

それで今回は、そうした両親の働きかけが何故、どのように私の精神を損なったか、問題の本質《エッセンス》を抽出して明確にお伝えしたい。

そうすることにより、そういうやり方をやめるべき理由を、少しでも多くの読者にわかっていただくことを目指してである。

キーワードは主体性と自尊心

話がわかりやすいように、先に結論から端的に述べさせていただく。

私自身の経験からは、子どもが親を激しく憎むようになる原因、最悪の場合それが殺意にまで発展する最も多い原因は、親が**子どもの自尊心を打ち砕くことと、子どもの主体性を根こそぎ奪ってしまうこと**の二つだろうと考えている。

そうなる理由は、人間が精神の生き物だからだろう。

言い換えれば、人間を他の動物と隔てる一番の特徴は、際立って高い精神の能力にあるからだと感じる。

即《すなわ》ち人間は、誰しも自分で自分を見詰め、自分の価値をはかる力と、自分自身に価値を見出したい、断ちがたい欲求を持っている。

また人間が生物学的に「ヒト」であるだけでなく、社会的に「人間」として存在するためには、自分の意志と判断で自分の生き方や行動を決められることが不可欠の条件である。

故にそれらの欲求や可能性を阻《はば》む存在に対しては、たとえ相手が実の親でも激しい憎しみを覚える。

少なくとも私の場合はそうだったし、他の多くの人たちの場合も、若干の程度の差はあれ、本質的には変わらないと推測する。

第1章　魂の殺人

第1節　人生の始まりから子ども本人の意志を完全に捻じ伏せる

赤子の命懸けの抵抗

私は一九五七年に、両親の第一子として生まれた。
その私は生後三カ月になると、ピタリとミルクを飲まなくなったそうだ。
脱水で熱が出るようになっても頑として飲まず、ゴムの乳首を無理矢理口に入れても舌で押し出すという、徹底した拒絶ぶりだったという。

この「拒乳」の原因について、後になって母は「私が決められた目標量を正確に飲ませることにこだわりすぎたからだろう」と述懐していた。

母は私が生まれる前から『スポック博士の育児書』といった本をつぶさに読み、「生後何カ月の子どもは何時間おきに何mℓ」という授乳量の目安を憶え込んで、それと一滴も違《たが》わぬよう、私に飲ませようとしたそうだ。でないと自分が不安でたまらなくなったからだという。

その母の不安・緊張が伝わって私をこわばらせたか、あるいはそのあまりにも厳格な強制に私が反発したか、そのいずれかまたは両方が原因で、私はミルクを飲まなくなってしまったのだろうというのが、後からの母の推測だった。

証明する方法はないものの、私はこの推測は当たっていたと感じる。

私が幼い頃の母は、何でも「これはこうする」と自分が一つ決めた通りに完全に物事を運ばないと気が済まない、非常に狭い型にはまった優等生だった。

また高齢に至るまで他人の暗示を非常に受けやすく、特に「これはこうするもの」という権威筋からの情報は、ひとたまりもなく刷り込まれる人だった。

さらに他のいろいろな職業に就く可能性を捨てて、専業主婦になり、子どもを産んだことで、「子どもを立派に育て上げることこそ、自分の価値の証明」と気負いきっていた。

加えるに母自身、親の愛情に恵まれない生い立ちだったために、自分の存在価値についての自信が根源的に欠如しており、その自信をどうにかして獲得したいという無意識の欲求から、私に限らず周囲の誰も彼もを、自分の思い通りにしたがる傾向が非常に強かった。

一方の私は、他人の気持ちを敏感に感じ取って応えたい「共感性」も非常に強かったが、自分のことは自分で決めたい「主体性」も、それに負けないくらい強い性格だった。

今述べたのは、長じてからの私の性格であるが、「三つ子の魂百まで」の言葉通り、赤子の頃からその性格だった可能性が高い。

だとすれば、子どもを完全に自分の思い通りにしないと気が済まない母と、他人の思い通りにされるのが何より嫌いな私とは、最高に相性の悪い親子だったと言える。

抵抗の牙を抜いたマーゲンゾンデ

しかし赤子が大の大人に太刀打ちできる筈もなかった。

母は、鼻の孔から胃まで、「マーゲンゾンデ」と呼ばれる細い管を通してミルクを流し込む、「経管栄養」の技術を小児科の医者から教わり、私にそれを施行した。

かくして母は常にミルクを完全に希望通りの量、私の体内に流し込めるようになった。

それだけで私の熱はすぐに下がったというから、熱は間違いなく脱水によるものだった。

赤子にして自分の「主体性」を護るために命懸けの抵抗をした私は、我ながら恐るべき子どもだったと思う。

だがその抵抗も、母の「英知」と岩をも砕く意志の力にあっけなく斥けられた。

母としては純粋に初めてのわが子の命を助けたい一心で「経管栄養」を行なったに違いない。

そうまでして命を助けてもらったことに、私は今でも感謝している。

これまでの人生は楽しいことより、辛いことと苦しいことの方が圧倒的に多かったが、自分が生まれたことさえ自覚しないまま死んでいたよりは、六〇年生きて実に様々な経験ができて、ずっと幸せだったと思えるからだ。

しかしそれと同時にこの「経管栄養」によって、不幸にも母の私に対する精神の専制支配の土台がつくられてしまったと、私は感じている。

何故かと言えば、生まれて間もない時点で、「食事をどれだけ摂取するか」という生活の最も基本の部分に於《お》いて、自分の意志を持つ自由を完全に奪われてしまった私は、それにより決定的に、母に対する抵抗の牙を抜かれてしまった感じがするからである。こう言うと、あまりに穿った解釈と思われてしまうかもしれないが……。

その証拠のように、物心ついた時には既に、母は私の目に「決して逆らってはならない」「逆らっても無駄」な「神」の如き存在に映っていた。

母の方でも後から「あんたは幼児期に全然駄々を捏《こ》ねなかった。私がそれをさせなかったんだと思う」と告白したことが、私の解釈や記憶とよく整合する。

「物心つく前」の重要性

後から理由を詳しく説明する積もりでいるが、自分の意思を明確に自覚できる以前の幼少期から、親も含め、他人（自分以外の人間）に精神を専制支配されることは、人間の精神に長期的に著しく有害な影響を及ぼす。

したがって、親は幼い子どもの精神を専制支配してはならない。

幼い時期に精神を専制支配された子どもは、成人してからもその支配から脱け出ることが非常に困難だからだ。

一方、自分の意思を明確に自覚できるようになるまで精神を専制支配されなかった子どもは、それ以後親がいくら高圧的に出ても、専制支配される危険は非常に少ない。

したがって専制支配をしないための親の警戒・自制は、子どもの乳幼児期が最も肝要である。

専制支配を避けるためには、親は子どもが生まれた直後から、子どもの意志を強力に捻じ伏せてはならない。

私の母の場合に限って言えば、私が脱水で熱を出すようになってもミルクを一滴も飲まないという事態にまで立ち至ったら、もう経管栄養を施すより他なかっただろう。

だからその前に、「何時間おきに何㎖」という目標と一滴も違《たが》わぬよう飲むことを強制するという類の、徹底した意志の捻じ伏せを、子どもにするべきではないと考える。

第2節　親が子どもに自分を極端に立派に宣伝する

自慢話は支配の有力な武器

私が学童期になると、母は自分がマーゲンゾンデで私の命を救ったことを、私に繰り返し話して聞かせた。私はただひたすら母の「英知」と「勇気」にひれ伏し、無条件で母を畏敬した。

母は他にも、自分が能力的にも人格的にも類稀《たぐいまれ》に優れた人間であることを証明する事実や功績の話を、私の幼少期から数多くした。

例えば、経管栄養より前の生後二カ月の頃、私が熱症状のない肺炎に罹《かか》った時の話。

その時、最初にかかった小児科医は「熱がないから大丈夫」と楽観視したが、いくら熱がなくてもこんなにぐったりしているのはただごとではないと、母が的確に判断して、別の医者にかからせてくれた御蔭で、私は危うく命拾いしたそうである。

また母が結婚する前の話も眩しかった。

母が出た高校は、県立の中でも昔の藩校が母体の名門校だった。

母はそこから旧帝大の法学部へ進んで弁護士になろうと目指したが、残念ながらそれは叶わなかった。叶わなかったのは、結核の姉の看病に追われたことと、女の子が浪人して大学を再受験するのが許されない時代だったことが理由だったという。

その高校で、母は演劇活動でも頭角を現わしたそうだ。それで名立たる新劇の劇団が母の高校の体育館を借りて地方公演した時、そこの重鎮的存在の俳優から「卒業したら東京に出てきて、一緒に活動しないか」と誘われたが、祖母に強く反対されて、残念ながらそれも実現しなかった。

演劇の道を断念し、旧帝大への進学も叶わなかった母は、すべり止めに受けた短大に進学して、幼稚園の先生になった。

しかしそこでもただでは終わらず、新人の時から他の先生方の反対を押し切って、ダウン症の子どもを自分のクラスに受け容れ、立派に身辺処理を自立させて卒園させた。

そのように、とにかく母は「光った」生徒だったから、結婚後に里帰りした時には、中学や高校時代の先生方がこぞって「君がただの主婦になるなんて」と、母の力をとても惜しんだという。

後から大人の目で吟味すれば、どの話も「私は運にさえ恵まれれば、こんなもので終わる人間ではなかった」

という都合のいい言い訳に満ちていたが、子どもの私にはそれが見抜けず、尊敬の目を見張るばかりだった。

よってこれらの「自慢話」が、母の私への専制支配を一層スムーズに運ばせた。私が母の話を一〇〇%、素直に信じたからである。

親が自慢話をすれば、ほとんどの幼い子どもは素直に信じるだろう。まず親が大法螺《おおぼら》吹きと思うことはない。ほぼすべての幼い子どもにとって、親は「その人なしには生きられない」存在であると同時に、最も強い愛着の対象だからである。

その上、私は生来とても人を信じやすい性格だったから、なおさらだった。

それゆえ子ども時代の私にとって、母は力と恐怖だけで従わせるただの「専制君主」というより、憧れと尊敬から自ら嬉々として従う「神」に限りなく近かった。

だから当時の私は完璧な母親っ子で、いつも母親へのプレゼントを楽しみに考え、母に先に死なれたらその先とても自分は生きていけないなどと始終考えては不安になっていた。

化けの皮が剥がれた時の怖さ

それで私の場合、後に専制支配が崩壊し出すと同時に、支配の強化を助けた自慢話の中の「誇張」も一気に露呈して、母に対して「騙されて言いなりにされた」という強い恨みも湧いた。

このように親の自慢話が過ぎると、子どもによっては専制支配が崩壊した時、支配された恨みに「騙された」恨みが加わって、親への「殺意」が生まれやすくなることが想像される。

したがって、たとえ子どもに専制支配を敷かなくても、親は自分についてあまり実像とかけ離れた宣伝をしない方が安全でいいだろう。

子どもが長じれば誇張は必ず発覚し、「どうしてそんな下らない法螺《ほら》を吹いたんだ」という幻滅の念が湧くからだ。

それでも専制支配や、後述の「存在否定」などの深刻な暴力がなければ、いずれ大抵の子どもは「親も人の子」と許し、その後も親子関係は表向き平穏に維持されるだろう。

しかし一度揺らいだ親への信頼は完全には回復しにくく、親への感情全体が冷えたものになりやすい。

人間は誰でも他人に尊敬されたい生き物だ。

誰にとってもわが子は、一番自分を尊敬してくれやすい人間である。

だから誰しも子どもには、自慢話を吹き込みたい誘惑に駆られるのが人情だ。

しかし誇張はまったく必要ない。

子どもにとっては特別立派な親でなくても、自分の心身を健やかに育ててくれるだけで十分有難く、大人になった後もずっと感謝し続けるのだから。

第3節　子どもの存在そのものを喜ばない

母にとって忌々しかった私

少なくとも物心ついて以降、私は母から「あなたが居てくれて嬉しい」という感情を示された記憶がない。もう少し詳しく言うと、私は母の「私はあなたが居てくれることが理屈抜きで嬉しい」「私はあなたが居てくれるだけで幸せ」という思いに溢れる笑顔を見た記憶がない。

つまり自分の存在そのものを母親に無条件で受け容れられて安心するという体験をしていない。

そしてそのことが意外にも、第1・2節の手法に続いて、母が私に対する専制支配をスムーズに進めるのに非常に役に立った。

母が最初から専制支配をスムーズに進めようという目的意識を持って、私を無条件で受け容れなかった訳ではないと思うが、結果的には効果抜群だった。

これは、自身に経験のない一般の方には、とても不思議に聞こえると思う。

それで何故そういうことが起きるのかを、順序立てて説明していきたい。

私が憶えている母の表情は全部、物心ついたばかりの頃から、私の存在がどうにも我慢ならないという思いに満ち溢《あふ》れたものばかりだった（これに対して父からは、二、三歳という極めて幼い時期に限って「お前は本当に可愛いなあ」という、とろけるような笑顔を向けられた記憶がうっすらと残っているのが不思議である）。

物心つく以前のことはもちろん記憶に残っていないが、物心つく前と後とで私に対する母の気持ちや態度が一八〇度変わったと想像する方が如何にも不自然である。

したがって「どうにも我慢ならない」という母の表情は、私が生まれてすぐから始まって、続いていたと想像するのが自然だ。

考えてみれば、これは当然だった。

授乳量の話一つだけからでも、母は私が一〇〇％自分の思い通りにならないと気が済まなかったことがわかる。

そんな母は「子どもの存在そのものが無条件で嬉しい」という感情には最も縁遠い人だったに違いないからだ。

健康な精神の土台づくりに不可欠な「無条件の受容」

だが母親に無条件に受け容れられないことは、どの子どもにとっても最大の不幸である。

何故ならほとんどの子どもにとって人生で初めて出会う他者でありかつ、人格の基礎が形成される最も大事な人生の始まりの時期に、最も長時間、密に関わる他者が母親だからである。

母親は子どもにとって、重要度が他の誰とも較べものにならない存在と言える。

だからその母親との関係を幸せに築けるかどうかに、子どもの人格形成の成否も、その後の人生の幸福も、大きく決定づけられてしまうのは避けられない。

子どもが生まれ落ちた直後から、母親が「私はあなたが居てくれるのが理屈抜きで嬉しい」という思いを、心の底から溢れ出る笑顔で毎日繰り返し伝え、それにより子どもが十分な安心と満足感を得ることができれば、そこからほとんどの子どもは「自分はこの世に生きる資格と値打を十分持った人間」「自分は社会の誰からでも十分受け容れられうる人間」だという、自己の存在価値についての最も基本的な自信をしっかり獲得することができる。

それにより子どもの情緒は穏やかに落ち着き、他人の中に入っても困難なく社会生活が営めるようになる。

これは甘やかしでも何でもない。そこを誤解してはならない。

反対に、母親から無条件で受け容れられる体験ができなかった子どもは、「自分はこの世に生きていてもいい人間」だという最低限の自信さえ獲得できず、多くの場合、他人の中に入ると、いつ嫌われるかと常にハリネズミのように身構える癖が着いて、すぐにくたびれ果ててしまうようになる。

その結果、社会生活も人生も非常に苦難に満ちたものになる。

挫折しやすく、立ち直りにくくなる。

自己の無価値感からうつ病になりやすく、希死念慮も湧きやすくなる。

私はその典型だった。

無条件で受容されなかった子どもほど専制支配されやすい

そういう、母親から無条件で受け容れられなかった子どもは、すぐに母親を憎み反抗するようになると想像される方が、世の中には多いようだ。

だが私の場合はその逆で、母から受け容れられなかったことで、ますます母に専制支配される方向に突き進んだ。

何故なら母から受け容れられなかった私は、当然の如く「愛情飢餓」に陥り、のどから手が出るほど母の愛が欲しくなり、それを得るために血眼《ちまなこ》になったからである。

とにかく母に喜ばれたくて、なりふり構わず母の言いなりになった。

完全に「主体性を放棄」して、母に「隷属」した。

後から考えれば、そこまでしてほんのわずかばかり母の笑顔が勝ち取れたとしても、それで母の「愛」を得たことにはならなかったのだとわかるが、子どもの頃はそこまで深く考えられなかった。

かくして母は、何か少しでも私に気に入らないところがあれば、ピクリと眉を動かして「不快」の意思を伝えるだけで、私を縮み上がらせ、コントロールできるようになった。

ここに完璧な「専制支配」が実現した。

こうした現象は、私以外の母親に受け容れられ損なった子どもにも、極めて起こりやすいと想像できる。したがって「親が無条件に受け容れなかった子どもは親に専制支配されやすい」という原則が、一般に広く成り立つと私は推測している。

そして第1節で述べた通り、「専制支配」は非常に有害であり子どもの健全な精神の発達を阻害し、やがて親子関係も決定的に壊す危険が非常に高いから、それを著しく進めやすくする「無条件の受容の拒否」も、非常に罪深いと言える。

さらに私の場合、先述のように母が強烈な畏敬の対象になっていたことが、母に受容されないことの影響を一層深刻なものにしたと感じる。

ただでさえ母親に受容されないと、子どもは自分の価値を信じにくくなるが、自分がこよなく尊敬している母親から存在を喜ばれないとなると、子どもは完全に自分を無価値に感じ、生きる自信を失ってしまう。

したがって私の場合、愛情飢餓に加え極度の自信欠如からも救われたい一心で、「主体性」も「自尊心」も完全に放棄して母の歓心を買おうと奔走したことが、今冷静に振り返ってみてよくわかる。

生涯悪影響が残る「無条件の受容」の欠如

実は私の場合、「母親（を含め両親）に自分の存在を喜ばれること」が人生で最も渇望するものという状態が三七歳まで続き、三七歳で「そんなことを望んでも絶対に叶わないし、叶っても値打がない」と頭ではっきり理解できた後も、心の底の情のレベルでは五五歳まで、その願いを完全には断ち切れなかった。

自分を支配する最大の渇望がそれだと気付いたのは二八歳の時だった。

二八歳の時に「エンカウンターグループ」の催しに参加して、その中の「瞑想」の時間に「トレーナー」と呼ばれる全体の進行役から「お母さんの顔を思い浮かべて、あなたが言いたいことを話しかけて下さい」と言われた時、自分が「お母様、私を見て笑って！　お願い！」とそればかりをボロボロ涙を流して何度も繰り返したことから、自分が奥に秘めてきた渇望がそれだと気付いた。

そしてそれは絶対に叶わないと悟り、完全に諦めて数年経つ今でも、うつ症状から完全には解放されていない。


以上のように、人生の出発点で母親に自分の存在を無条件で受け容れられるか否かが、その人間の一生の幸不幸を大きく決定づけてしまう可能性が非常に高い。

だからすべてのお母さんは、かけがえのない御自身のお子さんが一度きりの人生を幸せに切り拓けるようにするために、お子さんの存在を無条件で受け容れていただきたい。

第4節　一から一〇まで子どもをけなしまくる

「全否定」も専制支配の有力な手段

さらに母は、これも遅くとも物心ついたばかりの頃から、私の能力についても人間性についても、一から一〇までけなしまくった。正に「完膚なきまで」だった。

実はこれも、前節の無条件の受容をしなかったことに続いて、母の私に対する専制支配を円滑に進めるのに大いに役立った。

このけなしまくり（全否定）についても、母が最初から「専制支配の円滑推進」という明確な目的意識を持ってやった訳ではなかったと思うが、結果的に大きく効を奏した。

その理由も、前節とほぼ同じだが一応説明しておきたい。

先述の通り、私が記憶する私の子ども時代の母の顔は、キーッと目を吊り上げ、眉間に皺を寄せて、私が如何に我慢ならない存在かを余すところなく伝えるものばかりだった。

その表情とともに、母は言葉でも毎日「あんたって子はどうしてこんなこともできないの？　何でそんなこともできないのよ！　ああもうじれったい、忌々しい、本当嫌んなっちゃうわね！」とヒステリックにまくし立てた。

母親に無条件で受容されないだけでも十分、私は「愛情飢餓」と「自信欠如」に陥ったが、それに積極的な全面否定が加わったことで、両者に格段に拍車がかかった。

例えば幼稚園の授業参観で、私の描いた絵が先生の描いた手本に似てしまうと、母は「あんたって子は他人の真似しかできないの？　情けないったらありゃしない！」と、他の子どもやお母さんたちみんなの前で大声で叫んだ。

同じ時期、私が家で自由に三角屋根の家の脇のお花畑に可愛い女の子が居る絵を描くと、「何てありきたりの絵しか描けないの！　詰まらない子ね」と、嘆きを顕わにされた。

私は人前で罵倒される恥ずかしさより、「神」と刷り込まれて畏敬する母親から「情けない」「詰まらない」と嘆かれたことの方に、はるかに深刻に追い詰められた。

自分はよほど駄目な人間に違いないという自己認識から完全に逃げられなくなり、子どもながらに生きているのが猛烈に辛くなった。

小学校に入ると、夏休みの工作の宿題は、私が一人の力で作ったものは稚拙でみっともないからという理由で、母親が九割作った作品を提出させられた。

体育の授業中に鉄棒で逆上がりができず、先生に「真実ちゃん、この間、先生と二人でやった時にはできたじゃない」と嘘で励まされたのがあまりに辛くて、「私、逆上がりなんか一度もできたことない。先生の嘘つき！」と言い放ってしまったところが、その直後に母から「先生をよりにもよって嘘つき呼ばわりするなんて！　他人の思いやりのわからない子ね！」と大目玉を喰らった。

学校にハンカチやチリ紙を持って行き忘れると、「『お母さんはあんなにきちんとした人なのに、真実ちゃんはどうしてこんなにだらしないんでしょうね』って、先生に言われたわ」と、しんねり叱責された。

小学校高学年になると、母を喜ばせたくて、よく自分から進んで食器の後片付けを手伝ったが、それさえ「食器を洗った後、流し台に水ハネ一つ残らないようにピカピカに磨くところまでやらなきゃ意味ないわ。これじゃやらない方がましよ」と、叱られるタネにしかならなかった。


こうした事例は枚挙にいとまがなく、生みの親からこれだけ否定の集中砲火を受けた私の自信欠如は完璧なものになり、本当に「自分はこの世に生きていてもいい人間」だという最低限の自信さえ獲得し損なう羽目になった。

しかしそれでもまだその時点では、私は母を憎むことも反抗することもできなかった。

その最大の原因は、私にとって母が「全世界」「神」に映っていたことだった。

その相手に抗《あらが》うなど思いも寄らなかったし、抗ってこれ以上少しでも不興を買ったら、その先一秒も生きていけなくなるほどうちのめされそうで、どうしようもなく怖かった。

その上、母は外面《そとづら》が良く、周囲の他人からの評価も高かったため、それがますます私に抵抗心を芽生えにくくさせた。「あの(立派な)お母様が駄目と言うのだから、私は本当に駄目に違いない」と思うしかなくなってしまった。

だからその「駄目」という評価を、母に少しでも変えて欲しかった私は、ますますすべて母の言いなりになり、母に褒められるためになりふり構わず努力するようになった。

努力の具体的な内容については後述するが、とにかく今述べた理由から、母の「一から一〇までの全否定」もまた、私を反抗させるどころか、逆に母の「専制支配」と私の「隷属」を一層強化させる方向に働いたのである。

子どもの社会適応まで阻害する親の「全否定」

さらに母の全否定は、私の外での社会生活をも著しく困難にさせた。

母から受け容れられないことに加えて、すべてをけなされた私は、既に幼稚園の頃から先述の通り、他人の集団に入ると、終始ハリネズミのように身構えるようになっていた。

その大もとの原因は、やはり徹底した自信欠如だった。

「生みの親ほど欲得抜きでわが子を愛する人間は居ない」という社会通念を、私は物心つくとすぐに母から教え込まれていた。

だからその、生みの親からさえ愛されることができず、ここまで嫌われている人間を（そこまでけなされたらさすがに母に好かれているとは思えなかった）、他人が誰一人好きになってくれる筈《はず》がないと思ってしまったのは自然の成り行きだった。

最大限努力しても誰かに好きになってもらうのは至難なのだから、その努力をしなかったら、間違いなくまわり全員から爪弾《つまはじ》きに遭うと、私は思い込んだ。

コチコチに身構えるしかなくなって当然だった。

その上、母は他の諸々の否定的評価に加えて、私に「対人関係」「社会生活」に特化した否定的レッテルも貼った。

即ち「あんたは協調性がなくて、お友達に嫌われる子」と、私に繰り返し言った。

普通その意味を解さないだろう四、五歳の時期に言われた「きょうちょうせい」という言葉が未だに鼓膜と脳裡に灼きついて離れないのは、それだけ残酷に感じられたからだ。

だが後から冷静に振り返ってみると、この母の言葉が当てはまるほど私が他の子どもより嫌われ者だったという事実は存在しなかった。

確かに幼稚園の頃は、のろまで要領が悪かったことでまわりの子どもから虐められる機会が多かったが、続く小学校、中学校では、数は少なかったものの、いつも一緒に遊んだり話をしたりする友達がちゃんと居た。

それは別に母から「協調性がない」「嫌われ者」と繰り返し言われたことで、私が幼稚園時代に反省して、そうでなくなろうと努力したからではない。

逆に母のそのレッテル貼りの御蔭で、私はますます自信を失くし、いじけておどおどして嫌われやすくなったことが、はっきり思い出せる。

精神疾患の直接原因になった「全否定」

その私が子ども時代、集団の中でとった基本姿勢は「過剰適応」だった。

つまり先生からも他の子どもたちからも何とかして好かれようと、卑屈なくらい精一杯、気配りを行き届かせた。

だがその生活は絶え間ない緊張の連続で、著しく消耗が激しかった。

結果へとへとに疲れてしまい、「お腹が痛い」「頭が痛い」などの症状で休むことが幼稚園の頃から出てきた。仮病ではなく、本当にそれらの症状が現われた。

また緊張が極に達して自棄になり、わざと嫌われるような行動をとることも出てきた。

その原因は「精一杯好かれようと努力して、それでも嫌われたら、絶望で立ち上がれなくなってしまう。わざと嫌われることをして嫌われれば、当然だと諦めがつく。努力すれば好かれたかもしれないという慰めで、先に希望をつなげる」という、中島みゆきの歌にも似た非常に屈折した心理にあった。これは小学校高学年から始まった。

さらに中学に入ると、林間学校やグループでの調理などの団体行動に加わるのが、とても怖くて苦痛になった。それは自分が仲間に加わると、失敗してみんなに迷惑がかかる、面白くなくなるという強い思い込みからだった。

しかし先に述べた通り、実際には母のレッテルほどの嫌われ者ではなく、小学校でも中学校でも少数ながら、毎日決まって話をする友人は居た。

その後一七歳の時に、私は「境界性人格障害」と「うつ病」を発症した。

私は、母の全否定が生んだ対人関係に於ける極度の自信欠如と、それによる激しいエネルギーの消耗が、これらの精神疾患の一大原因になったと見ている。

つまり「過剰適応」とその反動で生じた「わざと嫌われる行動」とは、極端から極端へと揺れ動く「境界性人格障害」の人間関係の原型であり、また激しいエネルギーの消耗は、当然「うつ病」の原因にもなったと感じる。

劣等感を解消するために私をけなした母

そして大変辛辣な言い方になるが、今では、母が私に「協調性がない」「お友達に嫌われる」というレッテルを貼った最大の動機は、自分が優越感を得ることだったと見ている。

これは大人になってから気付いたことだが、母は間違いなく子どもの私をも比較の対象にして、自分よりも劣ったところを探して優越感を得たがっていた。

老年に達してからの母の口癖が「あんたなんかより私の方がずっと」だったところから見て、これはまず被害妄想ではない。

その基礎があったところに、確かに私より母の方が、質はともかく量の面では人付き合いが上手かったから、そこが優越感を得られる格好のポイントと感じて利用したのだろう。

そんなことをせずにいられなかったのは、母自身著しく生育歴に恵まれず、深刻な自信欠如を抱えていたからに違いないが、母の劣等感を軽減させるためにそのように自分が利用されたのは、私にとっては非常に辛いことだった。

そうやって自身が優越感を得られさえすれば満足だったからなのか、母は、のろまでまわりから虐められやすかった私に「協調性がない」というレッテルを貼るだけで、ならばどうしたらまわりともっと上手く付き合えるのかを助言してくれることは一切なかった。

だからこの「レッテル貼り」は、私をますますいじけさせ、集団に適応しにくくさせる効果しか持たなかったのである。

殺意をも生む「全否定」

したがって子どもを一から一〇までけなしまくることも、そのとどめを刺すように否定的なレッテルを貼ることも、すべての親御さんに絶対にやめていただきたい。

これまでに述べたように、それらはお子さんを向上させないばかりか、逆に精神疾患に導く危険が高く、さらに病んだ子どもが、病気の主な原因が親の自信を挫く働きかけにあったことに気付いた時には、当然親への恨みが生まれ、最悪の場合それが殺意につながりかねないからである。

加えて子どもが「親は己の圧倒的な力の優位を悪用して、私をけなし放題けなして自信を完全に喪失させ、次は少しでも自信を取り戻したい一心で親に認められようと血眼になる私の弱味に狡猾《こうかつ》につけ込んで、全部私を思い通りにした」と、専制支配の手順にまではっきり気付いた時には、特に殺意が生まれやすいと推測できるからだ。

第5節　外面《そとづら》のいい親に虐められる不幸

人生そのものが芝居だった母

先ほど述べたように、母は私が子どもの頃は特に、外面が非常にいい人だった。

「とてもきちんとした愛情細やかなお母さん」で、周囲全員に通っていたと思う。

私から見た母は、自分が如何に能力的にも人格的に卓越した人間であるかを周囲の人たち全員にアピールするための「芝居」に、自分の全人生を賭けたような人だった。

そう言うと、当然「それはあなたの勝手な感じ方にすぎないでしょう」とおっしゃる方もいるに違いなく、そうでないという確たる証拠を端的に挙げるのは難しいが……。

そしてその芝居は十数年前まで大方成功しており、母の嘘を見抜く人の方がずっと少数派だった。

辛さを他人にわかってもらえない苦しみ

同じ親に虐められるにしても、こういう「立派すぎる親」に虐められるのが、子どもにとっては最も応えるだろうと、自らの経験から想像する。

そういう親に否定的評価をされれば、子どもは本当に自分を駄目だと思わざるをえなくなるし、また他人に「親の仕打ちが辛い」と訴えても容易に信じてもらえないからだ。

つまり子どもは内にも外にも逃げ場を失い、決定的に追い詰められてしまう。

実際私も精神疾患を発病してから、精神科の医者に、それまで長期にわたる母親の専制支配が如何に辛かったかを訴えても、「あなたはそうおっしゃるけれど、とても理解力のあるお母様じゃありませんか。世の中にはもっとわからない親がいっぱいいますよ」とまったく信じてもらえず、極限まで口惜しさを味わったことがあった。

この「誰にもわかってもらえない」絶望は、経験したことのない方にはとても想像がつかない苦しみである。

それに較べたら、何かしら社会的に非難される面を持った親に虐められる方が、子どもは精神的にはるかに楽だろうと感じる。

例えば異性関係にだらしなかったり、周囲と喧嘩ばかりしている親に虐められる場合だ。

その場合、運が悪ければ子どもまで親のとばっちりで周囲から虐められるが、運が良ければ子どもは「あんなお母さん（あるいはお父さん）を持って可哀想」と周囲の理解を得られる。すると大分気持ちが救われる。たとえ周囲の理解が得られなくても、親に対する周囲の評価が低ければ、その親にどれほどひどくけなされても、子どもは「あんな親の言うことは気にしなくていい」と、軽く受け流せる。その分、深刻な自信欠如に陥らずに済み、精神を病む危険も少ないだろう。

格段に深刻さを増す自己否定と憎悪

周囲の評価が高い親に虐められた場合、子どもがその評価を信じている間はどんどん自信喪失が進む。子どもは「立派な親」から評価されない自分を憎んで精神を病む方向へと向かい、最悪の場合、絶望から「自殺」に至ることも珍しくない。

そして何かのきっかけで、親に対する高い評価に信憑性がないことに気付くと、それを境に「あの人を大層な人間と信じた御蔭で、これまでどれほど無駄に苦しみ、長い年月を無駄にさせられたことか」と、憎しみが親に向かうようになる。

最悪の場合「親殺し」も招きうると思われる。

以上のような理由から、虐める親に対する周囲の評価が実態にそぐわず高すぎることも、「親殺し」の一因になりうると推測できる。

親の評価が低いと他人の虐めを招く

しかし、この節の趣旨からは逸れるが、周囲の評価が低い親からなら虐められても害がないということではない。

それは私の両親の場合がその典型だったことからわかる。

確かに両親は、親にボロボロの評価を受けても、そのことであまり自分を客観的に駄目だとは思わずに済んだようだ。

しかし両親も実の親から暴言に始まる様々な辛い仕打ちを受けたことで、私同様心が深く傷ついたし、さらに親が世間から非難される面を持っていたとばっちりで、周囲の他人からまで虐められ、そのせいで私以上に深い傷を負った。

つまり精神的暴力が因《もと》で、実際には自信を完全に欠如させられ劣等感の塊になり果てたところまでは、私とまったく同じだったと思う。

おもねりと虚勢の哀しさ

だが私と違って他人の虐めも加わったせいか、両親は精神的暴力に対する反応も私とは大きく違っていた。すなわち彼らは「傷つくことは弱く恥ずかしいこと」という社会通念に強く縛られて「そんなことは何でもない」と、自分が虐めで傷ついたことを否認した。

また「産んで、育ててくれた親を恨んではならない」という社会通念にも強く縛られて、虐めた親への恨みを徹底して抑圧し、否認した。

さらに虐めの結果、自らが背負った激しい自信欠如と劣等感からも頑として目を背けて否認し、猛烈に虚勢を張るとともに、それらを代償するためひたすら世間におもねり、高い評価を得ようと血道を上げ、それに成功した。

親だけに虐められた私がもっぱら親の奴隷になったのに対して、世間からも強い迫害を受けた両親が、自分の親に対しては心の中で半分舌を出せるようになったものの、その分世間の奴隷になってしまったことは、ともに自然の成り行きだったのかもしれない。

とにかく両親はそういう強い「防衛」に出た御蔭で、彼ら自身は精神科の診療対象になる形では精神を病まなかったし、親に殺意を懐くようにもならなかったようだ。

しかし二人とも人格が著しく歪み、抑圧した恨みの捌け口を他に求める心理機制から、子どもの私に（一部は弟にも）長く絶え間なく精神的暴力を振るい続けたし、また子どもの頃からまわりの子どもを虐めるなど（両親が自分でそう話していた）他人にも意地悪かった。

つまり両親も私とは別の形で病んでいて、私より精神の歪みは高度だったと感じる。

親に子どもを虐める権利はない

したがって、これ以上言うまでもないが、どんな親であれ子どもを虐めてはならない。

親の一存で子どもを産み落とす以上、すべての親に、子どもの身体だけでなく精神も健やかに育て、子どもが人生を幸せに切り拓いていけるだけの基礎を準備する義務があるのだから。

これは大事なので付け足させていただくが、親に虐められることで子どもが社会に出て打たれ強くなることはなく、大抵結果はその逆である。

一部、一見打たれ強くなったように見える場合があっても、そういう子どもは私の両親と同じように虚勢を張り、親に虐められたうっ憤を他人を虐めることで晴らすようになる。

子どもは他人と温かく心を通わせ合うことから遠ざかり、結果、幸せからも遠ざかる。

したがって子どもを虐めることは、子どもを鍛えることにもならないなら、まして子どもを幸せにすることは決してない。

第6節　「親子は裸でいい」という独善

誤った持論への固執

この「親子は裸でいい」というのは、私を傷つけることを正当化する、長年の母の持論だった。

私が成人して精神の病が顕在化した後、母に「あなたに幼い頃から何から何までけなされ通したことで、私は心がボロボロになり、生きる自信を失った」と何度訴えても、母の答はいつも「だって親子は裸でいいと思ったから」だった。「傷つけて悪かった」という答は、一度も聞けなかった。


この「親子は裸でいい」という言葉は、ちょっと聞くととても理想的に聞こえる。

「遠慮は要らない」「飾らなくていい」という意味合いでである。

だが、そこには大きな誤謬《ごびゅう》があると、私は感じる。

確かに、親子が温かい関係を保って、子どもが無事健康に成人し終えた幸せな親子には、かなりその言葉が当てはまるかもしれない。

しかし子どもが幼い時期には、これは完全な間違いで、「とんでもない」話だと言いたい。

精神の土台づくりの全責任は親にあり

子どもが乳幼児期の親子関係は、例外なく親の力が圧倒的に強い。

将来どれほど優秀に育つ子どもでも、乳幼児期には生活能力ゼロで、親の手厚い養育なしには生きられない。

その、生命線を握られている親に、どんなひどいことを言われてもされても、幼い子どもは実質的に何も抵抗できない。

一瞬抵抗したかに見えてもすぐに抑え込まれてしまい、結局黙って我慢するしかない。

だからこの時期には「親子は裸でいい」という美しい考えに基づいて、「裸で」言いたいことを言えるのは「親だけ」なのである。

したがって、それは親にだけ都合のいい主張であり、親が力を恃《たの》んでこの主張通りに振る舞うのは独り善がりと横暴でしかないと、はっきり指摘させていただく。

前にも述べた通り、乳幼児期に親に一から一〇までけなされ通した子どもは、「自分はこの世に生きていてもいい人間」という最低限の自信さえ欠如した、誤った精神の土台を形成し、将来精神疾患を発症する準備をすっかり整えてしまう。

これについて子どもに罪や責任を問うことは一切できない。

その理由は、繰り返しになるが、この時期の親子の力関係は圧倒的に親優位で、子どもには抗《あらが》う力がまったくなく、子どもは親の働きかけで一方的に精神の土台をつくられるに任せるしかないからだ。

そして人間の精神の土台というのは、ひと度誤って形成されてしまうと、後からそれをつくり直すのは非常に難しい。

つくり直しが至難な精神の土台

幼児期まで親からけなされ通した子どもは、これも先述の通り、何とかして親に認められたい一心で、親に隷従する姿勢を身に着けてしまうため、幼児期が終わって学童期に入っても、健全な親子関係で育った子どものように、親に当たり前の反抗ができるようにならないまま、思春期を迎えることが多い（「健全な親子関係」というのを正確に定義するのは難しいが、子どもが専制支配をされず、褒められるべき時には褒められる常識的な親子関係と、今は大まかに捉えていただきたい）。

そして多くの場合、子どもは思春期以降に自尊心を傷つけられ通した我慢を爆発させるが、その際、言葉でまともに抗議したのでは親に太刀打ちできないという不安から、抗議は所謂《いわゆる》「家庭内暴力」など、身体的・物理的暴力の形をとることが多くなるものと推測する。この、抗議が突然暴力的に始まる理由の推測は私自身の経験に基づくため、「あなたは自分の感情から一方的に子ども側の肩を持っている」と非難されるかもしれないが、それでも敢えて私は、そうなるのは親自らが招いた結果だと申し上げたい。

もちろん、ある時点で子どもが自身の精神の歪みに気付けば、そこからは子どもにも、自分でその歪みを矯正する責任が出てくるし、実際多くの子どもはその努力を精一杯する。

しかしその努力は非常に骨が折れる上、最大限努力しても、残念ながらすべての子どもが歪みの完全な矯正を達成できる訳ではない。

多くの子どもが一生涯に亘り精神に何らかの後遺症を残し、人生の可能性を大きく殺《そ》がれてしまうことが、これまでの調査・研究でかなりわかってきている。

虐待の種類に関わりなく、激しい虐待や、長期にわたる頻回の虐待は、子どもの脳に機能的障害のみならず、元に戻りにくい器質的障害まで残し、それは暴言虐待（言葉の暴力）の場合も例外でないことが、『うつと気分障害』（岡田尊司）や『いやされない傷　児童虐待と傷ついていく脳』（友田明美）などに紹介されている。

親を甘やかす社会通念の罠

以上のことから特に子どもの乳幼児期には、親は絶対子どもに対して「裸」であってはならない。子どもの考えや行ないが、自他を傷つけたり、社会に迷惑をかけるものであるなど、誰の目から見ても明らかに悪い時には、確かに親は子どもをたしなめなければならない。

しかし子どもが特に悪いことをしていない時に、自分の虫の居所が悪い、他の場所で嫌なことがあったなどという勝手な理由で、親は子どもを怒鳴ったり罵ったりしてはならない。

その理不尽を黙って我慢するしかない子どもの心には、はかり知れないほど深い傷が残るのだから。

親がそういう行動に走りたい誘惑に駆られる時に、「親が子を思う気持ちほど尊いものはない」「親が子に言ったりしたりすることはすべて、親が子を思う尊い愛情から出たもの」という根拠のない社会通念が親に味方するのは、著しく不幸なことである。

その社会通念に親自身騙され甘やかされて、子どもの幸せや向上など少しも願わないただの八つ当たりまで、まるで子を思う愛から出たように錯覚して、やりたい放題やってしまう危険が増えるからだ。

親がそうした行為を抑制なく続ける間に、子どもの精神の破壊は水面下でどんどん進んでいってしまう。

したがってそういう精神の破壊を防ぐために、親は本当に必要があって子どもをたしなめる時にも、子どもが自分の非をきちんと理解し、自ら進んで改める気持ちになるように、理性で自分を律して冷静沈着に働きかける必要がある。

そのためには、親は子どもの人格や存在そのものを否定する言葉を決して口にせず、改めるべき特定の考えや行為についてのみ、それが何故良くないかを筋道立てて説明し、子どもがきちんと納得して改められるように、叱責《しっせき》しなければならない。

こう話すとあまりにも理想論と言われるかもしれないが、まったく抵抗できない間に親に精神の土台を築かれてしまう子どもの身になって考えたら、親には最大限そう努力する義務があると、私は考える。

またそうすることが親のためでもある。

けなしまくりであれ存在否定であれ、何の必要性もなく理不尽に精神を壊されたことに後から子どもが気付いた時、ほぼ必ず親への憎しみが生まれ、それが高い確率で親子関係を破綻させ、最悪の場合、子どもの中に殺意が芽生えるからだ。

あまりにも理不尽な精神的暴力を数えきれない回数振るわれた場合、たとえ殺意が芽生えても子どもばかりを責められないと、私は自分自身の経験から感じる。

誤ったら謝ることの大切さ

もちろんどんなに努力しても、人間はしばしば間違える。

だから子どもに非がないのに、カーッと頭に血が上って怒鳴りつけてしまったら、ちっぽけな体面などかなぐり捨てて、きちんと心を込めて子どもに謝ってほしい。

そうすれば子どもはちゃんと理解し、心に傷を残さずに済む。

さらには子どもの人間全般に対する理解も深まる。大人は皆、社会生活の中で様々な苦しみを抱え、時としてその苛立ちに耐えきれなくなって、罪のない弱い者に当たってしまうこともあるのだと理解する。

これまで六〇年生きてくる間に「親子ですから」「親子は何でも言いたいことを言い合えていい」と、私の母に似たことを言う人に他にもかなり出会う機会があったので、「その考えは危険な誤りです。そう思っているのは親のあなただけです」と、ここではっきり指摘しておきたかった。

そう正しく認識することは、間違いなく必要で役に立つ。

第7節「貸してごらんなさい、やってあげるから」に始まった共依存の形成

ここからは再び、母が私の精神を専制支配していった過程の話に戻りたい。

今タイトルに書いたのは、子どもの頃からの母の私に対する決まり文句である。

「あんたじゃ駄目よ」の後に続くのが必ずこのフレーズだった。

これらが、母が私に対する専制支配を高度化させた、次の段階だった。

神のような母のけなしに無能にされる

第4節に書いたように、母は私のやることなすことを一から十までけなしまくることで、日常生活のすべての行動について、私の自信を根こそぎ奪った。それと同時に、私は意欲も自主性も残らず奪われた。

たとえば、小学校一年の夏休みに、私が自分一人で作った工作の宿題はあまりに稚拙だからと、母が九割作った作品を提出させられたのを境に、私は主要教科以外の宿題は一切自分でやらなくなり、工作も家庭科も全部母にやってもらうようになった。

小学校高学年で食器洗いを手伝って、「こんなやり方ならやらない方がましよ！」と罵られたのを機に、中学に入ると、私は調理実習にも飯盒炊《はんごうすい》さんにもまったく手が出せなくなった。

これは何をやっても母から駄目駄目駄目駄目と繰り返し言われたことで、「私のやることなすことすべて、大人の目からは見るに堪えないことばかりで、世の中にはまったく通用しない」と、完璧に信じ込まされてしまったためだった。そしてそこから「みんなで一緒にやることに私が手を出したら、絶対失敗してみんなに迷惑がかかる」と、思わずにいられなくなったためでもある。

そこまで母の言葉が私に力を持ったのは、第1・2節に書いたような経緯で、母が私にとって「神」のような存在になっていたからである。

「あのお母様が言うんだもの、本当に駄目に決まってる」と、信じて疑うことができなくなってしまっていた。

今思うと本当に信じられないことだが、私は高校を出るまで、フライパンで肉を焼くことさえできなかった。

高校時代、行きつけの肉屋に惣菜を買いに行って、店の人に母が病気だと話すと(当時のわが家では別に母が病気でなくても出来合いの惣菜ばかり買っていたが)、「だったらフライパンでお肉でも焼いたら？　簡単よ」と言われたが、「怖いです。私、やったことありませんから」と、真剣に泣きべそをかきながら断わったのが忘れられない。

またやはり高校卒業まで、私は学校に提出する極く簡単な書類さえ自分では絶対に正しく書けないと思い込んでいて、怖くてとても書けなかった。

「やってあげる」で「なくてはならない人」になる

そのように、私の「社会的に一〇〇%無能」な状態は、母が私のやることすべてに「そんなんじゃ駄目。ああもう見ちゃいられない」と言って自信を根こそぎにした後、「貸してごらんなさい、やってあげるから」と、全部代行しにかかったことでできあがった。

今思えば「過干渉・過保護」な親の典型だった。

だがその時は浅はかにも、私は母の代行を「助かった」と思ってしまった。

それにより母は私に、「お母様はなくてはならない人」「私はお母様なしには生きられない人間」と思い込ませ、私を依存させることに成功した。

こうして、母は自分の存在価値を獲得した。

しかしそれは同時に、母をべったり頼ってくれる私が、母にとっても自分の存在価値を保つために「なくてはならない人」になったことを、つまり母も私に依存したことを意味した。

この、互いが互いにとって「なくてはならない人」であるというのが「共依存」関係の本質である。

こうして私との間に共依存関係を成立させることによって、母の私に対する専制支配はさらに格段に高度化した。


ちょっと考えると、能力も人間性も一から一〇までけなしまくるような親に、子どもは激しく反発こそすれ、専制支配されることなどありえないと思われそうだが、それがまったく違い、逆に専制支配されやすくなる重大なメカニズムがここにもある。

「けなしまくり」を物心つくかつかないかの、あまりにも早い時期から始めて、それに今述べた「代行」までセットにして行なうと、「専制支配」は間違いなく一旦は完全に成功する。

「過干渉・過保護」な親はほぼ全例、子どもを完全に自信喪失させてから「専制支配」し、間違いなく子どもに共依存している。

想像をはるかに超える共依存の残酷さ

こういう親子関係の構築の仕方は、非常に残酷で罪深い。

これをやられた子どもは、自分が親に不当に自信を挫かれたことがわかった後も、「社会生活能力ゼロ」であるために（社会的能力については本人が「できない」と思い込むだけで本当にできなくなってしまう。「萎縮」による負の影響はそれほど大きい)、どんなに親から離れたくても、離れて家を出て行くことができないからである。

またそういう親は、もともと自分自身も存在価値に根本から自信がなく、それを得るために子どもと共依存関係を築くため、ひと度子どもを自分に縛りつけることに成功すると、未来永劫《えいごう》、子どもが自分から離れていくことを許さない。

私が三〇代、四〇代になってからの母の言動や行動を思い返してみても、母は間違いなく、私にとって一生「なくてはならない人」で在り続けないと気が済まなかったことがわかる。

三〇代の終わりになって、私が、母に一々意見や干渉をされると気持ちが苛立ってマイナスなだけと見極め、自分から連絡を取らなくなると、母は父に「『真実は私に電話してこなくなった』と、お母さんが寂しがっているぞ」と言わせて、圧力をかけてきた。

だから私は罪悪感に打ち克って、父の言葉を黙殺するのに、また膨大な精神的エネルギーを費やす羽目になった。

こうやって親から離れたいのに離れられない、にっちもさっちもいかない状況に追い詰められた子どもは、主として青年期に自暴自棄からしばしば家庭内暴力に、そして最悪の場合には親殺しに走る。

子どもに殺される親の多くが、この「過干渉・過保護」のタイプであることは、既によく知られたことである。

だからといって、子どもがそうした行為に出ることが正当化できる訳ではない。

しかし、親の「貸してごらんなさい、やってあげるから」というアプローチが、日本の社会では未だに「それも親の愛情の内」と極めて表層的に解釈され、そこに秘められた残酷さ、罪深さがあまりに過小評価されすぎている感じがしてならないので、これが長い時間経過の間には想像をはるかに超え、子どもを深刻に追い詰めていくという事実を、ここではっきり指摘しておきたかった。

「たったそれだけのことで」というのは親側だけの感じ方であって、子どもにとってはまったく「たったそれだけ」ではないことを知ってほしい。

そしてすべての親御さんに、お子さんとこのような関係構築をしないでいただきたい。

自立させるのが本当の愛

子どものやることが大人よりも稚拙で、時間がかかるのは当たり前のことである。

どの子どもでも繰り返し練習を積むことで、上手《うま》くなっていく。

子どもを本当に愛している親の絶対必要条件の一つは、子どもに一八歳なり二〇歳なり一定の年齢までに親から自立していくことを望むことである。

それを達成させるためには、子どもに社会生活を営むのに最小限必要なスキルを、その年齢までに残らず身に着けさせなければならない。

そのためには「やってあげる」ではなく、「こうすればいいのよ」とやり方を教えて、後は下手でも時間がかっても、子どもが自分でできるようになるまで辛抱強く見守るしかない。

これは「やってあげる」よりはるかにしんどく、それをやり抜けることこそ子どもへの本物の愛である。

逆に、子どもを本当に愛しているなら「やってあげる」は禁句であると心得ていただきたい。

人間が自分の生活に必要なことを自分でできないことは、たとえ子ども本人がそう感じなくても、それだけで不幸なことである。

そしてもう一つ、親は子どもより先に死ぬ可能性が圧倒的に高いという事実を認識してほしい。

自分が死んだ後まで子どもの代わりをしてやるのは不可能ということだけでも冷静に認識すれば、親が取るべき正しい道は自ずとわかるはずである。

第8節「それでも親だから我慢してあげるのよ」と恩を着せ、共依存を強化させる

母の膝の上だけが居場所という不幸

「あんたはお友達から嫌われる子」というレッテルを貼って、私が社会集団に入っていく勇気も挫いた母はさらに、寂しさに萎《しお》れる私に「私は親だから、そんなあんたでも我慢して受け容れてあげるのよ」という意思表示を、言葉でも態度でも繰り返してきた。

そういう母への「感謝」から、私はますます母から離れていけなくなり、一層「共依存」が強化された。

たとえば中学二年の林間学校の時、私は飯盒炊さんの輪にも入れなかった上、母に流行歌を聴くことも禁じられていたため、山歩きの時にみんなと合わせて歌を歌うこともできず、三、四日の期間中、疎外感ばかりが募り、早く家に帰りたくてたまらなくなった。

だから帰りのバスが学校の前に着いて、迎えに来ていた母の顔を見た時、わっと泣き出してしまった。ほっとした途端、堪えていた辛さが爆発した。

母はその私にまず、「みんな『楽しかったーっ!』って、大喜びで帰って来てるのに、何であんただけ泣い

てるのよ！　情けないわね」と忌々しそうに言った後で、次に「しょうがないわねぇ」という言い方をした。

母は私が泣いたことで、大勢の他のお母さんたちの前で体面を傷つけられたことが忌々しかったに違いないが、母の「何で」という言葉を聞いた時、私ははっきり「それはあなたのせいだ」と思った記憶がある。母の様々な働きかけが、私を同年代の集団に入っていきづらくさせているという認識が、既にその時点ではっきりあった。

それなのに、情けないことに中学生の私は、母の「しょうがないわねぇ」という「受け容れ」の言葉を聞いて、不覚にも救われた思いになってしまった。

それは「あんたはみんなの嫌われ者」という母の刷り込みがすっかりでき上がっていた上に、それを裏付ける現実の体験まで重なったことで、「自分は外の社会からは受け容れられない」という絶望的認識が揺るぎなくなっていたからである。

だからもうその頃、家庭という場は十分私にとって「針の筵《むしろ》」だったにもかかわらず、その息苦しい家庭、母の膝の上という場所を失ったら、自分には行くところがないと、私は完全に信じ込んでしまっていた。

その上「私は社会生活面では完全に無能で、お母様なしには生きられない人間」という、前項で述べたもう一つの強い刷り込みも手伝って、母親を捨てて外の社会集団に入っていく勇気が全然持てなくなっていた。

お友達から嫌われる「そんなあんた」は母がつくっているというところまではわかっていた私も、その母の影響さえ断ち切れば「そんなあんた」ではなくなれて、社会集団に楽に入っていけるようになるというところまでは、この時点ではっきり気付くことができなかった。

この時点の私は他の多くの人たちと同じように、居場所のないことが何より耐えられず、母に「私だけがあんたに居場所を提供してやる」と言われたら、それをイチコロで信じてしまい、ますます母に縛りつけられ、母の言いなりになった。

最高に救いのないジレンマだった。

子どもが鼻つまみの方が都合がいい共依存の親

今思うと、この時の母の「しょうがないわねぇ」は、実に恩着せがましかった。

「よく言うよ」という感じだった。

「被害妄想」の誹《そし》りを受けるのを覚悟で続きを書くと、母は私が「お友達から嫌われる子」であることを、表向きことさら嘆く調子で言っていたが、私がそういう子どもで居続けることを、誰よりも母が一番望んでいたのがよくわかるからだ。

外の集団から受け容れられない（と自分で思い込んでいる）子どもは、いつまでも親を必要とし続け、親から離れていかない。

私がそういう駄目な子ども＝「そんなあんた」でなければ、母が困ったのである。

母が自分の存在価値を確保するために、「駄目な子ども」を必要としていた。

親が自分で子どもを「駄目」にしておいて、「それでも私は見捨てないであげる」と恩を着せ、子どもが絶対に自分から離れていかない関係を堅固に構築・完成させる。

世の中のすべての「共依存」親子の実態は、これに等しいと言っていいだろう。

「共依存」の親は、子どもが自分一人で社会に船出することを決して望まない。

船出させる場合も、すべて自分が膳立て・指示する手順に従って船出するよう子どもに要求し、船出した後まですべて自分の指示通りに行動し、自分が望む「社会的成功」を収めることを子どもに要求し続ける。どこまでも子どもにへばりついて離れない。

しかし私もこのからくりにはっきり気付いたのは四〇近くなってからだった。

だから何度思い返してみても、中学生の時点では、母にどんなに怒りを覚えても母から離れることは無理だったと、うしろめたさを感じずに言える。

それでも腰抜けだった自分が腑甲斐なくて仕方がない。

共依存に気付いたら即刻やめよ

したがって「共依存」の「子」の立場の人には、共依存の存在に気付いたら、自分を「駄目な子ども」にしている親を一刻も早く捨て去って、離れる勇気を持ってほしい。そして「共依存」の「親」の立場の方は、自身が子どもから自力で生きる力を残らず吸い取るという、この上なく酷《むご》いことをしていると自覚するのは非常に難しいだろうが、もし自覚できたなら、親子関係を、子どもを常識的な一定の年齢で社会に一人立ちさせることを目指す、健全なものに築き直していただきたい。

子どもが親の力なしに生きられるようになったら、親の自分に存在価値がなくなると考えることこそ、最高に間違った思い込みなのだから。

子どもが社会に一人で船出した後には、親は子どもが荒波に揉まれてくたびれ果てた時に帰り着ける母港になるという、次の大事な役目が生まれる。

帰れる母港があるという安心があってこそ、子どもは社会で思う存分活動でき、親は死んだ後まで子どもの精神的母港で在り続けられる。

「自分が要らなくなる」などというのは、まったく無用な心配である。

その反対に「共依存」は、親子双方の「人間」も「人生」もすっかり破壊してしまう、愚かで残酷な関係である。

最近、社会問題化している、中年になっても続く「ひきこもり」の原因も、一部は外での虐めもあるだろうが、より率の高い主な原因は、幼い頃から延々と続く「共依存」にあるように感じる。

長くひきこもった子どもが先行きへの絶望に追い詰められて、親の些細な注意などをきっかけに親殺しに走った事件も、頻繁に報道されている。

だからそうなる前に、自分がそういう病んだ親子関係を営んでいることに気付いたら、親も子も一刻も早く、そこから脱却していただきたい。

第9節「思い通りにならなければ死ぬ」と脅して、魂を親の鋳型に嵌めさせる

母は他にもまだ、私への精神支配を強化する働きかけをした。

次に書く働きかけは、私が抱えた特殊な条件の存在によりはじめて可能になったものだが、正にとどめを刺すように、私の主体性と精神の自由を完全に奪った。

弟の知的障害を支配強化の道具に使う

私には七歳下のダウン症の弟が居る。

一九六五年二月、私が小学校一年の終わりに生まれた。

長い間一人っ子で、まわりの友達にきょうだいが居るのが羨ましくて仕方がなかった私が、「きょうだいが欲しい」と両親に繰り返しせがんだ末に、やっと生まれた弟だった。

両親は弟に「海のように広い心を」という願いを込めて、「洋《よう》」と名付けた。

その弟に、一歳になったばかりの頃に「ダウン症」という診断が着き、その数カ月後に、私は母からその事実を聞かされた。

小学校三年の前半、八歳の時だった。

当然私はショックにうちのめされた。

私がショックだったのは知的障害のことではなく、もっぱら寿命のことだった。

今でこそダウン症者の平均寿命は六〇歳くらいに達しているが、当時は全員が二〇歳までに死んでしまうというのが常識だったからだ。

そしてそれから間もなく、事の詳細は忘れてしまったが、母が何か私の言行に腹を立てて、「あんたまでそんな風なら、洋ちゃん連れて死んじゃうから」と、感情任せに言い放つという出来事が起きた。

母はこのひと言を計画など何もなく、カッと頭に血が上った勢いで言い放っただけだったと思うが、それが想像をはるかに超えて、その後の私の人生に甚大《じんだい》な影響を及ぼした。

母の言葉を真正面から受け止め、残らず信じた私は、完全に凍りついてしまった。

「もし私がお母様の気に入らないことをして、お母様が洋ちゃんを連れて死んだら、私が二人を殺したことになる」と、本気で真面目に考えたからである。

「そんな悲しみにはとても耐えられないし、そんな人殺しの罪を背負ったら、その先とても生きてなんかいけない」と真剣に思い詰めた。

自ら進んで母親のダミーになる

その結果、母の私に対する精神支配の「量」よりも「質」が格段に高まった。

それまではまだ、私の母に対する服従も、主に自分の表に現われる行動や言動を母の気に入るように合わせるという、割に常識的なレベルに留まっていた。

心の中で思うことも母の気に入るように合わせさせられてはいたが、母に不満を示されてからその都度合わせる程度で済んでいた。

しかし件《くだん》のひと言を境に、私は自ら進んで先回りして、自分の精神の内部を全部、母の気に入るように、つまり母親そっくりに、速やかにつくり変えていった。

即ちまず、何かに出会い、心の底で何かを感じたり考えたりする度《たび》に、それらが意識の上に上ってくるまでの間に、すべて徹底して母と同じになるよう歪めるようになった。

それに続いて、何が素晴らしくて何が下らないかという「価値観」も、完全に母と同じものを持つようにした。

そして最後はとうとう、自分は何がやりたい、こんな風に生きたいという「欲求」や「意志」まで、母の望み通りのものを持つよう、私は自分自身に強制した。

母が私に何を望んでいるかは、その頃までにほとんど体得済みだった。

要するに、私は自分の精神全体を、母の「鋳型」に嵌《は》めた。

自ら進んで、母親の「ダミー」になる道を選んだ。

後に私は、東大東洋文化研究所の安冨歩教授から「魂の植民地化」という言葉を聞いた。

これは大阪大学の深尾葉子准教授が提唱された概念だが（『魂の脱植民地化とは何か（叢書 魂の脱植民地化1）』（深尾葉子、青灯社、二〇一二））、この「魂の植民地化」と、私の「精神を母の鋳型に嵌める」は、完全に同義だと感じた。


私がそこまで念の入ったことをしたのは、そこまでやらないと「すべて私の思い通りになれ」という母を満足させられないと思ったからだ。そして「無理心中」を防ぎきれないと思ったからだ。

つまり母親の気に入る人間を「演技」して、母を騙すやり方では不十分で、自分を本当に母親の気に入る人間につくり変えてしまわないと、安心できなくなったからである。

それ以前から存在した内心の検閲

実際それ以前から、母は私の表情や声の調子などを頼りに、私の心の中にまで絶えず「検閲」の手を入れて、気に入らないものは容赦なく「取り締ま」っていた。

つまり母は、私が表向き母の言いなりになるだけでは気が済まず、たとえ心の中でだけでも母に不満や反対の意思を持ったら、断じて許さなかった。

この「思想犯」の子どもまで取り締まるというこそ、子どもへの「専制支配」の要件だった。

したがって、自分の中身まで完全につくり変えなければ母親を満足させられず、無理心中を防ぐ対策としては不十分という私の見方は、筋が通っていたと思う。


前にも述べたように、子どもが幼い時期の親子関係は、どの親子でも圧倒的に親の力が強いから、子どもは大抵親に従う。

しかし、親が「専制支配」を敷かない健全な親子の場合には、子どもは親に無理矢理言うことを聞かされた時にはプーッと膨れる自由があるし、また表に現われる言葉や行動だけ親の気に入るようにしながら、心の中でペロッと舌を出す自由もある。また親の見ていない所で、親に禁じられていることをする自由もある。

即ち子どもが全部親の言うことを聞いても尚、子ども自身の魂は親から独立して健在である。


これに対して子どもに「専制支配」を敷く親は、子どもが極く幼い内は、子どもの微かな表情の動きから、自分（親）にとって好ましくない想念の萌芽を敏感に見て取り、その瞬間、子どもが瞬時に不安と恐怖で凍りつくような嫌悪の表情を浮かべ、憎悪の眼差しで射抜く。それだけでいとも簡単に、子どもにその想念を放棄させてしまう。

そして子どもが成長して言葉を解するようになってからは、強い嘆きや落胆の表情とともに「あなたにはがっかりさせられたわ」という類《たぐい》の否定的評価の言葉を投げ、「親を嘆かせることは罪悪」という子どもの道徳心を巧みに突き、追い詰めることで、これまたやすやすと、子どもに自分好みでない想念を捨てさせてしまう。

母の私に対する場合も正にそうで、私の心の中に時々刻々、母の「検閲」が入ってきたから、私は一瞬も気が休まらなかったし、母が「そう思っていい」と許したようにしか、私はものを思うことができなかった。だから既に「洋ちゃん連れて死んじゃうから」以前のこの時点から、私は母から独立した自分自身の魂を持つことはほとんどできなくなっていた。

そこまで母が私を服従させられたのは、先述の通り、母が私にとって「神」になることに成功していたからである。

後から詳しく述べようと思うが、私に限らず、こういう「専制支配」が長期にわたって絶え間なく続いた場合、子どもの精神の発達に及ぼす影響は、非常に深刻なものになることは想像に難くない。

母に取り締まられる前に自ら検閲

しかしそれでもまだ「洋ちゃん連れて死んじゃうから」と言われるまでは、私の対応は、母の「検閲」と「取り締まり」を受けてから、それに従って自分の心の中をつくり変えるところに留まっていたから、将来の精神疾患発病への準備はまだ初期の段階だった。

そこへ母はさらに「その程度では不満だ」という意思表示をしてきたのである。

「洋ちゃん連れて死んじゃうから」という言葉は、私には「まだまだ駄目」という母の強い意思表示に受け取れた。

だからその言葉を言われて以後は、私は母の「鋳型」に忠実に従って、自ら進んで自分の心と頭に「検閲」と「取り締まり」を入れるようになった。

母に取り締まられる前に自分で自分を取り締まるようになったことで、はるかに病的さの度合いが進んだ。

しかもそこで私は、自分の精神にもっと手の込んだ作為を加えた。

それは先程述べた、自分で自分の感じ方や考え、価値判断、意志、欲求のすべてを、意識に上る以前に母親の気に入るようにわざと歪める自分の行為を、自分で意識しないで済むように抑圧したことだった。つまり私は自分自身の作為から、完全に目を背けた。

目を背けたのは、自分の想念を自分で歪める作為が自分で意識されると、まだ「演技」で母親を騙している気がして、うしろめたかったからである。

こうして私は、自分がすべて母の気に入るようにものを感じ、考え、価値判断し、欲求し、意志する人間に本当になれたと、自分自身に思い込ませた。即ち作為の結果でき上がった母親の「ダミー」の自分を、「これが本当の自分」だとしっかり自分に思い込ませた。

つまり私は母親を騙す代わりに、自分自身を騙す道を選んでしまった。

実に子ども離れした、最高度の魂の歪め方（自己疎外）だったと感じる。

斯《か》くして私は自分の魂を、完全に母親の鋳型に嵌め終えた。

つまりは自らの魂を母親の植民地にし終えた。

他人（母親）を騙す罪悪感には耐えられなかった私が、自分自身を騙すことが罪だと認識できなかったのは本当に皮肉である。

御蔭で後からとんでもないツケを払わされることになったのだが、それについても詳しい話は後に譲りたい。

「死んでやる」は子どもを病ませる禁句

とにかく今述べてきたように、「思い通りにならなかったら死んでやる」と親が子どもを脅すことが子どもの精神に及ぼす悪影響は、親の想像をはるかに超えて深刻になる危険が高い。

だからどの親御さんにも絶対にやらないでいただきたい。

影響がどのくらい深刻になるかは、子どもによって若干の差が出るとは思うが、そういう言葉を吐く親はおしなべて支配欲が強く、私の場合同様、それ以前から念入りに段階を踏んで子どもへの精神支配を強めてきている場合が多いだけに、「とどめの言葉」の影響の深刻さも、多くの事例に共通すると思われる。

しかし特に子どもが、親を含め他人の言葉を真正面から真剣に受け止める性格の場合、より影響が深刻になりやすいだろう。

またこれも私の場合同様、親の「死ぬ」という言葉に信憑性を与える何らかの状況が存在する場合は、子どもは親の一回の脅しでも完全に精神の自由を奪われうると推測できる。

その「状況」とは私の場合、言うまでもなく弟がダウン症だったことだった。

したがってきょうだいに障害児が居る子どもに対しては、特に親は軽々しく「死ぬ」という言葉を吐かないでほしいと、強くお願いしたい。

そういう子どもは幼い時期から、親が物理的にも精神的にも重い負担を背負っていることを認識して、それ以前から常に親を心配しているからである。

また他にも、例えば配偶者がアルコール依存症の場合や、配偶者からＤＶを受けている場合など、同じく「死ぬ」という言葉に信憑性を持たせる何かの事情が存在する場合には、やはり子どもはたった一回の親の言葉に非常に呪縛されやすいので、極力その言葉を吐かない努力をしていただきたい。

それは、魂を親の鋳型に嵌めきった末に子どもが陥る精神疾患は重篤かつ難治性で、そのために子どもが舐める苦しみは言葉に尽くせないからだ。

また子どもは病んだ後に、自分が病んだ原因が自分で自分の魂を親の鋳型に嵌めたことにあったことと、そのきっかけが親の脅しだったことをはっきり認識する場合が多く、すると子どもの心に、自分の切ない情につけ込んだ親に対する激しい憎しみが湧き、それが殺意に変わることも珍しくなく起きるからだ。

過ちは謝れば取り返せる

だが親が自身の背負う重い負担に耐えかねて、子どもにうっかり「死んでやる！」と言い放ってしまった場合にも、カッとなって子どもを不当に罵ってしまった場合と同様に、できる限り早くはっきり言葉にして謝ることが、子どもの心への悪影響を軽減するために何より大切で有効だと感じる。

実際私も、子どもは居ないが養育対象である弟に対して、自分の辛さに負けて「もう死んじゃいたい！」と口走ってしまったことが何度かあった。その時、自分にほとんど落度がなかった弟から「御免なさい」としょげきって言われて、私は罪の意識に強く駆られた。

それで私はかつて自分が母にそうしてほしかったように、弟に「さっきは『死ぬ』なんて言って御免。あれは嘘だから。ついカッとなって言っちゃっただけ。絶対死んだりしないから安心して」と、真剣に心を込めて謝った。

すると弟は「わかりました」と言って、それまでとまったく変わりない天真爛漫な明るさを取り戻してくれた。

この経験から、子どもを「死ぬ」と言って脅すことの影響は確かに深刻ではあるものの、絶対に取り返しがつかないものでもないと感じた。

だから「しまった」と思った親御さんは、是非私と同じようにお子さんに心の底から謝っていただきたい。

それだけで大抵の子どもは親の気持ちを解して、心にほとんど傷を残さずに、その後も無事育っていくことができると感じる。

だが親がはっきり言葉で打ち消さないと、先述の通り最悪の場合、子どもは自分の魂を持つことを完全に放棄してしまうため、その結果、精神の健康な発達は不可能になる。

だからかけがえのない子どもを潰さないために、親は「親子なんだから言わなくてもわかる」という勝手な甘えや「親が子どもに謝るなんて」などという浅薄なプライドはきっぱり捨てて、潔く謝っていただきたい。

第2章　専制支配の強化

第10節　八歳で職業選択の自由を奪われる

医者志望も弟の障害がきっかけ

私は小学校低学年で、職業選択の自由も事実上奪われた。

発端となる出来事は第9節と同じ時期に起こり、きっかけと原因はやはり弟の存在だった。


弟はダウン症に、先天性十二指腸閉鎖症という内臓奇形を合併して生まれた。

腸の始まりの部分が一カ所、塞がっていて、それより先に食物が進めないという病気だった。

放置すれば間違いなく、弟は生まれて数日以内に死んでいた。

両親が勇気を奮って、生後三日目に根治手術を受けさせた御蔭で、弟は今日まで生き永らえることができた。

弟の手術を執刀して下さったのは、当時、新生児外科の第一人者だった、ある私立大学の教授の方だった。

しかし一九六五年当時は、生直後の子どもの身体にメスを入れる新生児外科自体が黎明期だったから、「たとえ手術しても助かる可能性は三割」と、両親は病院側から宣告されたそうだ。

だが手をこまねいていては弟は一〇〇％死ぬ運命だったため、両親は三割の可能性に賭けて、高額の手術費用をかき集め、その教授に手術をお願いしたと言う。

手術中、弟は何度も危険な状態に陥ったそうだが、何とか乗り越え、幸運にも「三割」に入ることができた。

これは両親のみならず、私にとっても大きな喜びだった。


そういう経緯があったから、両親の執刀教授に対する感謝は大変なものだった。

「医者が神様に見えたなあ」と言った時の、父の心底敬意のこもった声の調子と表情が、未だに忘れられない。

私も心底、この言葉に共感した。

父が私にそれを言ったのは、母から弟がダウン症だと聞かされた直後の、小学校三年の前半の八歳の時だった。

そして父はその時、それに続けて「だから（知的に）まともに生まれたお前には、医者になってもらえたらなあ」と、私に言った。

私は父のその言葉に、心を鷲づかみにされてしまった。

母に弟が二〇歳まで生きられる見込みがないと聞かされて以後、私は悲しくて悲しくて、毎晩蒲団に入ってから、声を殺して泣いていたからだ。

自分の命を弟に半分分けてやれないものかと、繰り返し考えた。

そこへ「医者になったら」というサジェスチョンを受けた私は、一も二もなくその考えに飛びついてしまった。

「必ず医者になってダウン症の治療法を発見し、弟の命を助けてやろう。それが駄目でもせめて、ダウン症の子どもたちの能力をできる限り伸ばし、少しでも長く幸せに生きられるようにする仕事をしよう」と、私は大それた野望を懐いた。

その途端、私は夜、蒲団の中で泣かなくても済むようになった。

今思うと、何とおめでたい子どもだったことかと呆れてしまう。たとえ自分が医者になれたとしても、それで弟の寿命を健常児なみに延ばせる見込みなど、ほとんどなかったからだ。

それなのに、もうすっかり夢が叶った気持ちになってしまった。

そういう点では、私もあまり賢い子どもではなかったと恥ずかしいが、とにかくこの八歳の時点では、両親の「医者になったら」という提案が私の魂を救ってくれた。

今、「両親の」と書いたが、それは「医者になったら」という提案は父だけでなく、母も一緒に居る場でされたという記憶があるからである。

弟のダウン症だという告知はほとんど母一人に聞かされたように、母の声や表情ばかりが脳裡に灼きついているのに、「医者が神様に見えた」「お前に医者になってもらえたらなあ」という話の方は、反対に父の表情や声の調子ばかりが今でも甦るのが不思議だ。

幼い私の心を強く縛った両親の期待

ここまでの段階では、両親に職業選択の自由を完全に奪われたとまでは言えない。父が親の切ない期待を表明し、私がその提案を自分から進んで取り入れただけで、何の強制も存在しなかった。

だがそのように私が齢《よわい》八歳にして医者になるという立派な志を立てたことが、残念ながらその後、幸せな成り行きにはならなかった。

それは、あまりに幼い時期に立てた志だったこと、それしか許されないと私が思い詰め過ぎたこと、そして一度立てたが最後、両親（主に母）に「勝手に変更は罷《まか》りならぬ」と禁じられたことが原因だった。その経緯を詳しく説明したい。

八歳の私が「将来は医者になって、弟の命を助ける」と、身の程もわきまえずに夢見ただけなら害はなかったが、それをはるかに越え、私はこの時点で「自分のような星の下に生まれてきたら、医者にならなければ人間じゃない」というところまで強く思い詰め、自分で自分を縛ってしまった。これが後に、長く重い禍根《かこん》を残すことになった。

そのように私が自らを縛った原因の大半は、「洋ちゃんは私が望み、私のために生まれてくれた存在」だという、普通のきょうだいより桁外れに強かった弟への思い入れと、「お父様、お母様は洋ちゃんの心配だけで大変なんだから、せめて私は心配をかけず、洋ちゃんの分まで喜ばせなきゃ」と両親を思いやる気持ちにあった。そして後者の源は、母と社会から強く植えつけられた道徳観にあったと感じる。

しかしその他に、第9節に書いたような事情から、「お母様が『こういう意志を持ってほしい』と期待する通りの意志を持たなければならない」と、私が自らに強いるようになっていたことも、一部原因になった。

心底正直な話、親をがっかりさせるなどということは、当時の私には絶対にできなかった（やや余談だが今思うと、弟は決して両親を喜ばせることはできず、悲しみの種にしかならないと信じて疑わなかったのはひどい偏見で、私も八歳で早くも社会通念と世俗的価値観で完全に凝り固まっていたのがわかる。親子観についても既に「忠孝」の儒教道徳にどっぷり染まっていた。このことから、他の多くの子どもたちの精神にも社会通念は非常に幼少から浸透し、支配を完了することが想像できる）。

そうして八歳で「将来は医者になる」と決意した私は、それをすぐに両親に表明した。両親は当然、大喜びした。

学業成績は私の唯一の取り柄だったため、これは大人の目からもあながち実現不可能には見えなかった。それで何でも先回りして考える癖があった父はすぐ「だったらウチは金がないから（当時、父は陸上自衛官だった）、大学は国立だ。（県立）千葉高から千葉大の医学部がいい（当時、私たち家族は千葉市に住んでいた）」と具体的な青写真まで、私に提示してきた。

今思えばそんな相当高圧的な言葉さえ、当時の私は至って素直に受け容れ、「さあ、これから勉強が大変だ」と身の引き締まる思いになった。

小学校五年になって、「千葉大の附属中に入れば、千葉高にずっと入りやすくなるわ。附属中に入りたければ、日曜日も遊んでいないで模擬テストを受けに行かないと無理よ」と母に言われると、「そうに違いない」とこれまた実に素直に信じて、日曜は毎週欠かさず進学塾の模擬テストに通うようになった。

私が自分で言うと反感を買いそうで怖いが、本当にどこまで生真面目で健気で親思いの子どもだったことかと思う。

他の職業への憧れを母に瞬時に潰された中学時代

そして努力の甲斐あって、私はめでたく千葉大の附属中に合格した。

だが皮肉にも、その中学時代に初めて、「絶対に医者にならなければ」という志に自分を縛りつけたことが、深刻な苦悩の種になった。

それは、中学に入ると他の職業に対する憧れが心に芽生えたことがきっかけだった。

私は中学に入ってからも順調に成績を伸ばし、定期試験はいつも学年でひと桁の順位で、最終的には学年トップで中学を卒業した。

取り分け最初、非常に難解に感じた数学と理科には猛烈に力を注ぎ、両科とも独学で、中学在学中に高校の全課程をほぼマスターした。

そのこと自体は母に大いに喜ばれた。難関の国立大の医学部を制するためには、理数を制するのが不可欠だったからだ。

しかしそれらの学問に強い魅力を感じるようになって、「将来は数学者か物理学者になりたい」と、軽い気持ちで母に言ったのが運の尽きだった。中学三年、一四歳の時だったこともあり、また身の程もわきまえず、それこそ「ノーベル賞を取りたい」くらいの勢いで夢を懐《いだ》いた。

母に提示された希望以外の希望を持ったり、口にしたりできたところから見て、まだその頃までは、私にも自分の精神を母の鋳型に嵌めきらない部分が多少残っていたことが見て取れる。

だがその言葉を吐いた途端、母は瞬時に形相《ぎょうそう》を変え「あんた一生研究室のカビで終わりたいの？」と水をぶっかけてきた。激しい敵意のこもった語調だった。


また同じ頃、私は演劇人になりたいという、別の夢も懐いた。

それは、ある精神病理学者の本を読んだことがきっかけだった。

その本に書かれていた、統合失調症の患者の目には世界が著しく違った様相を呈して見えるという事実に、私は強く興味を惹き付けられた。

同時に私はものを創造する仕事に強い憧れを感じるようになり、そこから精神を病んだ人の目に見える世界を、「舞台」という一つの空間の上に描き出してみたいという夢を持つに至った。

自ら脚本を書き、演出し、自ら舞台の上で演じてみたいという、これまた大それた野望を懐いた。

今思えばこの創造への強い憧れも、私の精神が既に病んでいた徴候だった。

当時の私は全力で母親のダミーになりきる努力をしていたから、そのため既に潜在的に、自分という人間が確かに存在しているかどうかに強い不安を感じ始めていたのだと思う。

だからその不安を解消したい一心で、何かを産み出すことによって自分の存在をはっきり証明できる創造的な仕事に強く志向したのだとよくわかる。

しかしこの夢も、母は「どうせ一生水商売のアルバイトをしながら、通行人で終わるのがオチよ」と言って、容赦なくぶち壊した。この時も、声に憎しみがいっぱいこもっていた。

母の期待が絶対だった一七歳まで

母に思いっきり水をぶっかけられた一四歳の私は、「数学者・物理学者」の夢も「演劇人」の夢も、すぐに完全に諦めてしまった。

母親に嘆かれるのが死ぬほど辛かったからである。

その理由は既に述べた通り、ただでさえ自分がこの世に生きていていいという自信が持てなかったところに、その上さらに少しでも母親に嘆かれたら、完全に生きる資格がない思いにまで追い詰められたからだった。

この心理は三〇代後半まで存続したが、特に一七歳以前は「お母様は洋ちゃんがいるだけで大変なんだから、せめて私だけでもお母様を喜ばせなきゃ」という考えに取り憑《つ》かれていたために、母に嘆かれると一気に自分が生きている資格がなく思えてしまった。

その傍証のように、小学校五年の家庭科の授業で、先生に「家庭の中での子どもの役割は？」と質問された時、私は自分から勢いよく手を上げ、「親の期待に応えることです」と得意満面で答えたのをよく憶えている。

「数学者・物理学者」にしろ「演劇人」にしろ、そういう夢を懐《いだ》けたのは、それらが母親の気に入らないということを、まだ知らなかったからである。

そんなにも母親の不興を買うと知った途端、ためらうことなくそれらの夢を捨て去るのが、当時（一四歳）の私には至極当然のことだった。

そしてその後は再び、ただひたすら医学部目指して、一心不乱に勉強するようになった。

自分が何がやりたいのかわからなくて苦しんだ一七歳からの二〇年

しかし職業選択についての葛藤は、それで終わりにはならなかった。

次に「医者」以外の職業に就きたい欲求が私の心に再興したのは、高校三年、一七歳の時だった。後で詳しく述べようと思うが、一七歳になったばかりの頃、私はある小さな出来事をきっかけに突然、自分が八歳の時から自ら進んで自分の精神を母親の「鋳型」に嵌めてきたことに気付かされた。

そこから芋ヅル式に、それまで「こういうのが自分」と思い込んできた「自分像」がすべて、自分に無理矢理思い込ませてきただけの偽物だったことに気付いた。

そしてその一環で、八歳の時に抱いた「自分は絶対に医者になる」という志についても、自分の本当の意志ではなかったのではないかという疑念が強く湧いた。

自分の意志ではなく、親の期待に「洗脳」され「レールを敷かれた」だけだったという感じ方が、それまでの反動で一気に確信にまで昇格した。

すると当然、医者という志望は一転して憎悪の対象になった。

加えて「自分のような星の下に生まれたら、医者にならなければ人間じゃない」というそれまでの思い詰めも、「あまりに出来過ぎ、偽善的」「私はそんなに立派な人間じゃない」と思えてきて、強い嫌悪の対象でしかなくなってしまった。

その時から職業選択に関する私の考えは、三〇代半ばまで激しく混乱し続けた。

一七歳でそれまでの自分に疑念が湧いた時、「数学者・物理学者」の夢は、能力的に無理と感じたために復活しなかったが、「演劇人」の夢はそこで復活して、その後、強まったり弱まったりしながら三〇代半ばまで残り続けた。

だがそのように内的に混乱しつつも、結局私は死にもの狂いで勉強して東大の医学部に入り、医者になった。

それは、自分は本当は何をやりたいのか、本来の欲求を突き止めたい思いは徹頭徹尾真剣だったものの、それがおいそれと摑めそうになかったことと、一方私はあまりにも自分の存在価値に自信がないことが辛く、何とかそれを獲得したい欲求が猛烈に強かったこととが原因だった。

だから、こう言うと強い反感を買うに違いないが、日本で最高水準の学力を証明する、ただそれだけのために、私は東大の医学部に入ったと言っていい。

そんな不純な動機で進路選択をした当然の罰で、私は高校三年から大学を卒業するまでの七年間ほぼずっと、両親の「洗脳」「レール」への激しい反発から、他のどんな職業に就いても構わないから医者にだけはなりたくないと藻掻《もが》き続けて、悶々と過ごした。

それでも医学部をやめて他の道を選び直す覚悟もつかなかったため、短期決戦で集中的に勉強し、国家試験に合格して、結局医者になった。しかしその後も芝居の仕事がしたいという夢をずっと引きずり続けた。

医者になって以後の私は、もともと生身の患者さん相手の臨床医の仕事が性に合っていたようで、気が付くと無我夢中で仕事に取り組み、日々やり甲斐を強く感じた。しかしそうしながらも、今からでも芝居の仕事にかかわれないかと脇目を振るのを、なかなかやめられなかった。

三〇代半ばで自ら医者を選び直す

「私は医者をやって生きていこう」とやっと本当に腰が据わったのは、三〇代半ばになってからだった。そこに至るまでの経過を、簡単に説明したい。

一七歳の時に「鋳型」の存在に気付いた私は、その時点で精神疾患（境界性人格障害とうつ病）を発病したが、それから大学を卒業して二年後までは、生きているのを辛く感じながらも、仕事も社会生活もどうにか維持できた。

大学卒業から三年目の二六歳の時に精神疾患が急激に悪化して、仕事にも社会生活にも大きく支障を来たすようになった。

悪化のきっかけは職場の強いストレスで、直接の原因は、そこからベンゾジアゼピン（BZ）系抗不安薬（所謂《いわゆる》「精神安定剤」）の依存に急速に陥ったことだった。

そのため二六歳の時から何度も医者を替えて精神科にかかり続けたが、病状は悪化の一途を辿《たど》り、藻掻き苦しんでいる内に三〇代に入ってしまい、そこから新しい仕事を始めるのは現実的に不可能になった。

それに加え、具合が悪くてもできる限り経済的に自立した生活を保ちたい一心で、休み休み医者の仕事を続けている内に、皮肉にも私はこの仕事に対して積極的に意義と魅力を感じるようになった。

即ち、もうこの仕事以外に自分にできることで生計を立てていける仕事はない、それにこの仕事は自分に向いていなくもないし、やり甲斐も十分感じられて、悪くないと思えてきたのである。

「向いていなくもない」理由の一つは、私は生身の人間一人ひとりに直接、喜ばれるように働きかけることが好きだったことだ。

そしてもう一つは、医者の仕事を通じて人（患者）の役に立つためには、正しく診断を下し、適切な治療法を選べなければならないが、そのために不可欠な論理的思考力に、私がかなり長けていたことだった。

それらの、母が私に期待していた人間像とはまったく関係のない、自分の「生来の」性質をはっきり自覚できたことで、やっと心底、自分から積極的に医者の仕事に取り組む気持ちになれた。

それが、あと一歩で社会から完全に落伍という最悪の病状にまで達した、三〇代半ばの時だった。

腰が据わって湧いた後悔と、母の強制への恨み

幸いそれから二、三年後の三八歳の時に、苦労の末、精神安定剤からの離脱に成功して、病状が急に大きく改善してくれた御蔭で、私は医者をやめずに済んだ。

その時になって、自分はどうしてこんなにも長い間、この仕事を嫌だ嫌だと思い暮らし、そこから逃げることばかり考えてきたのだろうという後悔の念が芽生えた。

「どうして」と書いたが、その理由は前から薄々わかっていた。

それは既に書いた通り、一七歳以来ずっと「医者になりたい」というのは自分自身の意志ではなく、両親の「洗脳」で思わされたと考え続けてきたために、その「洗脳」への強い抵抗が、医者という職業をも嫌悪させたからだった。

一七歳で、自分がそれまで母親から精神を専制支配されてきたことをはっきり自覚した私は、親から押しつけられたものすべてに対して猛烈に嫌悪を感じ、それらを全部捨て去りたい衝動に駆られた。「医者」という進路選択こそ、その最たるものに映ったために、ずっと捨てたい捨てたいと藻掻き続けたのである。医者が芝居に較べて、才能も独創性も要らない詰まらないものに映り続けてしまい、芝居を長く諦められなかった。

しかし逃げたいとばかり考えてきたことを後悔し始めると同時に、「医者はもともと自分の意志ではなかった」「親の洗脳で『なりたい』と思わされた」という考えの方が、実は誤った思い込みだったとわかった。

次に、では何故自分はそういう誤った思い込みをしてしまったのかと考える段になって、両親、特に母から無理矢理他の職業への夢を捨てさせられたことが、大きく災いしたことに気付いた。

母の「鋳型」に気付いた一七歳の時に、一四歳で芽生えた他の職業への夢を、母が「研究室のカビ」「一生水商売のアルバイトで通行人がオチ」という最高に酷《むご》い言い方で打ち砕いた忌まわしい記憶がまざまざと甦ったことが、「医者は洗脳されて選ばされた進路」という強い思い込みを生んでしまったと、今でも感じる。

八歳で「絶対に医者になってダウン症の治療法を発明する」という志を立てた時点では、まだ強制と呼べるものはなかったが、一四歳で他の職業に就くことを阻止された時点で、私は事実上、医者になることを母親に強制されたと言っていい。

しかし一七歳の時に三年前の「強制」が恨めしく思い出されると、同時に八歳の時に父から「医者が神様に見えた」「お前に医者になってもらえたらなあ」と期待を表明され、「それだ！」と自分が飛びついたことまで、親の狡猾な「洗脳」、利己的な「レール敷き」だったように見えてきてしまったのだった。

だから医者の仕事から逃げる気持ちを失くした三〇代半ばから、私の中で、母の過去の職業強制に対する恨みが一層強まった。

それは強制に対する反発から自分が本当にやりたいことを見えにくくさせられた御蔭で、長い年月、自分の心に適う生き方ができないと煩悶《はんもん》してきたことに気付いたからである。

そしてもっと早く医者の仕事に腰が据わっていたらと、脇目を振り続けて無駄にした年月が惜しまれるようになったからである。

憧れを卑しめられた口惜しさ

しかしそれ以外に、母が職業強制を行なったやり方と動機も、負けず劣らず恨む理由になった。まずやり方についてだが、先述のように、母は私が憧れた他の職業を完膚無きまで卑しめる言い方をすることで、私にそれらの夢を断念させた。

自分の憧れの対象を卑しめられて、傷つかない人間は居ないだろう。自分自身が卑しめられた思いになる。特に私の場合、幼い頃から自分自身についても、自分が好きだと言うものについても、「駄目よ、そんなの！」と片っ端からけなされまくり、絶えず屈辱を味わってきた歴史があったから、憧れの職業をけなされた時にはまたかという思いになった。

だから一七歳でそれらを全部思い出して、母に激しい憎しみが湧いた。

それでここで一つ、どうしても申し上げておきたいのは、子どもが好きだと言うものや憧れの対象について、「誰がどう見ても有害」というほどの確固たる理由がない限り、親は単に自分が気に入らないというだけでけなしたり卑しめたりは、絶対にしないでほしいということである。

また、職業強制を行なった一四歳の時点では、母はもう、私が親に嘆かれるのを一番辛く感じると熟知しており、自分が派手に嘆いて見せさえすればイチコロで余計な夢くらい捨てさせられると、すべて計算してやったのが後から見えてきたことも、母への恨みを何十倍も掻き立てた。

母の世俗欲の道具にされた恨み

次に「強制」の動機について感じた怒りを述べる。

何故母はそこまでなりふり構わぬやり方を取ってまで、「医者」という母が期待する職業を、私に執拗に強制したのか。

最も大きな理由はこれまで繰り返し述べてきた、私を一〇〇％自分の思い通りにしないと気が済まない「支配欲」にあったと思うが、成人して以後、それだけではなかったことに次第に気付いていった。

もう一つの理由は、名誉欲、金銭欲など、母の勝手な世俗的欲望だった。

八歳の私に「お前が医者になってくれたらなあ」と言った、父の頭にあった「医者」という職業の魅力はほぼ一〇〇％、「人の命が救える」という点にあったと思う。

しかし一四歳の私に医者になることを強制した母にとっての「医者」の魅力は、圧倒的に「社会的地位・収入ともに高い」という点にあったことは、まず間違いない。

そう感じる理由の一つ目は、気高い理想が土台にある人間に、他の職業を卑しめるという行為はおよそ似つかわしくないからであり、二つ目は、その後、特に私が医者になって以後、母が世俗的欲望の非常に強い人であることが、母の日々の言行から次第に見えてきたからである。

だから私は、子どもの私が得た職業や地位で自分が周りから「まあ凄い」と賞賛されたい、そして私が得た収入で贅沢を楽しみたいという自分の勝手な欲のために、私に「医者」の道を強制した母に激しい憎しみを覚えるようになった。

抗議を撥ねつけられ倍化した恨み

それで私は一八歳の頃から、母にこの「強制」について繰り返し抗議したが、母は「私は医者になれなどと強制した憶えはない」の一点張りで、私の抗議を撥ねつけ続けた。

だから「それ以外は絶対に許さない」というあのやり方を強制と呼ばずして一体何を強制と呼ぶのかという怒りで、母への恨みは何十倍も激しく強まった。

それればかりか「研究室のカビ」などと他の職業をけなしたことについても、「だって本当のことじゃない」と居直る始末だったから、まったく救いがなかった。

実は一四歳以前の一〇歳の時にも、母は私が看護学生が主人公のテレビドラマを見て、看護婦（当時は看護師ではなく看護婦と呼んだ）という職業に憧れを持つと、「看護婦なんて、医者の命令通りに動く下働きで詰まらない。そんなものに憧れるならあのドラマは見ちゃ駄目」と、私に禁じたことまであった。それに私が抗議しても、母はやはり「本当のことを言ったまで」とうそぶくばかりで、頑として撤回しようとしなかった。

子どもの殺意をも招きうる体面への固執

私がどれほど客観的に妥当な抗議をしても母が謝りも改めもしなかった最大の理由は、母にとっては「親が子どもに謝るなんて」という浅薄な体面が何より大事だったからだと、全経過を振り返ってみるとよくわかる。

だがそう冷静に認識できる今でも、まだ時折口惜しさの嵐に翻弄されるから、一〇代末から三〇代半ばまで連日のように抗議を繰り返した頃は、母が頑として自分の非を認めないために「ああ言えばこう言う」の屁理屈を縦横無尽に駆使することに対して、私の中の怒りのエネルギーは核の連鎖反応の如く増大していった。

私の場合、増大する怒りが転じた攻撃的衝動が九九％自分自身に向いたため、もっぱら自傷や自殺企図を繰り返したが、それでも残り一％が母と、母に全面的に味方した父に向いて、彼らに対して殺意が芽生えたこともあることを、読者の役に立てていただけるよう、はっきり告白しておきたい。

そして、子どもの生来の性質によっては往々にして、職業強制への怒りや、それに抗議しても非を認めないことに対する怒りの大部分が、親への攻撃衝動、ひいては殺意に変わりうるということも、読者によく知っていただきたい。

後でもう少し詳しく述べたいが、私が親の方々に「体面を捨てて子どもの抗議に誠意を持って対応して」と申し上げるのは、「子どもに殺されないように賢く処して」という姑息的な理由からだけではない。

事態をさらに悪化させた父の加担

尚、先程ちらりと書いたように、一七歳以降、私の精神的不調が見え始めると、母だけでなく父も、ひねくれたやり方で「医者」という進路を強制してくるようになった。

私は東大の医学部への進学を果たし、「日本で最高水準の学力」を証明し終わると、その後は大学をやめたいやめたいと言い暮すようになった。そのまま居続けたら医者になるしかない場所に、強い拒否反応を感じたからである。

その私に、父は「やめたきゃいつやめてもいいぞ。別に嘆きもしないから。もし泣いてほしいんだったら、ちょっとくらい泣いてやってもいいが」という、最高に嫌味な言い方をしてきた。

そうかと思うと、私が芸能の仕事に憧れを持っていることを知った父は、「それならテレビドクターになってもいいじゃないか」と、妥協的な提案をして懐柔に出てきたりもした。生憎《あいにく》私はそういうどっちつかずの考えが最も嫌いな性格だった。

嫌味からも懐柔からも、要するに父も本音では私に医者の道を絶対に捨てさせたくないのがよくわかったから、私はどちらにも激しく苛立ち、怒りが湧いた。


当然ながら、新たに加わった父の強制も、「もともとなりたくもなかった医者に無理矢理ならされた」という私の思い込みと恨みを強め、ますます医者の道から逃げたくさせたし、それが「芝居の方が私の本当の意志だった」という「妄念」も強めて、延々その夢にしがみつかせる一助になった。

そのことにも医者の仕事に腰が据わった三〇代後半に気付き、無念さが増した。

放っておいてくれればよかった

それで次に、これも読者の役に立てていただくために、この職業選択の問題について、両親、特に母にこうしてほしかったと、今振り返ってみて思うことを書いてみたい。

最も強く思うのは、八歳以降、私が医者以外の職業への憧れを表明した時に、黙って放っておいてくれたらよかったということだ。

それは既に書いた通り、私が八歳で医者を志したのは、父のサジェスチョンがあったとはいえ、本当に私自身の意志だったから、放っておいてくれさえすれば、早晩自分で元の考えに戻り、内心の余計な葛藤も両親との確執も生まれずに済んだと感じるからだ。

どの子どもでも、たとえ本当に自分の意志でも、志を抱いたのが八歳という幼い時期なら、その後、気が変わって、他の職業への憧れが芽生えることくらい、いくらでもあるだろう。

だが私もそう馬鹿ではなかったと思うから、「数学者・物理学者」にしろ「演劇人」にしろ、自分にそれらの職業でプロになるだけの才能・適性・能力がないことは、やがて間違いなく自覚できた。

だから放っておいてさえくれれば、遅かれ早かれ自分の判断でそれらの職業への希望は断念した。


ところが母に他の職業への希望をヒステリックに嘆かれて、選択の自由を奪われてしまったばかりに、逆に「医者」が押しつけられたものに映って、嫌悪の対象に変わってしまった。

医学部に身を置いていることも、その後医者で在り続けていることも、自分が親の指図通りにしか生きられない腑甲斐《ふがい》ない人間である最たる証拠に映り、その自己嫌悪がうつに拍車をかけた。どれほど無駄に苦しんだことかと悔まれてならない。

もっと私を信じてほしかった

そして「医者になることはもともと私自身の意志だった」ということ以外にも、他の職業への憧れを潰したりせず、黙って放っておいてくれればよかったと思う理由がある。

それは一七歳以降、医者になるのが嫌で堪らなくなったにもかかわらず、私がその道を捨てられなかった理由が、親に嘆かれることに耐えられなかったこと以外にもあり、それも私を早晩「やはり医者しかない」という考えに引き戻してくれていたと思えることだ。

その理由とは、私が両親に何も言われずとも自発的に、弟と二人、一生不自由なく安定して暮らしていける収入の得られる仕事に就けないと困ると考えていたことだった。

それは私が、弟は自分が「きょうだいが欲しい」と両親に繰り返しせがんだ結果、この世に産み落とされた人間だという事実を、非常に重く受け止めていたことによる。

だから弟は私にとって、世間一般の「きょうだい」よりもはるかに重い存在で、私は弟に対し「親」に近い責任を感じていた。

さらに弟は生まれつき、素直で優しく明るい、とても愛すべき性格の持ち主だったから、一切の義務感抜きでも、私は弟を一生幸せに生かしてやりたかった。

だから両親から何も圧力をかけられなくても、私は「自分にできて」「やり甲斐が感じられ」「弟を一生不安なく養える」という必要最小条件をすべて満たす仕事は何かと考えて、遠からず間違いなく「医者」を選択し直していた。

そのことからも私は、両親は私に「人を愛する姿勢」や「前向きに生産的に生きる姿勢」など、人間が生きる上で本当に大事な基本的なことだけしっかり教え込んだら、あとは私を信じて任せておいてくれたらよかったと感じる。

何故余計な強制などしたのかと、残念でならない。

親殺しの火種になりやすい職業選択の葛藤

最近も子どもによる親殺し、祖父母殺しの事件が後を絶たず、それらについてのテレビのニュースで「進路について意見が対立して」と、原因が要約的に報じられるケースが非常に多い。

私の場合も、それが殺意にまではつながらなかったものの、両親と間に様々あった葛藤の内、職業選択にまつわるそれは非常に大きなウエイトを占めた。

だから、何故それが殺意にまでつながりうるのかの理解の助けにしていただくために、私自身が葛藤した経過をかなり詳しく説明してみた。

またそのついでに、私が職業選択の問題で両親に取ってほしかった姿勢についても、読者の参考にしていただきたく、正直な考えを書いてみた。

思えば職業選択が火種になりやすいのは当然のことである。

何故なら先述の通り、人間は魂の生き物ゆえ、誰しも自分の本当の魂に正直に従って生きたいし、生き方や行動を自分の意志と判断で決める能力と権利を認められてこそ、初めて真に人間の名に値する人生が送れるからだ。

そして人生の中身を決める上で一番大事なのは一生の仕事であるから、職業選択こそ最も自分の自由意志に任せてほしいという人が最多で当然だ。

それゆえその問題で親に自由を奪われるのが、他のどんな問題で自由を奪われるより子どもにとっては腹立たしく、親に激しい恨みが湧き、最悪の場合それが殺意に発展しやすいと考えられるからである。

だから私の職業選択に関して私の両親、特に母が取ったような対応を、すべての親御さんに決して取らないでいただきたい。

親は特定の職業を子どもに希望しないことが望ましい

そしてもう一つ、子どもの職業選択に関して、「強制」ではなく「期待」という形ならば、親は自分の希望を表明して構わないかという点について、私の考えを述べさせていただきたい。

答は「NO」である。

私の場合、八歳の時、父に「お前が医者になってくれたらなあ」と期待を表明されたことについて、今では「洗脳」されたとは考えていないし、恨んでもいないと書いた。

それは、私については後から憧れを持った他の職業が、結果的にいずれも自分には無理なものだったとわかり、加えて自分が医者に向いており、やり甲斐も感じられることが、後になってわかったからである。

しかしそれは飽くまで結果論である。

私も、非常に長い年月「期待」に縛られることを苦しく感じた。

縛られたのは、「医者になれ」と高圧的に強制されれば堂々と逆らえたのに、「なってくれたらいいなあ」と、期待を切なく吐露されたばかりに、それに背いて親をがっかりさせることに格段に強く罪悪感を感じて、逆らえなくなってしまったためだ。親側からは勝手な言い草に聞こえるかもしれないが、そのことがずっと恨めしかった。

さらに私の場合は、母から窮極の自信欠如に陥らされたことで親に気に入られたい渇望が強くなったのに加え、多分、生来他人（特に自分が大事に思っている相手）をがっかりさせることが非常に苦になる性格だったために、取り分け両親の期待に強く縛られたのだと思うが、どの子どもでも多かれ少なかれ、親をがっかりさせるのは辛い。

それはどの子どもにとっても、親は理屈抜きで最も大切な存在であり、またどの子どもも程度の差はあれ

「親は尊く、感謝すべき存在」という社会通念に、極めて幼い内から縛られているからである。

したがって、「この仕事に就いてほしい」と親に希望を表明されれば、それに逆らうことは、どの子どもにとっても相当に苦痛である。

だから他人に自分の意志をはっきり表示し、強く貫くのが苦手な性格の子どもの場合、たとえ自分が本当にやりたい仕事が努力次第でできるものであっても、親にがっかりされる辛さに負けて、往々にして自分の意志を抑圧・放棄してしまう。

どの人間にとっても人生はたった一度なのに、やればできるのに本当にやりたいことができないなどというのは最高に不幸であり、あってはならないことである。

その上もし、親に希望された仕事がまったく向いておらず、失敗に終わった日には、本当に目も当てられない。

したがって一般に、親は子どもに対して、「強制」の形であれ「期待」の形であれ、例えば「医者」というような特定の希望を示さないことが望ましいと、私は考える。

第11節　父親に人間性を完全に否定される

話はがらりと変わる。

私は子どもの頃、母だけでなく父からも、言葉による精神的虐待を蒙《こうむ》った。

母によるものとは性質を異にしたが、受けた傷の深さは母のと同じかそれ以上だった。

母からはほぼ毎日のように、性格や能力を否定する言葉を投げられたのに対し、父からは、回数的には数えられる程とずっと少なかったが、その分、質的にははるかに高度だった。

「切っても赤い血が出ない」の衝撃

父に言われた言葉で、どうしても忘れられない言葉が三つある。

それは「お前は人間の屑だ」「お前は切っても赤い血なんか出やしないだろう」「その腐った根性、叩き直してやる」の三つである。

これほど胸を抉《えぐ》られるものはなかった。

私という人間そのもの、または人格の本質を完全に否定する言葉だったからだ。

だからたった一度で母の連日の罵りに負けない深い傷を心に残した。

今でもこれらの言葉は胸の奥深くに棘のようにぬかり、日常生活で何か辛いことに出会う度《たび》に、「お前は人間の屑だ」という父の声が頭の奥で鳴り響く。

呆《ぼ》けきってでもしまわない限り、まず一生忘れられない。

典型的な「トラウマ（心的外傷体験）」と言っていいだろう。


これらを言われたのは、小学校四年生頃のことだった。

言われる原因になった私の行為は、一つは、風邪で寝ていた私に弟が折角おやつを持って来てくれたのに、何かの理由で機嫌が悪くて、私がそれを叩き落してしまったこと。

そしてもう一つは、父が私の部屋の前を通りかかった時に、弟と勘違いして「洋ちゃん」と声をかけ、見やったところが父だったので、私がうっかり「なあんだ、お父様か」と言ってしまったことだった。

確かに両方とも、私のしたことは良くなかった。

しかしいずれも子どもの気紛れなわるさ、相手の気持ちへの配慮が足りない無神経な言動の域を出ないもので、「人間の屑」「切っても赤い血が出ない」とまで言わなければならない程のことではなかったと感じる。個々の行動について、どうしてそれが人として許されないかをわかるように説明して、たしなめるだけで十分のことだったと。

悪いことをした当人が虫のいいことを言っていると思われるかもしれないが、親の子どもに対する適切な対応の在り方を考えようという今の見地から、極力自己弁護を排して考えてみても、そう感じる。

例えば一つ目のことについては、「折角お前が喜ぶと思って洋が持って来たのに、そんなことをしたら洋が傷つく。なんで不機嫌だったか知らないが、洋は何も悪いことをしていないんだから、傷つけていい理由はない。洋にきちんと謝りなさい」と言ってくれればよかった。

また二つ目については「お父さんだって人間だから、自分の子どもから『なあんだ』なんて言われたら傷つくじゃないか。これでもお前たちのために毎日一生懸命働いているんだから、『なあんだ』は失礼だろう。謝りなさい」と言ってほしかった。

それで十分「ああ、本当に悪いことをしてしまった」と深く反省して、二度とあんなことはするまい、言うまいと心に誓えたし、しかもそれなら心に傷が残らずに済んだ。

だからおこがましい言い方で申し訳ないが、世の中の親御さんたち全員に、そういうお子さんの叱り方をしていただきたいと強くお願いしたい。

前歯二本を折られた悲しみ

そしてこれらの体験がさらに不幸だったのは、窮極の存在否定の言葉の上に、激しい身体的暴力が加わったことだった。

弟が持って来たおやつを叩き落した時にも「お前は人間の屑だ！」とさんざん殴られたが、「なぁんだ、お父様か」と言ってしまった時には『なあんだ』とは何だ！　もう一度言ってみろ！」と父の部屋まで引きずって行かれて、やおら後ろ髪を摑まれ「その腐った根性、叩き直してやる！」と、繰り返し何度も何度も力まかせに顔面を床に叩きつけられた。

その場に居た母が「あなた、顔はやめてちょうだい！　女の子なんだから」と周章狼狽の体《てい》で止めたのが、かえって徒《あだ》になった。「顔なんか構うもんか！　問題は根性だ！」と、父はますます怒りを焚きつけられて、腕の力を強めた。一度火がついたら止まらない様子で、暴力はひとしきり続いた。顔面を打ちつけられた床の深緑色のタイルの色が、今でも目に灼きついている。

母もオロオロするだけで身を挺してまでは止めてくれなかったから、やっと父の激情が収まって暴力が終わった時、私の上の前歯二本はグラグラになっていた。

その後すぐ、打って変わって脱け殻のようになった父に、歯医者に連れて行かれた。

歯医者まで歩く途中で、父に「お父さんのことが嫌いか？」と訊かれた。

他人の目のある屋外とはいえ、父と二人きりになり怖かった私は何も答えられなかった。

父もそれ以上問い詰めなかった。

実は父自身もとても不幸な育ち方をしていて自尊心が著しく脆弱だったために、私の「なあんだ」のひと言で激しく動揺してしまったのだろうと、ずっと後になって気付いたが、それはもう私が三〇を過ぎてからのことだった。

意識下に埋めた記憶

この出来事についての私の記憶は、今もそこで途切れている。

歯医者に行って、歯がグラグラになった理由を父が医師にどう説明したか、そこでどういう処置をされたか、その場面の記憶は一切甦らない。

その前歯二本は、幸い今もちゃんと私の上顎にあるが。


そんなにも衝撃的な出来事なのに、何故記憶が一部、途中から消失しているのか、最初はとても不思議に感じた。

しかし今では、あまりに衝撃が強く、心に受けた傷が深かったために、私が自分で自分の精神を防衛するために、無意識に記憶を意識下に埋めてしまった名残りと考えている。

最後まで埋もれたままなのが、何故歯医者に行ってからの記憶なのかは、今でもわからないが。

実は、そもそも先程「一生忘れられない」と書いたのと裏腹に、私はこの出来事そのものを、相当長い期間忘れていた。

私が父から激しい身体的暴力を蒙ったのは、大人になって以降まで合わせても数えられるほどの回数で、他のもう少し軽いものについてはすべて常に思い出せたのに、この出来事に限っては、三〇年近く意識に上ってこず、意識下に固く封じ込められたままだった。

その事実こそが、この出来事が私にとって人生最上級のトラウマだったことを物語っていると感じる。


忘れていた期間があったとわかるのは、成人後に受けた精神科の診療にまつわる、記憶と記録からである。これまで書いてきたように、私は両親との関係で受けた心の傷や歪みが原因で、一七歳で精神疾患を発症し、二六歳の時にそれが本格的に悪化して、社会生活に支障が出るようになった。

それで二六歳から三九歳まで精神科の診療を受け、一三年間に一〇人余りの医師にかかった。

しかしその間、長いこと、私は父とのこのエピソードを医師との話の中で口に上らせることはなかった。どの医師にかかっても私の訴えは、幼児期から延々続く母からの精神の専制支配が如何《いか》に辛く、思春期以降抗議し続けても一向に止まないのが如何《いか》にもどかしいかに終始した。

三〇代前半にかかっていた医師から「あなたの子ども時代の話に出てくるのはお母さんばかりで、お父さんの話が全然ありませんね」とはっきり水を向けられてさえ、私は「はい、ずっと精神的母子家庭でしたから」としか答えなかったほどだ。これは意図的に隠したのではなく、件《くだん》の出来事が本当に思い出されなかったからである。

記憶の甦りが回復のきっかけに

出来事の記憶がようやく意識の上に甦ったのは、三七歳の時だった。

それは、最後の精神科の主治医にかかり始めて、半年くらい経ってからのことだった。

それまでの医師たちが全員、私がいくら「長年両親の働きかけがとても辛く、今も辛い」と訴えても、「今さら、親がどうだったなどと言っても始まらない」と、まったく気のない応じ方をしたのに対して、この先生だけが初めて、私の訴えに一生懸命虚心に耳を傾け、心の奥深くに入れて聴いてくれた。「それはひどい。本当に辛かっただろう」と、心の底から頷いてくれた。

これに励まされて思いつくそばから辛かったエピソードを次々吐き出す内に、ある時突然、ふと問題の、父に「こいつの腐った、ひん曲がった根性を叩き直してやる！」と怒鳴られながら後ろ髪を摑まれ、これでもかこれでもかと顔面を床に叩きつけられた記憶や、「お前は人間の屑だ！」「お前は切っても赤い血なんか出やしないだろう」と罵られて胸を抉《えぐ》られた記憶が甦ってきたのである。そして思い出すとすぐ、これらのエピソードも全部そのまま、この先生に話した。

何故こんな衝撃的な記憶がこれまで長い間眠り続けていたのか、自分自身あまりに不可解だったと見え、私はその驚きを、その先生から二人前の精神科の主治医宛の手紙に書き綴り、その手紙のコピーを今も大事に保存している。

このような体験は私にとって生まれて初めてだったから（そして今までのところ最初で最後である）当時は「何故？」と非常に驚いたが、要するに「極度に深刻な心的外傷体験ほど意識下に封じ込められやすい」という、既知の法則によく当てはまる現象だったと感じる。

つまりこの体験を繰り返し思い出すのはあまりに苦しく、日常生活に支障を来たしたから、それを避けるための「防衛機制」が働いて、私は意図せずこれらの記憶を意識下に封じ込めてしまったのだろうと。

しかし「両親の仕打ちが辛かった」という、自分が最も誰かにわかってほしかった心情にようやく本気で共感してくれる人が現われ、数カ月の時間が経過する内に、記憶を封じ込めていた重い蓋がとうとう緩んだものと想像できる。


その後の私がどうなったかというと、父との辛い記憶を口に上らせられた後も半年間くらいは、まだ相当精神的に不安定な状態が続いたが、口に上らせた時を境に、それまで悪くなる一方だった病状が、ようやく改善に転じた。

そこへさらに、その最後の先生が両親を呼び、直接、私との関わり方を改めるよう積極的に働きかけてくれた効果も加わって、記憶が甦って約半年後から、やっと私は定期の仕事が安定して続けられるまでになった。二六歳の時から一二年間叶わなかった夢が、ここへきてようやく叶った。

この経過を振り返って、「心的外傷から真に回復するためには、どんなに辛くても傷の原因になった出来事を、一旦残らずはっきり思い出す必要がある」という定説も、やはり正しいようだと感じる。

それは原因を意識下から意識の上に引きずり出すことで、「心の膿」が出せるからだろう。

辛いからと封じ込め目を背ける、その場凌ぎの対応を続けては、病を長く拗らせ、その分長く人生を無駄にするばかりだと感じる。

「あぁこれが長い間、私の心を歪めていたんだな」と事実を直視し、正しく認識することで、初めて本当に傷を乗り越えるための闘いのリングに上がることができた、というのが私の実感である。

こうした一連の経過から見て、母の長期的で絶え間ない言葉の暴力に負けず劣らず、父に数回負わされた深い心の傷も、間違いなく私の長く重い病の大きな原因になった。

だからくどいようだが、子どもが本当に悪いことをした時にも、私の父が取ったような、子どもの人としての存在そのものを根本から否定し去るような酷《むご》い言動は決して取らないでいただきたいと、すべての親御さんに切にお願いしたい。

お子さんの悪い行動だけを、個別にたしなめていただきたい。

耐え難かった父の詭弁《きべん》

そしてこれも負けないくらい大事なことだと思うので、この件に関してもう一つ救いがなかったことを付け足させていただく。

それは、三七歳の時に前述した出来事を思い出してから間もなく、父に「ねえ、お父様。子どもの頃、私に『人間の屑』『切っても赤い血が出ない』『腐った根性』って言ったわよね？」と訊いた時の、父の反応である。

その時、父は表情をこわばらせて数秒黙った後、何と次の瞬間、一転して軽い笑顔をつくり、実に明朗な声の調子で「誰だってみんな『人間の屑』だよ。お父さんだって同じさ。『人間の屑』さ」と言ったのである。

私に自分を「生きていてはいけない人間」と思わせ、三〇年近く苦しめ続けた元凶の発言の責任を、そんな見えすいた言い訳で逃げて終わらせる積もりかと、私は激しい怒りを覚えるとともに、父という人間に完全に絶望した。

要するに父はこの時、自分が過去に吐いたこの上なく酷《むご》い人格否定の言葉を、「人間なんて誰も彼も大したもんじゃない」という、ほんの軽い意味で言っただけだと、誤魔化《ごまか》して逃げようとしたのである。つまり子どもへの激しい敵意という重い問題を「言葉の受け取り方」という軽い問題にすり替えて、自分の発言の酷《むご》さを否定しようとしたのだ。

しかし小学校四年生の私に「人間の屑」をはじめとする三つの言葉を投げつけた時の父の恐ろしい怒号や、私を憎しみで射抜いた鋭い眼光を思い出せば、そんな軽い意味で言ったのではなかったことは明白だった。

こんな見えすいた詭弁を弄する誠意のない人間の言葉に、自分は三〇年近くも苦しんできたのだと知らされた辛さは、出来事を思い出した辛さよりはるかに耐え難かった。

小四の時に暴言で受けた傷より、三七の時に誤魔化しで受けた傷のほうが深かったかもしれない。

それでその時「そんなふうに逃げるのはひどい」と抗議したが、納得の行く言葉を父から引き出すことはできなかった。

人間性否定の言葉は紛れもない虐待

なお、これまでに述べた父とのエピソードは、『親という名の暴力』や『私は親に殺された！』にも既に書き、一部の読者の方からは「その程度のことが虐待と言えるのか」「親にもっとひどい扱いを受けても病気になどならず、社会で立派に生きている人たちがいっぱい居る」という趣旨の感想も戴いた。

同じ仕打ちを親から受けても、それがどれくらい応えるかは、子どもの生まれつきの性格によるだろうから、確かに社会生活に支障を来たさないように育つ子どもも居るだろう。

しかし、それだけで子どもの心に何も問題が残らなかったとは言えない。

自身が診療の対象になるように病まなかった子どもは、その代わり非常に虚勢が強くなり、他人を虐めて病ませる人間になることが多いように見え、それも形は違うが深刻な病であると、私は感じる。両親の場合もそのケースだったと見ている。

また数的に見れば「そういうことを言われれば応える」という感想を返してくれた読者の方が多かった。だからそれらのことも根拠と考え、私は、自分が父に言われた三つの言葉はやはり立派に「暴言虐待」に当たると言いたい。

そしてまた、私は「人間の屑」と父に言われた直後の小学校四年の時点で、学校で友達にその言葉をどう感じるかを訊いてみたことがあったが、その時の友達の反応も同様だった。

他の子どもも親にそういうことを言われることがあるのか真剣に知りたくて、あるクラスメートに「ねえ、お父さんやお母さんから『人間の屑』って言われたことある？」と訊いたところ、彼女は「えーっ、言われたことないよ。言う訳ないじゃない」と答えた。

もちろん級友全員に片っ端から訊いて回った訳ではないが、その時「そうだよな。そうに決まってるよな」と思った記憶がある。

幼い頃から親の虐待を受けて育った子どもは、生まれてこのかた他の環境を知らないため、自分が置かれた家庭環境が異常なのではないかと疑うのが難しいと言われている。

しかしこれらの父の言葉については、さすがに私も自分が尋常ではないことを言われたのではないかと疑うことができた。

そして級友の答を聞いて衝撃がひとしおになり、それをきっかけにエピソードの記憶を丸ごと意識下に埋めてしまい、その後三〇年近く封じ込め続けたのではないかと想像している。

このことから私は今でも「その程度のことが応えるのはおかしい」というのが、社会全体の平均的な、あるいは多数派のものの感じ方ではないと信じている。またそれが多数派という社会にはなってほしくないと願っている。

「その程度のことが応えるのはおかしい」と言う人の方が、ものの感じ方が鈍いか、「もし自分が言われたらどうだろう」と想像する力が弱いかのいずれかだろうと考えている。

暴言ははっきり言葉にして訂正・謝罪を

では、親が子どもにひと度《たび》「人間の屑」というような、子どもの存在を根源から否定し、心を深く抉《えぐ》る言葉を投げてしまったら、これこそ二度と取り返しがつかないのだろうか。

私はそんなことはないと考えている。

「思い通りにならなければ死ぬ」と子どもを脅してしまった場合と同様、「あれは本心ではなかった」とはっきり言葉で訂正して謝れば、大抵は取り返せると感じる。

例えば「あれはカッとなった弾みで言ってしまったことで、本当はお前のことをそんな風には思っていない。ひどいことを言ってしまって済まなかった」と、真剣に心を込めて謝れば、子どもの心にほとんど傷を残さずに済むと思う。

「もし私だったら」という推測に基づいての話だが、他の多くの子どもも同じと想像する。

たとえ親でも不当に子どもを深く傷つけ、苦しめることを言ったら、謝るのが当然だろう。

いや、先述の通り、親は自分の一存で子どもをこの世に産み落とした以上、子どもが人生を幸せに生きていける基盤の一つとして、子どもの心を健康に育てる義務がある。

したがって、親は世の中の誰より子どもの心を徒《いたずら》に傷つけてはならない立場にあるのだから、傷つけてしまった時には他の誰よりも一番謝らなければならないし、同じ過ちを二度と犯さぬよう最大限努力しなければならないというのが、私の徹底して正直な考えである。

謝罪こそ自信と誇りの証

世の中には子どもが成人した後でも「親は必ず子どもの上に立つ」と認識している親が珍しくないようで、そういう人は子どもに謝るのは沽券《こけん》に係わり、非常に抵抗があるだろう。

しかし歴然と上下差がある、子どもが小児期の親子であっても、不当に相手を傷つけたら、傷つけた人間の方が謝るのが当然である。

相手を不当に傷つけることは間違いなく悪いことであり、悪いことをしたら謝るのが当然だからだ。それを親がやらなかったら、子どもに示しがつかないではないか。

私が社会を見渡した限り、自分にしっかり自信と誇りを持った人間の方が、過ちを犯した時、ずっと素直に非を認めて謝るように見える。

私の両親が子どもに適切に謝れなかったのは、二人とも根源的に自分に自信が欠如していたせいだと感じる。

これまで、これ以後に述べる両親の私に対する誤った働きかけもほぼすべて、彼らの根源的な自信のなさが最大原因になっていたと感じるので、自分に自信が欠如した親はありとあらゆるやり方で子どもを病ませ、それを拗《こじ》らせていってしまうというのが私の実感だ。

多くの子どもは、過ちを犯した時、勇気を奮って謝ってくれる親の方を、心の底から尊敬すると感じる。しかもそれだけで子どもの心に傷が残らず、ほぼ一〇〇％将来病むことを防げる。だからどの親御さんにも私が今述べた、謝ることの正しさと大切さを重く認識していただき、お子さんを心ならずも傷つける言行を取ってしまった時には、是非勇気を奮って謝っていただきたい。

謝罪は子どもが病んだ後でも有効

謝るのは傷つけてから長い年月が経ち、子どもが病んでしまってからでも遅すぎない。

一〇年も二〇年も経過してから、心を病んだ子どもが突然「あの時、お父さん（あるいはお母さん）からああ言われたのが辛かった」と訴えてきたら、その時にでも「そうだったのか。言うまでもないが、お前のことを本当にそんな風に思っていた訳ではない。ひどいことを言ってしまって済まなかった」と、真っ直ぐはっきり謝っていただきたい。

それをきっかけに、長い間良くならなかった子どもの病が本格的に快方に向かうことが十分期待できるからだ。

同時に、長い間拗《こじ》れきっていた親子関係も、温かく再構築できる可能性も出てくる。

謝る際に大事なのは「あれは本心ではなかった」とはっきり言葉にして、かつての酷《むご》い言葉を否定することである。

昔からある「以心伝心」という考えは通らない。

「親子だから言わなくてもわかる」というのは、親だけの都合のいい思い込みである。

子どもの側はただひたすら「本心ではなかった」のひと言を求めている。

親からそのひと言を貰うことにより「自分はこの世に生きていてはいけない人間」という悲惨な自己認識から解放されることこそが、子どもの長年の悲願だったのだから。

ゆえに長い間の抑圧が解け、病の原因になった傷をはっきり認識した子どもが、真剣に病からの立ち直りを賭け、勇気を振り絞って謝罪を求めてきたのに対し、間違っても「そんなことは憶えていない」だの「今頃になってそんなことを蒸し返すのは執念深い」だのという言葉は返さないでいただきたい。

子どもが親の酷《むご》い言葉をずっと苦にし続けてきたのは、親に認められたい思いが捨てられなかったからで、親に認められたい思いが捨てられなかったのは、その間ずっと親を大事に思い続けてきたからに他ならない。

そんな子どもに残りの人生まで無駄にさせたくなかったら、親が子どもに立ち直りのきっかけを与えられる最後のチャンスを逸しないでいただきたい。


私はどうしても暴言を否定してほしい思いを諦めきれず「誰だってみんな『人間の屑』だよ。(＝そんな大したことを言った訳ではない)」と二七の時に父に躱《かわ》された後、五〇くらいになってから再度、「人間の屑」「切っても赤い血が出ない」などの発言について、父に抗議した。

その時、父は「取り返しのつかないことをしたな」とまでは言ってくれたが、「本気でそう思っていた訳ではない」「悪かった」という言葉はとうとう聞けなかった。

そしてこの問題についての父との話し合いは、それが最後になった。

それでも私は三八歳で薬物依存から脱却し、それと前後して「たとえ親にまったく認められなくても、社会の中できちんと役目を果たすことで自分は価値を持てる」と、自ら認識を変えたことで、病から相当程度立ち直れた。

そしてその後も親に認められるための努力は続けたが、基本的に認められることを断念した。

父が私を罵る酷《むご》い言動は、父が亡くなる直前の、私が五五歳の時まで続いたので、私は父が亡くなるまで、「結局『人間の屑』と思われたままだな」と、寂しく思い込んでいた。

死後にわかった父の本心

ところがどうやら本当は、父は私のことを「人間の屑」とは思っていなかったらしいと、父の死後になってわかった。

父が亡くなって一カ月後、生前父が懇意にしていた方たちが集まり、父の「お別れ会」を開いて下さったそうだ。

私は父が亡くなる三カ月前に、とうとう両親と絶縁に至ったため、その会に出向かなかったが、母がその時の模様をFAXで知らせてきた。

それに拠れば、参加者の方たちが口々に「小石川さんはいつもお嬢さんがご自慢でしたね」と言って下さったそうだ。その後に「だったら何故、本人（＝私）に直接言ってくれなかったのか」という母の言葉もあった。

読んで私は本当にびっくりした。

そしてややあって涙が溢れてきた。「もう遅いじゃないか」と無念の思いに駆られた。私が三七歳で抗議した時なら、まだ親子関係の根本的な立て直しも可能だったのに。いや、ぎりぎり生きている間なら、まだ可能だった。

なのに父は、亡くなる三カ月前にとうとう私が絶縁するまで「お前なんか信用していない」と言い続けた。しかもそれは呆けていたからではなく、親としての体面を護り、身の回りの世話を母に頼まなければならない状況で母の機嫌を損ねないためだったと思われた（後で詳述するが、父は、長期にわたって私と母が対立する状況が続く中、常に無条件で母の味方に立ち続けた）。

存在否定は生きている内に撤回を

今では私自身、外での仕事が忙しく、難しい問題も次々に抱えているので、私に「人間の屑」「切っても赤い血が出ない」と言った時の父も、きっと仕事で気持ちが追い詰められていたのだろうと想像できる。その厳しさに耐えて、私たち家族を養ってくれたことに対して感謝の気持ちも持っている。

だが「もう親に認められなくてもいい」と諦めるくらい、子どもにとって悲しいことはない。親に挫かれて病んだ子どもは皆、愛情飢餓からの立ち直りと自信回復のために、世間の一〇〇万人からより親に認められたいと格別強く執着する。

私もまったくその通りで、父が生きている内に「あれは本心じゃなかった」と撤回してほしいと心底渇望していた。

そんな私の最高に悲しい経験から、子どもに「人間の屑」の類《たぐい》の「存在否定」の言葉を吐いてしまったすべての親御さんに是非、御自身が生きている間に「あれは本心じゃなかった」と撤回して、お子さんの魂も親子関係も救済して下さいと、切にお願いしたい。

第12節　理想的な考えと俗悪な考えをごちゃまぜに教え込まれる

先述の通り、母は私が小学校に入る頃までに、私が何でも母が指示または示唆した通りにものを考えるようすっかり支配体制を整え、それから私に次々、自分流の具体的な考えを吹き込んできた。

その中には本当に立派で素直に頷けるものもあったが、「何と自分勝手な」と首を傾げさせられるものも多かった。

思えばその矛盾が私には非常に苦痛だった。

矛盾が苦痛だった理由を詳しく説明する前に、まず頷けた考えと首を傾げさせられた考えの両方の実例を挙げてみたい。

「嘘をついてはいけない」と「適当に嘘をつけ」の両方を教えられる

まず文句なしに頷けたことの一例は、私が五、六歳の頃、道に落ちていた壊れたおもちゃを拾って帰った時、母が「それは泥棒だ。お巡りさんに捕まるからすぐに返していらっしゃい」と断固たる態度で言ったこと。私は頭から冷や水を浴びせられたようにはっとして、直ちに従った。

全体にこの頃の母は「嘘をつくことはいけない」と教え、これには私も素直に従えた。

次にこれとまったくそぐわなかったことの例を挙げる。

まず一つ目は、同じ母が、私が小学校一年の時の夏休みの工作の宿題として、母が九割方作った作品を提出させたことだ。

私は自分一人で他に作品をちゃんと作っていたのに、それでは稚拙で見栄えが悪いという理由からだった。

これには自信を挫かれた悲しさと同じくらい、「それは嘘じゃないか」という不信と怒りを感じた。


そぐわなかったことの二つ目。

同じく小学校一年の時、担任の先生が、体育が大の苦手の私に鉄棒の逆上がりを何とかしてやらせようと「真実ちゃん、この間、先生と二人でやった時はできたじゃない」と、授業中みんなの前で励ましてくれたことがあった。

しかしそれは事実ではなく、それ以上みんなの前でさらし者になり続けるのに耐えられなくなった私は、とうとう「私、逆上がりなんかできたことない！　先生の嘘つき！」と叫んでしまった。

そのことで先生から苦情を言われた母は「あんたはなんて他人の思いやりがわからない子なの！　選りにもよって先生を嘘つき呼ばわりするなんて！」と、私を激しく叱責した。

その時は何も抗議できなかったが、私は先生の嘘に調子を合わせろという要求の方が絶対に無理だと感じて、まるで納得がいかなかった。

家庭環境の悪い子とは遊ぶな

そして首を傾げさせられたことの三つ目。

私が小学校二年の頃、当時よく一緒に遊んでいたあるクラスメートについて、「あの子と遊ぶのはやめなさい。お父さんが働かずにブラブラしているし、お母さんはバーのホステスをしているから」と母に言われたことがあり、これにも非常に気を重くさせられた。

それまでの母は「職業に貴賤はない。職業で人を差別してはならない」と繰り返し教え、私はそれを正しいと信じていたからだ。二つの言葉の間の矛盾が耐えられなかった。

またこれより後になって母は、祖母（母の母）が世間から白眼視される生き方をしていたことが原因で、自分は学校で先生や級友から差別や虐めを受け、とても辛かったと私に話して聞かせた。

それでますます私は、母は何故、自分が遭ったのと同じ辛い目に私のクラスメートまで遭わせようとしたのかと、怒りが募った。

「朱に交われば赤くなる」に則り、私のためを思ったのだろうと想像はついても、あまりに利己的に感じられて許せなかった。

他人の好意の裏を読め

さらに首を傾げさせられたこと四つ目。

続く小学校三年の頃、あるクラスメートが学校でくれたほおずきを家に持って帰ると、「あの子のお父さんは町会議員をやってるから、選挙で入れてほしくてくれたのよ。そういうの『買収』って言うのよ」と母に言われたこともあった。

私はまず「思ってもみなかった」ことに驚いたが、次には明らかに母の考え過ぎだと感じ、何故わざわざ他人を疑って見るように教えるのだろう、そんな風に見たり言ったりする母の方が心が汚いとうんざりした。

障害のある子をバカにしてはいけないが、一緒に遊んでもいけない

ここでまた、母が立派なことを教えてくれたエピソードを一つ挙げる。

とても恥ずかしいことに、私は小学校四年の時、同じクラスの知的障害のある子の家に級友数人と遊びに行って、その子のことを「バカ、バカ」と囃《はや》し立ててしまった。

そしてその子のお母さんから「そんなことを言うものじゃない」と注意されると、級友の一人が口惜し紛れに「バカをバカと言って何が悪い！」と威勢よく言い放った。

それで最初は他の子の尻馬に乗って「バカ、バカ」と恐る恐る言い始めた私も、軽薄にも級友の捨て台詞が小才が利いてカッコよく聞こえてしまい、その後はすっかり調子づいて、囃し立ての勢いを上げた。

さらにあろうことか、帰宅後、仕上げに母相手に「バカをバカと言って何が悪いのよねえ」と、級友の受け売りまでしてしまった。

当然だが母に烈火の如く怒られた。

「あんたは何てことを言ったの！　洋ちゃん（弟）が他人から同じことを言われても平気なの？　わかったらさっさと行って、お母さんに謝ってらっしゃい！」と。

至極《しごく》もっともなことで、私は聞いた瞬間真っ青になった。「本当にたったそれだけのことが何故、お母様に言われるまでわからなかったのかしら。私はなんてひどいことを言ってしまったんだろう」と強い後悔の念に駆られた。

私は、弟についてはそれ以前から、本人に一切罪も責任もなく、努力してもどうにもならない知的障害を理由に責めてはならないと、誰から言われるまでもなくわかっていた。

ところが弟以外の障害児・者についてもまったく同じようにそれが当てはまることには、母に言われるまで思い至らなかった。

当時は九歳だったにしても、あまり賢くも心の深い子どもでもなかったと、とても恥ずかしい。

私が謝りに行くと、その子のお母さんは快く許してくれた。

そして私から弟の話を聞いて、「弟さんを大事にしてあげなさい」と言ってくださった。

この時、母は文句なく正しくて大事なことを私に教えてくれた。

そこまではよかった。


ところがそれから間もなく、また母の口からこの時とはまったくそぐわない言葉が飛び出したのである。

私に問題の知的障害の子と遊ぶなと言うのだ。「あなたのプラスにならないから」というのが理由だった。

さらにはその子と喜んで一緒に遊んでいたクラスメートのことまで「あの子は勉強ができないからちょうどいいんじゃないの？」と蔑む始末で、これには心底幻滅させられた。

私の暴言を容赦なくたしなめたところまで話が終わってくれていたらよかったのにと、本当に残念でならない。

弟の障害を本音では受け容れられていなかった母

さらにしつこいようだがもう一つ、母の本音と建前の乖離《かいり》を示す言動の例を挙げたい。

同じく私が小学校四、五年の頃、母は弟について日頃は「障害があっても精一杯育てる」という姿勢と考えを表していたが、私が夏休みに『たのしいきょうしつ』という、当時ＮＨＫ教育テレビで放送していた知的障害児向け番組を弟に見せたところ、母はたちまち形相を鬼のように変え、「洋ちゃんにはこんなもの必要ない！」と私を激しく怒鳴りつけた。

純粋にいいと信じてやった私は、何故怒鳴られなければならないのかまったくわからなかった。その時はあまりの剣幕に気圧されて怒りが湧く余裕もなく、しゅんと黙してしまった。

母がこの時点でまだ、弟の障害という現実を受け容れきれていなかったことに気付いたのは、ずっと後になってからだった。いや、母は最後の最後まで、弟の障害を本当には受け容れなかったと、今では感じる。

母への不信を抑圧して見せかけの安定を保つ

それではここでまとめて、こうした数々の母のちぐはぐな言動を聞かされることが、何故私にとって深く高度の精神的苦痛だったのか、その理由を説明しておきたい。

これまでに書いてきた、母に不信や失望を覚えた数々のエピソードについては、言われた当時もほんの一瞬だけは、「不信」「失望」の感情を自覚できた気がする。

しかしこれまで繰り返し述べてきた様々な経緯により、母は私が物心ついた時点からずっと、私にとって「神」のような存在だった。

そういう認識下での私の生活は決して幸せなものではなかったが、その認識が揺るぎないことで、私は精神の安定を保てていた。

そこに母を低俗で身勝手な卑しい人間と思わざるを得ない出来事が次々に起きてきても、そう正直に見てしまっては、母がそれまでの「神のような人（＝精神的支柱）」という地位から転落することを免れず、自分が激しく動揺するのは必至だった。

だからそれが怖くて耐えられなかった私は、それまで通り、母を自分の中で「神」で居続けさせるために、心のもう一方に芽生えた「不信」「失望」という正直な感情を抑圧することを選んでしまった。「何かおかしいけど、それでも理屈抜きでお母様は絶対に正しくて立派で、やっぱり神様みたいな人だわ」と、全然筋の通らないことを無理矢理言い聞かせて、自分を捻じ伏せて終わりにした。

私はこういう自分自身の精神への不自然な操作を、第9節で書いた、自分を母親のダミーにした時と同様、ほとんど無意識の内に行ない、自分がそんな操作をしていることさえ極力意識に上らせないようにした。そうやって当座は安定を保ったが、その安定は飽くまで表面的なものに過ぎなかったことが、後から振り返ってみてよくわかる。

私は「不信」「失望」の感情と一緒に「混乱」まで抑圧したが、それらはすべて私の心の地面の下でしぶとく生き続けた。

多分そのために、私は小学校高学年（前思春期）から、いつももやもやした不快な感じを抱えるようになった。

以上が、母のちぐはぐな言動が私にとって強い潜在的苦しみの原因になった理由と機序の説明である。

実際、私が精神疾患を発病して以後に、母が私に「あんたは小学校五年頃から急に悪くなった」と不満を表明したことがあった。

思えばその原因こそ、私が母への不信や失望を抑圧したことにあったと感じる。

表向きはそれまで通り、すべて母の言いなりだったが、正直な感情を抑圧した憂うつさから、時折不機嫌になることがあったに違いない。それが母には「不従順」と映ったのだろう。

そう考えると、母はどこまで他人に要求したい放題要求するのを当たり前と思っていたのかと、その強欲さ、わがままさ加減が許せなくなる。

小賢しい母の尻馬に乗ってしまった口惜しさ

次はこれまでとは少し異なり、小中学校の頃、母に教えられた当初は心底敬服し目を見張ったものの、病気になって以後は、鵜呑みにして母の尻馬に乗った当時の自分に激しい嫌悪を感じて苦しんだ考えというのをいくつか紹介したい。そういう事例もたくさんあった。


例えばその一つは小学校高学年の頃、母に「安い菓子には合成甘味料や合成着色料など、人体に有害な食品添加物がたくさん入っているから、買わないこと」と禁じられたことだ。

この考えは今でも概ね正しかったと思うが、当時自分が母の受け売りをして「だから私は高いお菓子しか買わない」と級友たちに高慢にひけらかしたことに、後から冷や汗が出た。


また同じく小学校高学年の頃、「人間の身体には蛋白質が大事。特に成長期には動物性蛋白質を豊富に摂るのが望ましい」と母が言い、毎日の食事に肉や卵や牛乳をたくさん出してくれたこともそれに当たる。

これも考え自体は正しくて大事なので、現在も仕事場で患者さん相手に力説している。

しかし母親を崇拝しすぎたあまり、教えられた直後、あまり家で肉や牛乳を摂らないと言っていた級友に「お金がないからでしょう」と侮蔑的言動を取ったことが、後から悔やまれ身の縮む思いになった。

そして中学に入ってからは、「結婚式場の入口に、『何々家と何々家の結婚式』という札が立っているけど、あれは正しくないわ。結婚は家と家の間でするものではなく、個人と個人がするものよ。だから正しくは『誰々さんと誰々さんの結婚式』と書くべきだわ」という高説を母に聞かされた。

これも聞いた当時は「なんて意識が高い」と敬服させられたし、今でも考え自体はもっともだと感じる。しかし当時、この考えに魅了されたあまり、それをそのまま作文に書いて、「中学生とは思えない洞察力」などと教育実習の大学生から持ち上げられ有頂天になったことには、やはり後から思い出して、冷や汗が出た。

そして今では、正しい考えではあっても、そんなに口角泡飛ばす勢いで言うほどのことだったかと思う。

母は非常に被暗示性が強く、テレビや雑誌で有名人が言ったことを受け売りしてまわりをひれ伏させるのを甚《いた》く好む人だった。それが大人になってからわかり、これもその一例だったろうと想像できる。だから申し訳ないけれども、今の私が母のこれらの言動から最も強く感じるのは、母全体を支配していた「小賢しさ」でしかない。

しかも最後の話には最高に救いのないおまけが付いた。それはずっと後の私が三〇代になってから、一時見合いで結婚しようと考えた時に、母に「あんたの立場で結婚するんだったら、本当は婿養子でないと駄目なのよ。でもそんなことにはこだわらなくていいからね」と恩を着せる調子の言い方をされたことだ。「婿養子でないと駄目」というのは、弟が障害者で結婚できず「家」を継がないから、その代わりに私が「家」を継ぐ義務があるという意味だった。

かつてあれほど「家など無意味」と進歩的な考えを私に吹き込んだ母が、ここまで臆面もなく変節したことが幻滅の極みで、私は声も出なかった。

「お母様、私が中学の時、何て言ったっけ？　私、忘れてないよ」と抗議できなかったのは、その頃精神の病状が重くて面倒をかけているという負い目があったせいだけではなく、正直それを言う気力さえ失せてしまったからだった。

家族のために食事を作るなんて下らない？

今度は子どもの頃、母に言われた時点ですぐ、母への失望をはっきり自覚できた珍しい事例を一つ紹介したい。

私が中学の頃の母は、私によく政治や経済の問題について解説してくれた。

しかしその一方で、その頃から母はほとんど食事を作らなくなり、家の食事は買って来た惣菜と店屋物ばかりになって、家の空気が冷えびえとしてしまった。

そのことを辛く感じた私は、一度母に「子どもに難しい政治や経済の問題を教えてくれるのは素晴らしいけれど、家族のために毎回温かい食事を作る方が、主婦としてより大事な役目じゃない？　専業主婦というのはお母様自身が選択した生き方でしょう？」と意見した。

すると母はありったけの憎しみを込めて私を睨みつけ、「何よ、偉そうに！　私のこと、飯炊きババアだって言いたいの？」と猛烈な剣幕で怒鳴りつけた。

この母の返答に、当時私ははっきり不満を感じた。

「毎日家族に食事を作ることは、家族の健康と幸せを護る、とても価値のある仕事だ。栄養が家族の身体を健康にするし、美味しさと気遣いが心を幸せにする。なのに何故、その仕事をそんなにも卑しめる言い方をするのか」と。

当時の母が食事作りよりもっと価値ある仕事をしていたなら納得もいったが、まったくそうではなかった。だがこの時も、母のあまりの剣幕に「言っても無駄」と懲りて、自分の考えは呑み込み、それきり何も言わなかった。

「親になるための免許を」という考えの傲慢

次はまた、聞かされた当初は何と賢明なと母に畏敬の念を抱かされたが、後で幻滅の悲哀を覚えた話に戻る。

それは中学時代に母が私に吹き込んだ政治的考えの一つで「これ以上人口が増えすぎないように、産児制限するべき」というものだった。

私が中学に入学したのは一九七〇年で、まだ日本の人口がかなりの勢いで増えていた時期だったから、当時の情勢に鑑みればあながち不適切な考えとは言えなかっただろう。

それで当時はこの考えも、私はもろ手を挙げて支持した。「産児制限」なる難しい語も甚《いた》くカッコよく感じたので、例の如くこれも学校で友達に受け売りした。母は家庭の主婦に似合わぬ意識の高い人とまで、友達に吹聴してしまった。

しかしこれにも「ちぐはぐな言動」のおまけが付いた。

ちぐはぐだったのは同じ頃、母が「産児制限」の延長線上で得意満面に主張したあるアイデアだった。そのアイデアの基礎にあった、母の人の値打ちをはかる価値観があまりに不遜で、私は激しく憤り、母に強い不信感を抱いた。

そのアイデアとは「母親になるために試験を設けて、免許が必要にした方がいい」というものだった。そしてこれは多分に、当時弟が通っていた養護学校（現在の特別支援学校）の、他の子どもたちの親御さんのことを踏まえて言っていた。

弟は私が中二の時に養護学校（今の特別支援学校）の小学部に入学したが、そこにきょうだい二人を弟と同じクラスに通わせている親御さんが居た。

その家庭に六人居た子どもの内、四人が知的障害と思われた。

お母さんはとても温かく、弟が病気で休むと家に見舞いにも来て下さるような方だったが、御両親共あまり知的能力が高そうではなかった。

それでそれを見た母は「ああいう遺伝するタイプの障害を持った人は、子どもを産まない方がいい」と言い、「親になるための免許制度をつくれ」という案はそこから導き出したものだった。

この案についても、中学生の私は心の隅で「何か変」と感じつつも、全体としては「何と賢くて斬新な」と敬服してしまった。

「変」と感じたのは、母の話しぶりが「私こそ真っ先に『母親免許』を与えられて然るべき優秀な女性」と信じて疑わぬ、自信たっぷりの口調に聞こえたからである。

これまで述べてきた通り、既にその頃までに私の心の底には、母が自分で言うほど愛情豊かな母親でもなければ、人格高潔な人間でもないという見方が生まれていた。

そこへさらに母が、自身が障害児を持ちながら、他の障害のある子どもやその親御さんたちをあからさまに見下す言動を繰り返し取るようになったことで、私の中の母に対する不信感が決定的に強まった。

先ほど挙げたお母さんのことは、母は私に「家に見舞いに来られては恥ずかしい」と言い、養護学校の先生に「大変ですからもう結構ですとお伝え下さい」と電話までした。

養護学校の他の子どもや親御さんについても、母は私に圧倒的に蔑む調子の話を数多く、聞かせた。

それらの話を、私は本音ではとても嫌な気持ちで聞いていたが、当時は反論を呑み込み、嫌な気持ちも抑圧した。

当然、後に神格化された母の虚像が壊れる時が来ると、同時に、この「親になるための免許」という考えも、一気に尊敬から唾棄《だき》の対象に変わった。

その時「いったい何様の積もりなんだ。一番免許を与えられるべきでなかったのは、あのお母さんではなくあなただ！」という母への激しい憤りが表面化した。

支配の破綻と同時に爆発する親への不信

後ほど詳しく書く積もりでいるが、私は十七歳の時に、自分の魂を自ら進んで母親の鋳型に嵌めてきたことに気付かされた。

その時には当然、そんなことをしてきた自分を非常に腑甲斐《ふがい》なく感じたが、同時にそうしなければ断じて許さないぞと圧力をかけてきた母に、猛烈な憎しみを覚えた。

するとこれまで書いてきたような、子ども時代に母から言われて、不快さを堪えながら黙って聞いた数々の言葉を思い出し、それらとともにその時抑圧した「身勝手」「意地悪」「俗悪」「軽薄」「ずるい」「汚い」「卑しい」等々の母に対する負の思いも一気に甦って、明確に意識され辛くなった。

またこれまで書いてきた、聞いた当座は賢く立派に聞こえた数々の言葉も同時に思い出し、それらがただの「小賢しさ」「傲慢」にすぎなかったことを悟り、それを友人たちに受け売りしたり、彼らをバカにするのに使ってしまったりした自分に、一気に恥ずかしさと後悔を覚えた。

こうして抑圧がとれ、母へのネガティブな感情が噴き出したことで、それらと「母は神」という認識とが真っ向から対立することが露呈し、抑え込んでいた混乱が一気に表面化した。

幸い私の場合、この衝撃が直ちに母への殺意につながることはなかったが、私同様、精神を長年親の専制支配下に置かれ、ある時その支配が破綻した子どもが、それまで大人しく親の支配下に置かれるのに邪魔になるからと、自ら進んで目を背けていた親の醜さの数々を一気に直視させられた時には、「よくも立派そうな顔をして騙してくれたな」「なんでこんな人間に騙されてきたんだ」と、自他への激しい怒りと憎しみが爆発し、それが殺意に化すことも十分ありうると感じる。

不満を言わない子どもは不満がないのではなく、抑え込んでいるだけかもしれない。抑え込んでいる場合、大抵強力に抑え込んでいるから、噴き出した時が怖い。この正直な見方も是非、親の皆さんに役立てていただきたい。

第13節　中学受験から愛情をエサに勉強に邁進させる

先述の通り、母親に一から一〇までけなされまくった私が、唯一母にけなされず、消極的にではあっても褒められたものが、学業成績だった。

それで極度の愛情飢餓と自信欠如から何とかして脱却したかった私は、母の賞賛を得ようと血眼になり、手っ取り早く成果を挙げられそうだった学業に邁進した。

これを後から振り返ると、母に「愛してあげるから、頑張ってもっといい成績を取って」と、愛情をエサに勉強に駆り立てられたとしか思えず、それが寂しくかつ腹立たしい。

そう感じるに至った経過を、これから説明していきたい。

窮極のストイシズムで死守したトップの座

私は幼児期から知能面だけは優れていたそうだ。

四歳の時に受けた知能テストで「精神年齢九歳」の判定が出たと聞いている。

これが母から聞かされた話だったことが、母も私の知的能力だけは誇りと自慢にしてくれていたことを物語っている気がする。

これは一部は母の「経管栄養」の御蔭だったかもしれない。

母が乳児期の私に経管栄養を施した最大の動機は、「今、頭に栄養が行かなくては困る」という切羽詰まった思いだったと聞かされている。

小学校入学後も四年生までは宿題以外の勉強は家で何もやらなかったが、ペーパーテストはほぼいつも一〇〇点で、成績は常にクラスで一番だった。

五年生からは毎週日曜日に中学受験のための模擬試験に通うようになったが、そこでも数百人から数千人単位の受験者の中で毎回順位はひと桁で、努力の甲斐あって千葉大学教育学部附属中学校に合格することができた。

そしてこの中学でも死にもの狂いで勉強して、中間・期末の定期試験の順位はほぼ常に学年でひと桁で、「女子の首席は一〇年ぶり」と言われて卒業した。

高校受験にも成功して、東京学芸大学附属高等学校に入った。

この学校は当時、東大合格者数全国第三位で、女子だけに限れば全国一位だった。

そしてここでも二年の途中までは学年トップだった。

私は生来知的好奇心が旺盛で、勉強が好きだった。

だから中学までは、純粋に自分の興味と欲求に駆られてやる「追う勉強」だけで、トップの成績が取れた。勉強が本当に喜びかつ生き甲斐だった。

しかし高校に入ると教えられる内容の難度も、周囲の学力も上がったため、トップを保つためには自らに鞭打ち、外から習得せよと要求される膨大な知識をしゃにむに頭に叩き込む、「追われる勉強」を余儀なくされるようになった。

結果、大好きだった勉強も半分苦役《くえき》に変わってしまった。

中学までは強いて寝る時間を制限する必要はなかったが、高校に入ると、休前日だけは七時間寝られたものの、それ以外は毎日三時間に睡眠時間を削らなければならなくなった。

食事とトイレと入浴と気分転換目的のテレビ一時間以外、すべての時間を点取り勉強に充てた。

通学時、足と胴体が同じ位置に立てない満員電車の中でも、必ず天井に参考書をかざして古文の文法などを暗記した。

休み時間もクラスメートとほとんど口を利かず、数学の問題を解くなどして、一分一秒無駄にせぬよう努めた。

「付き合いは勉強の邪魔」と心得、原則、友達は作らなかった。

ただ自分を「生きていてもいい」と思いたい一心で「愛情乞食」に

そこまでストイックに自分に鞭打ったのは、ただひたすら学年トップの順位を保ち、東大医学部合格につなげたかったからだ。その主目的はやはり「母の賞賛」だった。

母親から「立派、よくやった」と認められることで、何としても「私はこの世に生きていてもいい人間」という最低限の自信を獲得したかったのである。

それだけがのどから手が出るほど欲しかった私は、母だけでなく父からも「勉強しなさい」と言われることは一度もなしに、自ら進んで嬉々として勉強に励んだ。

今思えば、たとえ「学年トップ」で母に名誉をもたらした見返りに、母に賞賛され、瞬時「幸せ」を感じられても、それは本物の「愛」には程遠かったことがよくわかる。

本物の愛とは、欲得抜きで相手の幸せを願う心だからだ。

だが当時の私に得られるのはせいぜいそこまでだったから、それを「愛」だと自分に信じ込ませたかった。切ないくらい惨めな精神状況だった。

私を見栄の満足の道具にした母の作戦

辛辣だと思うが今の私の見方を正直に書くと、母は私をまず愛に飢えさせてから、然る後に愛で釣って、私を巧みに勉強に駆り立てたと感じる。

学業成績以外すべて完膚なきまでけなし、学業成績だけを「まあよし」と消極的に認めれば、当然私が全エネルギーを点取り勉強に注ぐに違いないと、母が最初から計算していたとまでは思わないが、途中からは薄々その効果に気付いていた気がしてならない。

初めてそう感じたのは、高校入学後最初の学力テストで学年トップを取った時だった。

その結果が出た直後に、母と二人で中学時代の恩師に報告がてら挨拶に行った時の、母の論評を聞いてである。曰く「トップになるのが少し早過ぎましたわね。最初はもう少し下から始めて、後で追い上げる方が楽でしたのにね」と。

それが私には、思いきり勿体《もったい》つけた物言いと、余裕綽々《しゃくしゃく》のしたり顔に、聞こえて、見えて虫酸《むしず》が走った。たとえ母に怒りを覚えても、まだほぼすべて瞬時に抑圧していた時期だったにも拘わらず、この時ばかりは脳裡に「私を死にもの狂いで勉強させておいて、自分は高見の見物、評論家気取りか。私は競馬馬《けいばうま》の積もりか」と、怒りの閃光が走ったのが忘れられない。

母に認められたい一心で限界まで自分に鞭打たずにいられない、切ない思いを弄《もてあそ》ばれた気がして耐えられなかった。

自分が「ほらほら、褒めてあげるからもっと、もうちょっと速く走って！」と、鼻先にニンジンをぶら下げられ、走らされる競馬馬のように感じられて、最高に惨めだった。

酷《むご》い作戦は失敗に終わる

だが残念ながら母のこの「作戦」は、最後まで完全に成功を収めはしなかった。

入学以来学年トップが続いていた私の成績が、二年生の終わりから翳《かげ》りを見せ始めた。

三年に入ると一学年三八〇人中二桁まで順位が落ちた。

その大きな原因の一つは「エネルギーの涸渇《こかつ》」だった。

私がどれほど頑張っても、母だけでなく父も、手放しでは褒めてくれなかったからだ。

母の評については先ほど一例を紹介したが、父も、たとえば返された私の答案用紙を見て「トップでも一〇〇点じゃないな」というようなことを、軽々と冗談めかして言ってくれた。

学大附高の学科試験は全体に非常に難しく、各科の平均点が八〇点弱で学年一位ということもあったから、その評は酷だった。

このように両親の稀有《けう》な褒め言葉には、必ずひと言ケチが付くのが習いだった。

血を吐くような努力の結果がこれだったから、この人たちに「でかした、よくやった！」と褒められることは、どうやら死ぬまで努力しても無理らしいとわかった途端、私はとうとうそれ以上、力を絞り出せなくなってしまったのである。

自分のこの時の心境から連想するのは宮沢賢治の『オッペルと象』だ。

また中島みゆきの『裸足で走れ』という歌の中の「ここまでおいでと手を振り手招き／背中へガラスを降り注ぐ」という歌詞も連想させられる。

欲のかきすぎが招く深刻な不幸

私のこの経験からまず導き出せる、すべての親御さんに役立つ最も姑息でわかりやすい教訓は、「欲をかきすぎるな」ということだと思う。

その理由の一つは、幸い私の場合そうはならなかったものの、子どもによっては自分が限界まで頑張っても親に満足してもらえず、もうこれ以上は無理と力尽きた時に、完全に自暴自棄になり、自分を追い詰める親に消えてもらいたいという思いにまで一気に達することも、十分あると想像できるからだ。

実際、七〇年代頃からしばしば報じられるようになった、超名門進学校の生徒による親殺しや、家庭内暴力の果ての子殺しには、そうした背景の存在が想像できる場合が多かったと感じる。

欲をかきすぎない方がいいもう一つの理由は、これは私にも当てはまるが、力尽きた子どもがしばしば精神疾患を発病することだ。これも非常に悔やまれる結果に違いない。

最悪の場合、精神疾患が重度化、長期化して子どもは再起不能となり、その後の人生を全部潰してしまい、それこそ取り返しがつかないからである。

こういう、親の過度の鞭打ちが原因で起きる精神疾患は、数的には圧倒的にうつ病と境界性人格障害が多いようだが、中には統合失調症を発病する場合もあるようである。

疾患が統合失調症の場合、子どもの先天素因が主原因で、親の鞭打ちは寧《むし》ろ引き金（誘因）のことが多いだろう。

しかし誘因が加わらなければ発病を免れるケースも相当ありそうなので、できる限り誘因を加えない方がいい。

精神疾患が長期化すれば、それで一度きりの人生を潰されてしまう子ども当人が当然一番不幸だが、親も負けず劣らず不幸だろう。

だから親子双方のために、子どもが壊れるまで鞭打つことは絶対にやめていただきたい。

そのためには親が、黙って歯を食いしばり、親の期待に応える努力をし続けている子どもの心に、どれくらい疲れが溜まってきているかを感じ取る共感性を持たねばならず、どうすればそれを持てるかが、また一つ難しい問題であるが。

「褒めること＝褒め殺し」というひねくれた感覚

私の両親も「もっともっと」と際限なく欲をかいたが、彼らの場合、その欲を実現するために、私を決して褒めなかった。褒めなかった原因は、彼ら一流のひねくれたものの考え方にあった。

それがわかったのは、私が二〇代後半から三〇代の精神疾患が最も重くなった時期に「何故頑張っても頑張っても褒めてくれなかったのか？」と母に聞いた時の、母の答からだ。

「だって『褒め殺し』って言葉があるじゃない。褒められると人間はいい気になって堕落するからよ」と、母は意地悪く歪んだ笑みを浮かべて答えた。

つまり「簡単に褒めないことこそ、子どものさらなる成長を願う親の愛」というのが母の理屈だった訳だが、聞いた私は何と酷《むご》い屁理屈かと果てしない疲れを覚えた。

父も同じ時期に同じ問題について「誰かに立派な所があっても、その人に面と向かって褒めたりしないものだろう？」と、自分の考えを聞かせてくれた。

その時、私が「必ずしもそうじゃないわ。私の患者さんは私に『親切だ』『丁寧だ』と直接褒めてくれるわ」と言うと、父は「そうか。それが本当かもしれないな」と、しみじみ噛みしめるように答えたが、その後も全く変わらず、私には罵りばかりを投げ続けた。

こういう人達相手に無駄に独り相撲を取っていたことに、何故もっと早く気付かなかったのかと、私は立ち上がれない思いになった。

確かに際限なくベタベタ褒めそやせば子どもに慢心を起こさせやすく、それは子どものためにならないだろう。

しかし、ものにはすべて常識的な限度があり、子どもが一生懸命頑張って成果を挙げたら、その努力に見合う程度には褒めないと、大抵の子どもは力尽きてしまう。

一度や二度なら「そんなものではまだまだ」という反応を返しても、子どもをさらに奮起させられるかもしれないが、ずっとそればかり繰り返していてはどこかで限界が来る。

それくらい誰に説明されなくてもわかりそうなものだと思うが、私の両親はそれがわからない人たちだった。

褒められない根本原因は「自信欠如」

何故両親が子どもを褒めたがらなかったかについて、母から聞いた話に基いて考察してみたい。

その原因は両親に共通する性格や考え方にあり、さらにその原因は共通する生育環境にあったと推測できる。

両親とも実母から激しい精神的暴力を蒙ったのに加え、その実母が世間から白眼視される要素も強く持っていたために、大人子どもを含め周囲の他人達からまで迫害された。前半部分は私も同じだったが、後半は私よりはるかに不幸だった。

そしてその状況に打ち克つために「そんなことは少しも応えない」と強がり、「そんなことで親を恨んだりしない」と善人ぶったことが両親の人格を歪ませ、それが今述べたような私への対応を生んだと想像している。

両親は子どもの私に限らず、自分以外の人間を決して褒めたがらなかった。

基本的にどんな人のことも冷ややかに肩を竦めて見たがった。

その最も本質的な原因は、両親が強がりの底に深く押し隠していた激しい自信欠如と劣等感にあったと感じる。

親だけでなく周囲の他人からまで虐め抜かれた両親は、実は私よりもっと「自分はこの世に生きていてもいい人間」という自信が持てていなかったことが、今思い出す彼らの言葉の随所から感じ取れる。

だからこそ他人のいい所を認めると己の地位が揺らぐように感じられて、安心して褒められなかったのだろう。

「あんたなんかより私の方がずっと」というのが母の私に対する極く最近までの口癖だったし、父も私が一〇代から三〇代の頃まで「お父さんより頭が良くたって、そんなことは何の値打もない」と、繰り返し憎悪を込めて睨みつけた。

両親とも自分の子どもさえ比較の対象にして、常に自分の方が上と思えないと我慢ならない人たちだった。

だから両親が私を意地でも褒めなかった、あるいは褒められなかった最大の原因は、彼らの極限までの自信欠如にあったと見ている。

際限のない欲の原因も親の「自信欠如」

次に何故「褒めない」のかということから、何故多くの親が「もっともっと」と際限なく欲をかくのかという、より広い問題にもう一度話を戻したい。

「褒めない」のは、「もっともっと」を実現するための方法の一つにすぎず、「褒めない」親は「もっともっと」と際限なく欲をかく親の一部だと思うので、今度は親が「もっともっと」に走る動機を論じたい（尚、子どもを褒めずにけなしまくるだけで、子どもを伸ばそうという意志はまったく持たない親も一方に居るが、彼らについては今は論じないことにする）。

欲をかく動機として多いものはやはり、子どもを一〇〇％自分の思い通りにしたい際限のない支配欲と、子どもの社会的評価を限りなく上げたい名誉欲であろう。

そしてその、際限のない支配欲と名誉欲の根底にも、先述の親自身の激しい自信欠如がある場合が多いと想像する。

少なくとも私の両親の場合はそうだった。

子どもの私を完全に思い通りにすることで、両親は自分の力と存在価値を確かめたがっていたし、私の社会的評価がもたらす名誉も、同じ目的に利用したがっていた。

だから両親以外の、子どもへの要求を「もっともっと」と際限なく吊り上げる親の場合も、多くは支配欲と名誉欲の満足を通じて自身の自信欠如を代償したい欲求が、最大の動機づけになっているものと想像する。

そういう、親が子どもの耐容限度を超えて「もっともっと」と鞭打ち、ひたすら点取り勉強に駆り立て、子どもを途中で潰してしまう現象は、ちょうど私がそれを体験した七〇年代前半頃から日本の社会で目立ち始めたと記憶する。

当時、途中で潰れてしまった子どもたちは「延びきったゴム」「人生の華は思春期まで」などと表現されていた。

だが母は、まだ私の破綻が顕在化する前には、そういうよその子どものことをまるで対岸の火事のように「可哀想にねえ」と言葉だけ気の毒がって、いい気味そうに話していた。それを思い出すと、心底虫酸《むしず》が走る。

そんな風に子どもを潰してしまわないためには、とにかくまず「子どもが努力して成果を挙げた時には、それを正当に評価し、真っ直ぐ褒める」「子どもの耐容限度を超えて鞭打たない」というように、親が子どもに対する実際の対応の仕方を改める必要がある。

根本的解決の鍵は自信欠如の「自覚」

だがより本質的に大事な対応は、何故素直に子どもを褒められないのか、子どもを過剰に鞭打たずにいられないのか、親が自分の心の中にある原因を正確に突き止め、認めて、それを解消することにある。

即ちその大きな原因の一つが自身の自信欠如にあり、そうなった原因が自身の親や他人からの虐待にあるなら、親は自分にではなく虐待を加えた側に非があったとはっきり認識することで、自分が当然持つべき常識的レベルの自信を回復する努力をする必要がある。

しかしその「自信の回復」は、一朝一夕《いっちょういっせき》に成らない。

だから親はその努力を根気よくしつつ、まず「私は幼い頃から親や他人からひどく虐められたのが原因で、『自分はこの世に生きていてもいい人間』だという、自分の存在価値についての最低限の自信さえ持てていない」という事実を自分ではっきり認識し、常に頭に置いて、その傷が余計なわるさをせぬよう、自分でいつも監視する必要がある。

その「わるさ」の代表例が、子どもを際限なく点取り勉強に駆り立て、一〇〇%自分の期待に応えさせて、子どもへの支配力を実感したり、名誉欲を満足させたりする行動であるから、親は自分が取りたい行動の動機をそう正しく認識して、そういう行動に走らぬよう、自分にブレーキをかけなければならない。

子どもを愛で釣ることの弊害

そしてもう一つ、この節に書いた私の体験から導き出せる本質的に非常に大事なことは、言うまでもなく、欲のかきすぎ以前に、私の母がやったような、まず子どもを愛に飢えさせ、次に愛で釣って、勉強など親が望む行動だけに子どもを駆り立てるという残酷な操縦はやめよ、ということである。

そう主張する理由を説明しておきたい。

まず最大の理由は、そもそも子どもは親の欲望を満足させるための道具ではないから、そうした「操縦」は子どもを人間扱いしていないという点で、根本的に間違っているということだ。

しかし親の行動の動機ややり方の道義性はどうであれ、結果的にそれで子どもが幸せに生きられればいいじゃないかとおっしゃる方もいるだろう。
だから次に、それに対する反論を書きたい。

確かに極端に欲をかきすぎず、嫌な言い方だが親が「アメ」と「ムチ」を上手に使い分ければ、一部の子どもは途中で息切れすることなく、いわゆる「勝ち組」になれて、努力の成果を自身も喜んで受け容れ、利用して、世間の物差しから見て幸せな人生を生きられるかもしれない。

しかし子どもによっては、親が愛情をエサに、親自身が望む行動だけに自分を駆り立てる打算的なやり方をとってきたことに途中で気付き、その利己心と狡猾さに激しい怒りと嫌悪を覚える。そこまでの心理的過程はさほど珍しくなく起こりうる。

その中でも極端に潔癖で融通の利かない子どもの場合、その怒りが短期間で激しい憎しみに変わり、親殺しに走りかねない。

そういう極端なケースはさすがに稀だろうが、稀でも絶対にあってはならないということが、「子どもを愛情で釣るのはやめろ」と主張する二つ目の理由である。

実際に危機が訪れるのは大抵、子どもの能力に限界が来て、努力が挫折した時である。

たとえ途中で親の打算に気付いていても、努力が順調に成果を挙げている間は、子どもも世間的な尺度での損得を考えて、自己破壊的な行動に出たり、親に対して攻撃的な行動に出たりはほとんどしない。

その道で成果を挙げ続けることを子ども自身も望んでいればなおのこと、他の道への希望を残している場合でも、大抵はその道で成果を挙げておいても損はないと常識的に判断して、破壊的な行動にはまず出ない。

また、たとえ子どもが途中で挫折しても、多くの子どもは親と事を構えるより、そこまでの努力で獲得した能力や社会的位置づけを活かし、平穏に生きる方が得策と自身で判断するため、表向き事なきを得ることが多い。

しかしそうやって表面上は穏やかに経過するケースでも、その内の何割かは「愛をエサに釣られた」と気付いた時点から、子どもの中で親に対する感情が静かに冷え込んでいく。

その場合、子どもが成人した後の親子関係は、冷ややかで儀礼的な色を帯びる。

それが「子どもを愛情で釣るのはやめろ」と言いたい三つ目の理由だ。

運よく子どもが結果的に大成功を収めた場合には、利己的な親に感謝することもあるかもしれないが、それでも全員が「心の底から全面的に感謝」はしないだろうと想像する。

愛で釣られて獲得した思考力と医師免許は貴重な財産

では次に私の場合、母から愛情をエサに勉強に駆り立てられたことがすべてマイナスの結果しかもたらさなかったのか、その後の顚末についてお話ししておきたい。

既に第10節で書いたことと重なる記述が多くなって申し訳ないが、母のこのやり方は最後まで完全に成功は収めなかったものの、私に価値あるものももたらしてくれた。

それは相当高度な論理的思考力と医師の資格だった。

これらだけが、母と父、両方から受けた精神的暴力の、非常に価値ある副産物だった。

それだけは、公平を期すために書いておきたい。

それらを獲得できたのは、私が「この人たちに手放しで褒められることは死ぬまで努力しても無理」と悟った時点で基本的には力尽きたものの、それでも東大の医学部に進学することを諦めなかったからである。

諦めなかったのは、何とかして生き残りたかったからだ。

『自分はこの世に生きていてもいい人間』と心の底から信じられるようになるためには、親に自分の存在を喜ばれるようになることが絶対不可欠」という強固な思い込みに、結局私は三〇代末まで縛られ続けた。

しかし私は高校生の時点で「親に自分の存在を喜ばれる」のは不可能と悟ってしまった。

そこから純粋に論理的に導き出される結論は「自分はこの世に生きていてもいい人間」と信じられるようには、一生ならないというものだった。

だがそれはあまりに残酷すぎた。だから自分で次善の策を考え出した。

それが「やっぱり東大の医学部に進学する」ことだった。

つまりとてもいやらしい考えだったかもしれないが、親に褒められるのが無理でも、周囲の他人からだけでも賞賛されれば、少しは気が紛れるだろうと期待したのである。

世間の価値基準からは「東大の医学部に入ること」は一応、「日本で最高レベルの学力の証明」だった。

だからそれを手に入れれば、周囲が「わあ、凄い！」と目を見張ってくれ、自分でも「私もまんざら捨てたもんじゃない」という程度には思えそうな気がしたから、私は東大の医学部に入るのを諦められなかった。

とはいえ、今思い返すと力尽きた時点から「うつ」が始まってしまったから、それまでと同じペースで勉強に集中するのは無理だった。しかし息切れしながらもできる限り勉強を続け、私は志望先を東大の理科III類から理科II類に下げて、そこに現役で合格した。

東大の教養学部の中で、理科Ⅲ類は九〇人全員が医学部に進学できるコースであるのに対し、理科Ⅱ類は五一〇人の中から一〇人だけ、志望者の中の成績上位者が医学部に進学できるコースだった。

力尽きたのと同時に医者になりたいという希望も完全になくした私だったが、大学入学後、進学先の学部学科が決まるまでの一年半はほぼずっと、「自分が本当にやりたいこと」という問題を一時棚上げして、何としても医学部への進学を果たすべく、高二までの「一日三時間睡眠」を復活させ、死にもの狂いで点取り勉強に取り組み、その結果、とうとう目標を達成できた。


もしここで目標が達成できていなかったら、自分が生きる値打ちのない人間という認識が格段に強まり、失意のどん底に落ち込んでいただろう。

だから達成できなかったのに較べればはるかにましだったが、その成果は天下を取ったような気持ちには程遠く、正に「まんざら捨てたもんじゃない」と思える程度に留まった。

そして医学部への進学が決まった途端、再び医者になることへの強い抵抗が息を吹き返したが、結局大学をやめる決心が着かず、とにかく卒業して医者になったことは先述の通りである。


いざ医者になってしまうと、私はもともと生身の人間に一生懸命働きかけて喜ばれるのが好きな性格だったと見え、仕事に手応えややり甲斐を強く感じるようになったが、それでも尚「自分が本当にやりたい仕事はこれじゃなかった」と悩み続けたことも、前に書いた通りだ。

この「生身の人間に一生懸命働きかけて喜ばれるのが好き」という性質の一部は、再三述べてきた「自信欠如」に由来していたと思う。

つまり成人してもまだ「自分がこの世に生きていてもいい人間」とさえ本当には思えていなかったために、仕事を通じて患者さんや御家族から喜ばれると、その瞬間「私にも生きる値打ちがある」と思わせてもらえるのが、心底嬉しかったのである。

そのように医者になった当初は、患者さんや御家族に自分の存在価値を与えてもらおうと依存していた。だが病からの回復と同時にその状態から脱却した今でも、私は他人に喜ばれるのが好きだから、「自信欠如」はこの性質を増強したにすぎず、大部分は生来の性格だったようだ。

そして医者になって三年目の二六歳の時に、ある不運をきっかけにうつ病が急激に重症化し、そこから私は社会的に転落の一途を辿った。

不運というのは、その頃移った職場が労働条件も人間関係も最悪だったたことだ。

転落した原因の一つはもちろんうつ病の悪化だったたが、より大きな最大の原因は、件《くだん》の職場に移る直前に父に進行胃癌が見つかった心労から飲み始めた、精神安定剤と睡眠薬の弊害だった。

精神安定剤は、現在では正式には「抗不安薬」と呼ばれるが、ほとんどが「ベンゾジアゼピン（BZ）系」という化学構造の物質で、麻薬や覚せい剤と同様の依存性がある。

「依存性」とは、しばらく続けて飲むと、やめようと思っても苦しい禁断症状が出るようになっていて、やめられなくなる性質のことである。

しかしBZ系薬剤の弊害はそれだけではなく、私の経験では、年単位で飲み続けていると人間が堕落していく。そちらの弊害の方がより深刻であると、私は感じる。

もっと詳しく言うと、私の場合は忍耐力、自制心、克己心、向上心、規範意識など、人間を人間たらしめている最も高度の精神の働きが、軒並み退化・衰弱の一途を辿った。

具体的にどんな問題が起きたかについては、後ほど詳述する積もりでいるが、その結果、三八歳の時に偶然のきっかけから断薬する直前には、医者の仕事がほとんどできなくなり、社会から落伍する寸前にまで立ち至ってしまった。


だが私が飲み始めた一九八四年当時には、BZ系薬剤の弊害が、「依存性」も「人格劣化」も、医者の間でさえほとんど知られていなかった。

もしそういう深刻な弊害があることを事前に知っていたら、生来「石部《いしべ》金吉《きんきち》（コチコチの真面目人間の譬え）」の私がそんなものを飲み始めることは絶対になかった。これは言い訳ではなく神に誓って言える。

その証拠に一九九六年に三八歳で私が自主的に断薬するまで、八四年からの一二年間にかかった一〇余人の精神科の医師たちが一人も、この薬剤の弊害をはっきり教えてくれなかった。

もし知っていたのなら何故教えてくれなかったのかと、未だに食ってかかりたい思いでいる。


一方、断薬の一、二年前頃から、三〇代半ばという年齢も手伝って、口惜しいが自分にはもう医者しかできないという見極めと諦めがついた。その言い方が思い上がって聞こえたら申し訳ないが、それで「演劇の仕事」などという「ないものねだり」はやめることにした。

それと同時に、自分は相当この仕事に向いていると思えるようになった。

それゆえ、それから一、二年後に薬物依存から脱却し、安定して医者の仕事が続けられるようになった幸運に、今では深く感謝している。

と、繰り返しの話が長引いて申し訳なかったが、ここで再度、私が母のやり方から得た恩恵というところに話を戻したい。

先ほど「自分はこの仕事に向いている」と書いた理由の一点目は、既述の「人のために一生懸命働いて喜ばれるのが好き」ということだが、もう一点は、病気を正確に診断し、適切な治療のやり方を決めるために不可欠な「論理的思考力に長けている」ことだと感じている。

その高い論理的思考力が、多分に母に愛情をエサに勉強に駆り立てられた御蔭で身に着いたと感じるのである。

多分、生まれ着きその力には長けていたのだと思うが、それに東大の入試を突破するための死にもの狂いの勉強が加わったことで、大いに磨きがかかったのは間違いない。

今もこの論理的思考力の御蔭で患者さんの役により多く立てていると、日々強く感じる。

また医学部在学中さんざん医者になることに抵抗して、最終学年になるまで完全に勉強をさぼり呆《ほう》けていたにも拘わらず、土壇場の泥縄勉強だけで何とか医師免許が取れたのも、いざとなったら死にもの狂いで勉強する技術と集中力が高校までの間に身に着いていた御蔭だったと感じる。

そしてこの医師免許があった御蔭で、二六歳から三八歳までの長期間、深刻な挫折と停滞を喫してもなお、スムーズに社会に戻り、今日まで仕事と生活を続けてくることができた。

還暦になる今でも、うつ病による疲れやすさが相当強く残っているため、勤務は基本的に週四日しかできないが、それでもここ数年は急に病欠することも年一回あるかないかまで減って、二〇一八年初めからは一診療所の所長の職を任されるようになり、無事にその職責を果たせている。

御蔭で大きな生き甲斐はもちろん、安定した収入も得られて、弟と二人、現在まで不安なく生活できている。

それでも残る愛で釣られた恨み

このように今、生き甲斐を持って不安なく生きられているのは「医師免許」と「論理的思考力」の御蔭なのだが、それらの財産は、母に学業成績以外はすべてけなされ、母親の愛を得たければ学業成績を上げる以外に道はないというやり方で釣られて、自分に限界まで鞭打って勉強した結果、やっと獲得できたものだった。だから今でも母のこのやり方に対する私の思いは「怨念」と「感謝」が入り混じり、この上なく複雑な様相を呈している。

だが私はもともと勉強が好きだったし、向上心も旺盛だったから、親の愛をエサして駆り立てるというやり方は、やはり取ってほしくなかった。

このやり方で、私から短期間だけは高い成果を引き出せたと思うが、結局エネルギーの涸渇と心の荒廃を招き、それが間違いなく私の精神疾患発病の大きな一因になった。

自由意思に任せて勉強させてもらえれば、病気にならずに済み、医者の仕事で長期間着実に努力を積み上げられて、業績も地位も今より高いところに到達できたかもしれない。

自惚れかもしれないが、それを思うととても残念でならないからだ。

第14節　母親に専制支配を抗議して否認される

一七歳――発病のきっかけになった友人のひと言

前節で、高校二年の終わりから「エネルギーの涸渇」が一大原因で、従来のように勉強に打ち込めなくなって成績が下降したと書いた。

しかしこの成績の下降には、もう一つ大きな原因があった。

それは同じく一七歳になった直後に、ある同級生の何気ないひと言から、それまで自分が母の専制支配に自ら進んで身を任せ、完全に「嘘」を生きてきたことに気付かされ、それを機に精神疾患を発病したことだった。気付かされたことは発病のきっかけに過ぎず、病気の最大の原因は長期間「嘘」を生きてきたことにあった。

そのひと言とは「ねえ、真実。真実はいつも自分が他人に嫌われると思ってびくびくしてるみたいだけど、それは違う。全然普通だよ」という、女子の級友の励ましだった。

彼女は常に自分を強く持った感じの人で、私は自分の劣等感を鋭く見抜かれたことに狼狽したが、当然同時に「そうか、私はそれほど嫌われ者ではないのか」と嬉しくなった。

だが嬉しさは一瞬で終わり、私はすぐにもっと重大な事実に気付いて、愕然とした。

それは長い間、自分に意識させずにきた、自分が自ら進んで常に精神を母親の鋳型に嵌《は》めて生きてきたという事実だった。そのことを久々に想起、自覚させられてしまった。

「鋳型」を思い出すまでの思考の流れ

何故そんなことに気付かされたのか。

それは彼女が「おかしい」と指摘した、「他人（全員）に嫌われる」という認識こそ、幼い頃母に植えつけられた自己認識の代表格だったからだ。

「あんたはお友達に嫌われる子」と、幼稚園の時に母からレッテル貼りされたことは、第4節に書いた通りである。

だからそれを他人に「違う」ときっぱり否定されたことで、まずそれまで「私はこういう人間」と信じてきた自己認識のすべてが、「あなたはこういう人」と母に押しつけられたレッテルをそのまま自分に信じ込ませてきただけのものだったことに気付いたのである。

つまり「学業成績以外、人格面も能力面もすべて駄目」という、それまで盲信してきた「自分像」が、実際の自分とはまったく違っていたらしいと気付いた。

すると次に、何故自分は母親から押しつけられたレッテルをそこまで鵜呑みにしてきたのかというところに考えが及び、第9節に詳述した小学校三年、八歳の時に、母に「あんたまでそんな風なら、洋ちゃん連れて死んじゃうから」と言われたのをきっかけに、自分が心で何かを感じたり、考えたり、価値判断したり、あるいはまた「こうしたい」「こうしよう」と欲求や意志を持ったりする度に、それらの想念を湧くそばからことごとく、意識に上ってくる以前に、すべて母親が気に入る内容に歪めるようになったことに気付くに至った。

さらに、そうやって自分で自分の心を極度に歪めていることも自分で意識しないように抑え込むという、最高に手の込んだ作為を九年間も続けてきたことにも、芋ヅル式に気付かされた。

こうして長年目を背けてきた、自分の精神を嵌《は》めてきた母親の鋳型の存在に、容赦なく直面させられる羽目になってしまった。

「自分が自分でない」自己同一性障害の苦しみ

この、それまで「これが自分」と信じてきたものがまったく本当の自分ではなく、自分にそう信じ込ませただけの「完全に嘘の自分」をずっと生きてきたことに、突然気付かされた衝撃はとても言葉に尽くせなかった。

突然、自分が立っている足場の地面が脱け落ちてしまった感じがした。

長年「これはこう感じなければならない」と自分を嵌《は》めてきた母親の鋳型を取り去ったら、本当のところ自分は何をどう感じているのかわからなくなっていることに気付いた。

また頭の中に何か考えが浮かんでも、一々それが本当に自分の中から湧いてきた考えだという自信が持てなくなった。

過去に母親から「こう考えよ」と指示された考えを、今も先述のやり方で念頭に浮かべ、それをあたかも自分の中から湧いてきた考えのように錯覚しているだけではないかと、すべて疑わしく感じられるようになった。

この「自分で自分がわからない」「自分が自分でないような気がする」という自己同一性障害の症状が、この時から始まった。

これは自身が体験したことのない方にはなかなか想像できないと思うが、本当に気が狂いそうになる苦しみだった。

長年自分の精神を嵌《は》めてきた母親の分厚い鋳型の中で、自然にものを感じる、生まれたままのみずみずしい本当の自分の魂は、既に完全に死に絶えてしまったように感じられて、絶望のどん底に突き落された。今さら母親の鋳型を全部取り払っても、本来の自分が息を吹き返してくれる可能性はほとんどないように感じられたからだ。

この「自己同一性障害」は「境界性人格障害」という疾患の主要な症状の一つなので、その後、三八歳まで悩まされることになる「境界性人格障害」は、この時に発病したものと私自身は見ている。

この「境界性人格障害」こそが、私を決定的に社会から落伍させる方向に向かわせた最も憎い病だったが、幸い三八歳でBZ系抗不安薬を断薬したのを境に、私は速やかにこの病気の診断基準を満たさなくなった。そのことについては後ほど詳しく述べたい。

「境界性人格障害」を基礎に「うつ病」を併発

さらに、この「境界性人格障害」と同時に、私は「うつ病」も併発した。

いつも気分がうつうつ悶々として、どうやっても意欲を湧かせられなくなった。

学校を休みがちになり、勉強に身が入らなくなり、成績が下降した。

うつ病発病のきっかけは「自分で自分がわからなくなった（＝自己同一性障害）」衝撃だったように思う。ゆえに私のうつ病は境界性人格障害を基礎に発症したと感じる。

そしてうつ病の原因は、幼少期からの親による徹底した「主体性の剥奪《はくだつ》」と「自尊心の破壊」が半分、それに先述の「エネルギーの涸渇」が半分だったと感じる。

この「うつ」も非常に苦しいものだった。

自分が本当にやりたいことがわからなくなったことで、医者になりたい気持ちも失せたが、自分の存在価値を自他に証明するために、東大の医学部に入りたい欲求だけは変わらず強く持ち続けていたことは、再三書いた通りである。

だからそれまで通り、勉強には打ち込みたかったのに、いくら本の文字を目で追っても、書いてある内容が一向に頭に入ってこなくなってしまったから、焦りが極に達した。

うつ病も三八歳以降は大幅に軽症化したが、こちらは境界性人格障害とは経過を異にし、還暦になる現在も相当重い症状が残り、それを振り払い振り払い苦労して生活している。

一年半のタイムラグの謎

こうして「自分が自分でない」ことに気付かされたショックから、私は一七歳で二つの精神疾患を発病したが、その私が、発病の根本原因の一つである精神の専制支配（徹底した主体性剝奪）について母に初めてはっきり抗議したのは、それから一年半も後だった。

何故それだけのタイムラグがあったのか。四〇年以上も前のことで、理由を完全に正確には憶えていない。だから半分想像になってしまうが、一つには「自分が自分でない」ことに気付いた当座は自分の中での混乱が激しく、母にどういう言葉で抗議するのが適切か、考えがまとまらなかったためだろう。

そしてもう一つの理由は、ショックを受けた時期はちょうど一年後に大学受験を控えており、親に表立って抗議して、事を荒立てている余裕がなかったためだと思う。

さらにもう一つ、今思うと何とお人好しだったことかと自分でも呆《あき》れるが、具合が悪くなった根本原因は親にあったのに、その時は成績が下がったことで親に対する立場の弱まりを感じて、親に強く出にくくなったことも理由の内だったと感じる。実際高三の頃、「成績が落ちて親に申し訳がない」と本気で思った記憶があるのだ。
つまり無類の人の好さと、現実的な損得勘定にブレーキをかけられたのだろう。

一八歳で初めて母親に「専制支配」を抗議

そして肝心の、私が母親に初めて「専制支配」について抗議したのは大学一年の夏休み、一八歳の時だった。受験では志望を下げて、とにかく東大の理科Ⅱ類に入ったものの、医学科進学のために高得点を取らねばならない学科試験の勉強が思うように捗《はかど》らない中、母に完全にそれまで通りの「何でも私の言う通りにしていれば間違いない」的なことを、さも当然の如く自信たっぷり言われたのがきっかけで、とうとう抑えていた怒りが爆発した。

「『操り人形、踊れや踊れ』って、いつもあなたは私にそうやってきたわよね。もうたくさん！ やめてちょうだい！ その上あなたは人形の手も足も捥《も》いだじゃない！」と、その時私は母に言い放ち、そばにあった皿を母の顔めがけて投げつけた。

ちなみに私が「人形の手も足も捥《も》いだ」と言ったのは、既述の通り、母が、誰もが難なくこなす日常生活上の行動まで、私のやることなすことすべてを見るに堪《た》えないとけなし、私に「学業以外は完全に無能な人間」と思い込ませて、自分がすべて代行することで、私の社会生活能力を奪ってきたことを指す。どれほど家を出たくても自活できる自信のない腑甲斐《ふがい》なさに、私は激しく苛立っていた。

母はその時一体何が起こったかと面喰らった様子だったが、そばに居た父がすぐに私を殴りつけ、床に転がし、お腹を繰り返し足で蹴って、私を黙らせた。

御蔭で母から返事らしい返事は何も聞けなかった。

ステテコ姿の父に足蹴《あしげ》にされたのは、最高に惨めだった。

父はそれ以前から、母と私が対立した時には、常に無条件で母の味方に立ってきた。その理由を「お母さんが『私が真実のためにこんなに一生懸命やっているのに、真実は私にこんなひどいことを言ったりしたりする』と言うのを信じていたからだ」と、父は後になって説明した。

実際には「こんなひどいこと」と言われるほど、私は母に大したことは言えていなかったが、たとえば私が中学に入って以後、母がまったくと言っていいほど食事を作らなくなったことに抗議したことなどを、父に告げ口されたようだった。これも後からわかったことだが、母は他人に話をする時、呆《あき》れるほど自分に都合よく話を作る人だった。


この時、母から返事らしい返事を返されなかったのは、半分無理もなかったと思う。

それまで母に反抗らしい反抗をしたことがなかった私が、突然激しく攻撃的な行動に出たのだから、母にとっては「青天の霹靂《へきれき》」だったに違いない。

それまで私が本気で逆らえなかったのは、「母は決して逆らってはならない神のような存在」という、幼少期に形成された呪縛が完璧に効力を持ち続けていたからだ。

またこの時は私も十分説明を尽くせなかったから、母は私が何に怒りを覚えていたかをよく理解できず、余計何と答えていいかわからなかったのだろう。

二〇年一貫した抗議内容

しかし私はその後も三〇代末まで、この「精神の専制支配」の問題について、機会ある毎に、もっと筋道立てて母に繰り返し抗議した。

即ち「あなたは専制支配の暴君よ。あなたは私の表に現われる言葉や行動だけでなく、私の頭の中にまで入り込んできて、一から一〇まで私を思い通りにしてきた。あなたはものの感じ方や考え方、価値判断だけじゃなく、意志や欲求に至るまで、微に入り細にわたって私があなたと同じにならないと気に入らなくて、ヒステリックに怒りを爆発させたから、私はそれが本当に怖くて、子どもの頃からずっと、感じることも考えることも全部、自分の中から湧くとすぐ、それが意識に上るより先に、悉《ことごと》くあなたの気に入るように歪めてきたのよ。小学生の時、『あんたまでそんな風なら、洋ちゃん連れて死んじゃうから』って脅されまでしたから、そうするしかなくなったわ。長い間そうやってきた御蔭で、私は自分が本当は何をどう感じる人間なのか、さっぱりわからなくなってしまった。何かをふと感じる度、『私は本当にそう感じているのかしら？　お母様がそう感じないと許さないから、そう感じている積もりになっているだけじゃないかしら？』って、一々疑わしくなってしまうのよ。私の精神は全部、お母様のコピーよ。本当に気が狂いそうだわ。生まれたままの私のみずみずしい魂は、お母様の分厚い鋳型の中で、窒息して死に絶えてしまったんだわ。お願いだから生まれたままの私を生かして返してちょうだいよ！」という風に。

「認めない」「謝らない」「改めない」三拍子の拒絶

「魂の乗っ取られ（植民地化）体験」をしたことがない人や、実際には乗っ取られていてもそれを自覚できない人には、この感じを本当に理解するのは無理かもしれないが、私としては自分が身体の感覚で感じたままを、できる限り正確に言葉にした積もりである。

しかし、この私の血を吐くような訴えに対する母の反応は、誠意のかけらも感じられないものだった。まず母は「私は支配なんかしていない！」と、憤然と自信たっぷりに撥ねつけた。

続いて「そんなのはあんたが勝手に作り上げたストーリーよ」と付け足し、嘲笑った。

この時の私の口惜しさは、言葉ではとても表現し尽くせない。


「ストーリーを作る」というのは「嘘をついている」とほぼ同義と解釈していいだろう。

私は世の中で最も「嘘」の嫌いな部類の人間である。

その人間が、選りにもよって生みの母親から、何のためらいもなく「嘘つき」呼ばわりされたのだから、怒りで心底気が狂いそうになった。


「この時の」と書いたが、これは一度きりのことではなく、先ほども書いたように、同じ趣旨の抗議を、私は三〇代末まで数えきれない回数繰り返し行なった。

そこまでしつこく抗議を繰り返さざるをえなかったのは、その間、母から先述と同じパターンで抗議内容を否認され続けただけでなく、私が向こうの思い通りにならないとヒステリックに怒りを爆発させるやり方もまったく変わらずに続いた上、さらに途中から抗議する私を人でなし呼ばわりすることまで加わって、これまた延々と続いたからである。

つまり「認めない」「謝らない」「改めない」が三拍子揃って続いた。

弟を連れて死ぬと脅した件についても、母は「一体私がそれを何回言ったっていうのよ！」と居直るばかりでまったく取り合わなかった。

確かにそう何回もは言われなかったが、私に言わせればそんなことは一度言われれば十分だった。母の言葉を全部真っ直ぐ真剣に受け止めていた私は一度で全身凍りつき、一七歳で母の脅迫の理不尽さに気付くまで、心の自由を完全に奪われ続けた。

親の撥ねつけが生む深刻な不幸

私同様、長年にわたり事実上自分の意思も持てないほど、親に徹底して精神を支配され、その結果、精神を病むにまで至った子どもにとって、支配の理不尽さに気付いてとうとう怒りが爆発し、親にそれを直接抗議して、非を認めろ、謝れ、自分との関わり方を根本から改めろと求めても、親が非を認めないばかりか、支配した事実さえ認めないことほど耐え難いことはないに違いない。

実際これをきっかけに私の中に母への憎悪と怨念が燃え上がり、長期にわたって激しく燃えたぎり続けた。だからこれが親への殺意に発展することも、珍しくなく起きると想像できる。

私の中にも殺意に近いものが数回萌《きざ》した記憶があることを正直に告白させていただく。

したがって私自身の体験からすべての親御さんに申し上げたいことは、それまでずっと従順で、黙って親の思い通りになってきた子どもがいきなり抗議してきた時には、是非真摯《しんし》に耳を傾けていただきたいということである。

それが「青天の霹靂」だということこそ、それまで子どもが完全に自分を抑え込み、我慢に我慢を重ねてきた証拠だからだ。

心底激しい子どもの怒りを舐めてかかることは親子双方にとって非常に危険である。

先述のように、攻撃が親に向かって最悪の場合殺人につながることも、当然避けなければならないが、親に抗議を撥ねつけられた子どもがそのやり場のない口惜しさを自分自身に向けることも多く、その害も同等に深刻で、絶対に避けてほしいからだ。

その害とは、具体的には子どものうつ病をはじめとする精神疾患が非常に重篤化して、執拗な希死念慮と自殺企図が止まなくなることであり、私は圧倒的に後者の方向に向かった。

子どもが病で一度きりの人生を潰したり、若くして命を絶つことは、親にとっても最高に不幸なことだろう。少なくとも子どもの立場だった私は、そうだと思いたい。

親が体面を捨てる効用の絶大さ

だからそういう親子双方にとっての取り返しのつかない不幸を避けるために、私の母がやったような「ふん、何言ってんのよ！」というような門前払いは、絶対にやめていただきたい。

母の場合、最初の内は自分が私にとってどれほど暴君だったか、本当に認識できなかったのかもしれないが、後々も一貫して門前払いし続けたのは大部分、自分の体面を保つためだったと思う。

母のように子どもに極度に支配的に出る親は、自身が非常に劣等感が強く、それを代償するために子どもを支配しに出るから、同じ劣等感が因で、体面へのこだわりも強い。

したがってそういう親に体面を捨てさせるのは至難だろうし、そうでなくても人間は多かれ少なかれ体面にこだわるもので、特にわが子に対しては、子どもが長じた後も「自分が上」で在り続けたいのが、ほとんどの親の正直な気持ちだろう。

だがもしそこで親がぐっとプライドを抑え込み、冷静に子どもの抗議に耳を傾けることができれば、その効用は想像をはるかに超えて絶大である。

その効用とは、子どもの精神の病も、健全でない親子関係も、悪化がそこで止まり、それを境に改善に転じる可能性が大きく開けることだ。

だから「親の在り方の悪さが原因で精神を病んだなどというのは、自分で自分が思い通りにならない弱さを都合よく責任転嫁しているだけ」と頭から決めつけず、子どもの「この時にこう言われた（された）のが辛かった」という話に一つひとつ辛抱強く耳を傾けてほしい。それと同時に「もし自分が子どもの立場だったら」という想像も加え、訴えを深く吟味して、「確かにそれは辛かっただろう」と思えるものが一つでもあればしめたものだ。

もしそこで親が「それは確かに辛かったと思う」と素直に認め、「考えが足りなくて悪かった」と謝り、以後は子ども本人の意志を尊重し、心情を大切にするよう本気で関わり方を改めれば、それを機に、初めて本当に信頼し合える温かい親子関係が築ける可能性が高い。

同時に子どもの精神の病も改善に転じて、それが子どもが抗議を始めたばかりの発病から間もない時期であれば、完治する可能性も出てくる。

反対に親がそれをしなかった場合、親子関係も子どもの病も悪化の一途を辿り、親も子も不幸が泥沼化して死ぬまで続く危険が非常に高い。

私の場合、幸い途中で病の悪化は止まり、相当軽快して、社会に復帰できた。

それは「私は悪くない。支配なんかしていない」という親の否認は延々続いたものの、自分から三七歳の時に親に根本的に見切りをつけ、「親に認められなければ自信を回復できず、病からの回復も望めない」という思い込みを捨てられた御蔭だった。

親に認められる必要を感じなくなったため、三八歳以降は抗議することも基本的にやめた。しかしそれ以後も、両親が私の主体性を侵害し、自尊心を打ち砕く言行をやめなかったので、とうとう五五歳の時に完全に両親と絶縁した。

絶縁は間違いなく不幸だったが、病だけでも際限のない悪化を免れたことは、自分は運がいい方の事例だったと考えている。


『親という名の暴力』を刊行したのをきっかけに、私の場合に似たよその親子関係についても多数漏れ聞く機会を得たが、その中には私たち親子より傷が浅くて済んだように見えるケースもあった。同じく親が「私は悪くない」と言い張り続けても、子ども側が「所詮《しょせん》それだけの人」と見切りをつけ、何を言われても受け流せるようになった御蔭で本格的に病まずに済み、親子関係も表向き円満に維持している「虚構の親子」のケースである。

だが一方で私たちよりひどく、子どもの病が極限まで悪化して重度の統合失調症になり、閉鎖病棟に長期入院になるというように、一生再起不能と思われる状態に至った事例もあった。

また早々に親に見切りをつけた御蔭で子どもは病まずに済んだものの、子どもが社会人になると同時に親と縁を切ってしまい、親が死ぬまで絶縁が続きそうなケースもあった。

そういう何十年も続く不幸が、多くの場合、親の決心一つで防げる。

だから賢明な親御さんには、是非そうしていただきたい。

長い間、真面目に努力して黙々と親の期待に応えてきた子どもが、ある時急にそれまでの生き方に激しい疑問を感じ、とうとう堪《こら》えきれなくなって親に抗議してきた場合は、ほぼすべて「都合のいい責任転嫁」などではなく、きちんと筋の通った抗議なのだから。

幼少期からの親の専制支配がもたらす精神の「廃用症候群」

ここでもう一度、親が物心着く以前の幼い時期から子どもの精神を専制支配すると、想像をはるかに超えて深刻な破壊的作用を及ぼすことを指摘しておきたい。

従って専制支配は、親が思うよりずっと重い罪悪であるということを。

前にも述べた通り、専制支配の特徴は、親が子どもの精神の中にまで入り込んで検閲を行き届かせることにある。感じること、考えること、価値判断、意志、欲求すべてにわたり、子どもの中に親から見て好ましくない想念が湧くことを決して許さないのが、専制支配の本質である。したがって、極めて幼い時期に親に専制支配を敷かれた子どもは、物心ついた時から自分の心でものを感じ、自分の頭でものを考える体験をほとんどしないまま、親が「それでいい」と許すようにしか感じたり考えたりできない状態で、以後ずっと育っていく。

そういう子どもの中でも私のように、自分の精神がそういう著しい機能不全に陥っていることに思春期に気付いて、何とかあるべき姿に戻そうと、問題意識を持って取り組み始められるケースは、まだ相当恵まれた方だろう。

それでも長年、そう習慣づけられてきた人間は、ある日突然「これからは自分で感じなきゃ、考えなきゃ」

と思っても、それがおいそれとできない。

先述の通り、「こう感じなさい、考えなさい」という母親の精神の鋳型を取り払って自分を解放しても、直後は自分が何をどう感じ、どう考えているのかが自分でもわからない。

ものに出会って何かを感じたり考えたりしても、それらの想念は本当に自分の中から自然に湧き出てきたものなのか、まだ自分は想念が意識に上ってくる以前に母親の気に入るように歪め続けていやしないかと一々疑わしくなって、正に気も狂わんばかりになる。

自分が何をしたいのか、どう生きたいのかという欲求や意志に至っては、さらに杳《よう》として摑めない。

私はこの精神の専制支配の後遺症を、「精神の廃用症候群」の一つと考えたい。

「廃用症候群」という語は、長期間使わない機能が衰えることで起きる症状群を指す。

例えば長い間寝たきりでいると、脚の筋肉が衰えて立てなくなる現象などがわかりやすいと思うが、それが精神の機能にも起きる。

親の専制支配によって廃用に陥るのは、様々な精神の働きの内、「魂」あるいは「自我」の機能である。

思考力を長期間使わなければ呆けやすくなるのと同様、自我の機能も長期間使わなければ、衰えて不思議はない。

「オオカミ少年」同様に回復困難な自我の廃用症候群

自我の廃用症候群からの回復は、一般の人達が想像するよりはるかに困難で、長い時間を要する。

それを理解するのに「オオカミ少年」の逸話《いつわ》が助けになると思う。

乳幼児期からオオカミに育てられた子どもが相当長じてから発見され、人間社会に連れ戻され育て直されたものの、言葉や人間の生活習慣が身に着かないだけでなく、人間らしい感情もなかなか芽生えないまま、二〇代くらいで死んでしまったという有名な話である。

それと親の専制支配の後遺症の間には相当隔たりがあると思われるかもしれない。

しかし「精神の基礎が形成される幼少期から長期にわたり、『主体性剝奪』という、正常な精神の発達を妨げる力が加わる」ことの害は、「幼少期から長期にわたり、人間として精神が正常に発達するために必要な刺激がまったく与えられない」ことの害に優るとも劣らない。

それを認めていただければ、両者は以後の成り行きも似たものになることが理解していただきやすいと思う。

原因の共通点は「精神の正常な発達を阻害する劣悪な状況下に長く置かれる」ことだ。

それゆえ「回復困難」という結果も似てくる。

専制支配の後遺症で、自分がどう感じ、どう考え、どうしたいのかわからなくなってしまった人たちも、「オオカミ少年」がとうとう人間に戻れなかったのに似て、容易にその状態から脱せない。

したがって専制支配も子どもにとってはれっきとした虐待である。

虐待の種類は違うが、性的虐待では、虐待が終わってからも何十年も、ひどい場合は生涯、うつをはじめとする精神障害が残ることが『いやされない傷――児童虐待と傷ついていく脳』（友田明美）などの多くの書に報告されている。

それは度重なる虐待によって、脳に機能的障害のみならず、完全には元に戻らない器質的障害が生じてしまうためと考えられている。それについての画像診断による証拠も、世紀が変わる頃から急速に集積されてきている。

そこから考えて、精神の専制支配も幼少期から絶え間なく持続すれば、脳に器質的変化が残って何ら不思議はない。

そして専制支配はほぼ一〇〇％、暴言虐待を伴う。

専制支配を敷く親は、子どもに少しでも支配から逸脱する徴候を見てとると、必ず完膚なきまで子どもを罵るからである。

長期にわたる暴言虐待も、脳に器質的変化が残すことが既に証明されている。


お子さんが専制支配に対して抗議してきたら、できる限り速やかにその事実と非を認め、直ちに支配を中止し、お子さんとの関係の持ち方を根本から改めてほしいという親御さんへのお願いは既に述べたが、今述べた「専制支配の害は想像をはるかに超えて深刻」という事実が、その強い根拠である。

そしてその事実からもう一つお願いしたいのは、もう言うまでもないが、親御さんには極力、最初から専制支配を行なわないでいただきたいということだ。


世の中の人たちへのお願い①——支配に対する子どもの抗議を「他罰的」と非難しないで

次に、親の子どもに対する専制支配の問題について、これまで述べてきた理由から、世の中の一般の方たちにもお願いしたいことがいくつかある。

その一つ目は、「親の専制支配が子どもの精神を深刻に病ませる」のは間違いないので、当事者である子どもがそれを親に抗議することや、その事実を他人に告げたり「これは良くないからやめて」と社会に訴えたりすることを、「他罰的」「責任転嫁」と決めつけて、子どもの人間性が劣悪であるかのように非難攻撃しないでいただきたいということである。

レイプの事例を見てもわかるように、日本の社会には昔から、他人に傷つけられた被害者当人が被害事実を第三者や社会に訴えると、それをためらうことなく他罰的と決めつけて、加害者より被害者を進んでバッシングする、歪んだ精神風土が確実に存在する。

訴える以前に、被害者当人が「私はあの人に不当に傷つけられてダメージを蒙った」と認識するだけで、その認識が如何に冷静で客観的に偏りがなくても、直ちに他罰的と決めつけられることが珍しくない。

これは絶対に偏見ではないと確信するので、偏見と言われるのを辞さない覚悟で書くと、日本人というのは「他人のせいにするな！」「あんたにも非があったんだろう？」と威勢よく言い放つと、自分が人格者になり相手より上に立った気分になれるので、その快感目当てでそれを言いたがるとしか思えないくらい、この殺し文句を甚《いた》く好む国民だと感じる。

さらに、加害者に名指されるのが親の場合、「親は無条件で尊く、感謝すべき存在」という、まったく根拠のない迷信同然の社会通念が根強く支配する風土まで加勢するため、訴えた子どもはほぼ例外なく「恩知らず」「人でなし」と、世間から袋叩きにされてしまう。

だがこうした子どもの抗議と訴えは絶対に必要で有意義だと、私はどこまでも主張したい。

それは、親の専制支配の害と罪を親当人に抗議することが、子ども自身が病から回復するために絶対必要な手順であるし、それを社会全体に訴えることは「十分健康に育ち、幸せな人生を送りうる可能性を持って生まれた子どもを、親がみすみす壊してしまう」罪悪をこれ以上増やさないために、不可欠な行動だからだ。

世の中の人たちへのお願い②——治らぬ病に苦しむ子どもを「自己責任」と攻撃しないで

次に社会の方達にお願いしたいことの二つ目は、専制支配を受けた子どもが成人後も長く精神疾患で苦しんでいることについて、「いくら子ども時代が不幸だったにしても、大人になってからまでいつまでも病気が治らないのは自分の責任だ」という非難攻撃を、子どもに浴びせないでいただきたいということである。

この非難の中身には、一つ目の、子どもの抗議に対する非難と同じ「他罰的」というのに加え、「甘えている」「努力が足りない」というのがあると思うが、どれもほとんど当たっていないと感じるからだ。

それは何故か。

専制支配の被害者の子どもの大多数は、自身の歪みに気付いた時点から、その歪みを是正する努力を開始し、できる限りの努力を続けているが、それでも先述のような理由で完治は難しく、改善にも非常に長い時間を要するからである。

それは彼らのほとんどが物心つく以前の、親に抵抗する力をまったく持ちえない時期から、親に専制支配(主体性の剝奪)だけでなく、自尊心を打ち砕く暴言虐待も絶え間なく受けてきて、それらにより親に一方的に、精神の最も大事な土台の部分を著しく誤って構築されてしまっているからだ。わかりやすく言えば、育ちそこなってしまっているからだ。

育ちそこなったことと、歪みの矯正がなかなか捗《はかど》らないことのどちらについても、彼らに責任はまったく問えない。

育ちそこないの責任を問うことは、赤子に向かって「もしこれからあなたが育ちそこなったら、それはあなたの自己責任です」と言うくらい無茶である。

ここで歪みの矯正が至難で、長い年月を要する理由について説明したい。

彼らが自身の歪みに気付くのは、どんなに早くても思春期だが、その時点でも彼らは依然、土台が著しく誤って構築された精神で生活している。彼らにとっては、それしか持ちえなかった自分の精神である。

したがってそれ以後、彼らはその土台がガタガタの精神を懸命に駆使して、ガタガタの土台から自分の精神を構築し直すことを要求されるのである。

たとえ一部、精神科医などの他人の助けが借りられても、その作業が困難を極めることは、今の説明で十分わかっていただけると思う。

彼らが成人後も、いや多くは中年に至っても、うつなどの精神疾患が治りきらずに苦しんでいるのは、断じて彼らの努力が足りないからではない。

だからその彼らに「いい年していつまで親のせいにしているんだ。大人になったら自分の責任じゃないか」という不当で酷《むご》い言葉を、絶対に投げないでいただきたい。

世間の人たちの「他罰的」という非難も「努力が足りない」という非難も、子どもの心の傷を何十倍も深め、下手をするとそれが回復の可能性を完全に奪ってしまいかねない。

だからそれだけはやらないでと、自分も親の専制支配で病んだ子どもの一人として、伏してお願いしたい気持ちである。

私が自分の魂を取り戻していった過程

この機会に、母の鋳型に気付いた私が一七歳以降、どのようにして本当の自分の魂を取り戻していったかを、簡単に説明したい。

もともと自分が何をどう感じる人間だったのかを自分で摑むために、私はまず最初に、毎日の生活の中で様々なものに出会う度に、出会った瞬間「これいいな」「これは嫌だな」とパッと感じることを、片っ端から拾い集めていった。

この反射的に感じる快不快の感覚は、それまでの母からの専制支配の影響をほとんど受けていなかったから、それらをできるだけたくさん集めて、ジグゾーパズルのようにつなぎ合わせることで、本来の自分の魂の輪郭が正確に摑めていく実感が得られた。

そうする内に、いろいろな物事に対する考え方も価値判断も、母親の「私と同じに」という要求に支配されないものが自然に頭に浮かぶようになり、確かにこれは私の中から湧いてきたものと、自信を持って認識できるようになった。

ここまではあまり時間がかからず、二、三年で達成できた気がする。

しかし自分が何をやってどんな風に生きたいのかという意志や欲求は、なかなかわからないまま最後まで残った。

そのために医者の仕事に腰が据わるまでに三〇代半ばまでかかってしまい、若い時期の貴重な時間を長く無駄にしてしまったことは、既に書いた通りである。

つまり私の場合、最終的に自分本来の魂をほぼ回復できたとはいえ、やはり専制支配の後遺症は本当に長く、そして深刻だということを再度お伝えしたい。

第15節　気に入らない行動の原因を勝手にこじつける

「男が思い通りにならないのを親のせいにして」という言いがかり

主に私が大学生の頃、母は、私が向こうの精神支配に抗議したり、ほぼ常に鬱々とした様子でいたことに対して、度々「男が思い通りにならないのを親のせいにして」と罵った。

私にとって、これほど侮辱的で我慢ならない言いがかりはなかった。

まったく身に憶えがなかったから、「因縁をつけられた」というのに等しかった。

要するに母は、私がいつも不機嫌なのは、自分が好意を持った男性が思うように自分に好意を持ってくれないのが不満なだけだと、強引に次元の低い決めつけをしたのである。

その上、親の支配が原因で精神が不調に陥ったという私の抗議の方が言いがかりで、そう言って恋愛面での欲求不満を親に八つ当たりしているだけだという決めつけまで加えた。

だがこれは完全に事実に反していた。

確かに私は大学時代に二度ほど異性に好意を持つ機会があり、二度とも思いは叶わなかった。そしてその直後、短期間は失意に悩まされもした。

だがその期間も、そのことで母に当たったりなどしなかったし、それによる落ち込みはいずれも短期間で終息した。

私がその時期に一貫して鬱々としていたのは、飽くまでも長期にわたる母の精神支配の後遺症で、自分が何をやりたいのか、どう生きたいのかがわからなくなっていた（＝自己同一性障害）ためだった。

それでも尚、依然として母が私に対する精神支配を一向に弱めないのが心底腹立たしかったから、そのことに真っ直ぐ抗議したのである。

「親に文句を言うのはお前の品性が卑しいから」と言われる極限の口惜しさ

母の「男が思い通りにならないものだから」という罵りは、単に事実に反するのみならず、私の人間性を不当に卑しめているという理由で、とても耐え難かった。

「男性」でも「男の人」でもなく、敢えて「男」という下卑《げび》た言葉を使ったところにも、私をさかりのついた雌猫のように表現したい意図が如実に現われていたと感じる。

母にしてみたらどんなやり方をとってでも、私の母に対する抗議が不当であるという結論に導きたくて言ったのだろうが、もし本当に私をそういう人間だと母が思っていたのなら「あなたと一緒にしないで！　あなたの物差しで私をはからないで！」と怒鳴りたいところだった。

しかも母のこの罵りは実に執拗で、私が五五歳で母と絶縁するまで、母は何か私の言行に気に入らない所が出てくる度に、この「あんたは大学の頃、男が思い通りにならないのを親のせいにしたわね」というフレーズを私に投げつけてきた。

私を口惜しがらせるのにそれが最も効果的と知った上でやっているとしか思えなかった。

さらに母は、最初は喜んで受け取った私の好意でさえ、後日私が気に入らなくなると、「あれはあんたが男に血道を上げてやっただけのこと」と腐してきた。

例えば私が二〇代の頃、当時ファンだったある芸能人のツアーで、何度か家族全員を海外旅行に連れて行ったことについても、当座は大喜びしたのに、後になって、私に再度支配について抗議されるなどして（私の行動に対する母の細かい干渉は、私が五〇代になっても止まなかった）私が気に入らなくなると、「あんたが〇〇（私がファンになった芸能人の名）にのぼせた御蔭で、私たちまでいいように引っ張り回された」と腐すタネにする始末だった。それはないだろう、と最高に卑怯に感じた。

本当にその口惜しさは並大抵ではなかったから、私は、子どもによってはこういう言いがかりだけでも、しつこく繰り返されれば心に殺意が湧く可能性は十分あると感じる。

今述べた母の行為のエッセンスを抽出すると、「自分に対する子どもの抗議は不当だという主張を補強するために、子どもの抗議は子どもの人間性の卑しさから出たものだと、なりふり構わずこじつける」ということになる。

何と子どもじみたと思えなくもないが、子どもの立場では瞬時にその卑劣さにカーっと頭に血が上り、最悪の場合、母親を絞め殺したくなっても不思議はないと、正直私は感じる。自身が幼稚で卑しい親から卑しめられたという思いで、口惜しさと怒りが倍化するからだ。

だから当然だが、この手の行為をすべての親御さんに絶対やらないでいただきたい。

【付記】何故母がそういう行為に走ったかについての考察と、子どもへの精神的暴力を予防するための対策

――虐待の否認を防ぐことで虐待の連鎖を防げ

母の著しい偏りから見えてくる深い心の傷

そして次に論じたいのは、前に述べた母の行為のエッセンスの部分は、同じ立場に立った親御さんの多くもやりやすい気がするのだが、母が私の抗議に限らず、私の気に入らない行為を非難したい時には常に、それらの行為の動機をすべて、殊《こと》、色恋絡みだと強引に決めつけてきたのは、かなり母特有のやり方だったと感じる点についてである。

何故母がそういう傾向に走ったか、これからその原因についての推論を書いてみたい。

それは、その原因を推測することによって、母が私に精神的暴力全般を振るわずにいられなくなったかの原因まで、同時に見えてくると感じるからだ。

今さら言うまでもないが、子どもの親に対する憎しみ・恨みが高じて殺意にまで達する原因のほとんどは、親に精神的暴力を長期間頻回に繰り返されることである。

したがって、親が精神的暴力を振るう原因を解明してそれを取り除き、子どもへの精神的暴力を未然に防ぐか、または途中で止められれば、それが一番「親殺し」予防の根本的対策になるに違いない。

先にざっと結論を述べると、私は、母の著しく偏った傾向も、母がありとあらゆるやり方で虐待を連鎖させたことも、母自身が心に深い傷を負い、その傷に適切に対処しなかったことが原因だったと見ている。

ゆえに私は、親が自身の心の傷に適切に対処しさえすれば、傷が因《もと》で子どもに精神的暴力を振るってしま

う「虐待の連鎖」を相当回避できると期待している。

私を精神的に「去勢」するに至った母の偏り

しかしその母の心の傷の話をする前に、母の偏った傾向が私の人生に与えた、もう一つの深刻な影響について述べたい。

それは私が「精神的に去勢」されたこと、つまり精神的に大人の女性になることを阻止されてしまったことである。

何故そんなことが起きたのか。

それは母が「男女の情愛」に対するこだわりも嫌悪も異常に強い人で、それらを私が子どもの頃から、私に対していつも剥き出しに表現したためである。

たとえば私が小学校低学年の頃、同じクラスのカッコいい男の子の話をしただけで、私が瞬時に縮み上がるほど母の形相が険悪に変わり、恐ろしくて二度とその子の話ができなくなってしまったことがあった。

また中学の授業参観の後で、帰り道に同じクラスの男子生徒に呼び止められ、道の上にカバンを置いて、彼に言われたものを捜して渡しただけで、彼が立ち去ってからすぐ「何よ、男の子から声かけられたくらいであんなにドギマギして、いやらしい！」と母に心底憎々しげに罵られて、心臓が止まりそうになったこともあった。当座は「穢《けが》らわしい！」という母の爆発的な感情表出に縮み上がるばかりで、「そんなことを言われる憶えはない」という怒りがこみ上げたのは大分後になってからだった。

このように学童期から思春期までの間に繰り返し、母から「異性に関心を持つだけでいやらしい、穢らわしい」という感じ方と価値観を、込められるだけ感情を込めて投げつけられた御蔭で、私は精神が女性として成熟し損《そこ》なってしまったと、自分で強く感じる。

その証拠に私は、これまで数人の男性に恋愛感情は懐《いだ》いたものの、いつも強い罪悪感に邪魔されて、構えず自然な気持ちで相手と関わることができなかった。

当然ながら肉体関係を持つことにはさらに激しい嫌悪感があり、これまでの人生にほんの数回そういう出来事があったものの、それを幸せに感じたことは一度もなかった。

その事実に呼応するように、私は中学、高校時代に「高い精神性を持つ人間が、他の動物と同じ性欲の支配を免れないことが口惜しくてたまらない。私は精神を獣欲に支配されることなど、絶対に受け容れない。肉体関係を含まぬ、純粋に精神的な愛以外、本物の愛とは認めない」と、何度も何度も大真面目に、大学ノートに書きつけた記憶がある。

今挙げてきたような多くの事実から、私は、母にこれでもかこれでもかと性愛に対する生理的嫌悪感を植え付けられたことが原因で、自分が「精神的に去勢」されたと考えている。

そうなった原因を他に考えることができない。

病的に強かった母の性に対する嫌悪

その推測を補強する傍証の一つとして、母が性に対する激しい嫌悪を、日常生活の他の様々な場面でも頻々と口にしていたことを挙げたい。

例えば昔からテレビのＣＭで性交渉を暗示する言葉が出てくる度に、母は「わあ、いやらしい！」と顔を歪め、感情たっぷりに叫ぶのが常だった。

それは「箱入り娘の帯ほどきゃ　洒落たスナック現われる」というスナック菓子のCMや、「乙女よ、まだ拭うものは何もないのか」というティッシュペーパーのCMを見た時だった。

母の「わあ、いやらしい！」の言い方があまりにも強烈だったから、私はこれを聞いた時も、うっかりカッコいい男の子のことを口に上らせた時と同様に縮み上がったし、それが何という商品のCMに対してだったか、現に何十年も忘れられずにいるほどだ。

だからこれらを、母の性に対する激しい嫌悪がまるごと私に移植され、それが因《もと》で私が精神的に去勢された証拠の一つと見て、まったく無理はないと感じる。

こういう出来事があまりにも頻繁で、私は母と一緒にテレビの前に座るのが憂うつになるほどだったから、母が自分で思うところまでは勝手だけれど、何故それを傍に居る私にまで聞かせないと気が済まないのかと、とても恨めしく、ずっと不思議に思い続けていた。

しかしやがて、そこに母の「私はこういうものは穢らわしくて耐えられない（高潔な）人間なのよ」と誇示する意図が見て取れるようになり、はじめはそれを単に母の極度の虚飾と感じて、不快さが増しただけだった。

だがその内ふと、もしかすると母は、いつもそうやって性への嫌悪感を誇示していないと、自分がまわりから獣的な卑しい人間に見られてしまうという、強迫的不安に囚われているのではないかという疑念が湧いてきて、それが次第に確信に変わっていった。

祖母の奔放な生き様が母の心につけた傷

そしてここからいよいよ、母が子どもの頃に負った、深い心の傷の話に移りたい。

先ほど来述《らい》べている、母の、この「性愛」への異常なこだわりと嫌悪の原因について、私は長い間、それは祖母（母の実母）から受けた心の傷にあると思い続けてきた。

その見方は今も変わらない。

しかし最近になって、「心の傷」の正体は、はじめ思っていたよりもずっと複雑で、傷は一つではなく少なくとも二つあり、二つ目の傷の方がはるかに深刻と考えるに至った。

従来は母に、自分が子どもの頃、母親（私にとって母方の祖母）が性愛への欲求が強い性格だったことが災いして心を傷つけられた、というエピソードを小学生の頃からいくつも繰り返し聞かされたことで、私はそれが母の強烈な性愛嫌悪を生んだに違いないと、比較的単純に推測していた。

たとえばどんなエピソードだったか、私が聞いたものをざっと挙げてみると、

「私が生まれる四〇日前に私の実の父親が死に、私が生まれて間もなくおばあちゃんが二人目の夫と結婚して、三つ下に弟が生まれたから、私は子ども心に遠慮があっておばあちゃんに寄りつけなくなった。いつも女中さんの背中におんぶされて育った」

「おばあちゃんは一生の内に三回結婚したけど、戦時中は三番目の夫、あんたの知ってるおじいちゃんとまだ結婚する前で、子どもの私たちを置いてしょっちゅうおじいちゃんに会いに行っていたから、空襲警報が鳴ると子どもだけで逃げなきゃならなかった。自分が居ない間に私たちが死んでも、おばあちゃんは平気だったのかと思うと情けなかった」

「それが因《もと》で学校（国民学校）でも虐められた。担任の先生から『あなたはお勉強はよくできるけど、お母さんがだらしのない人だから（祖母の三番目の夫は当時まだ前の妻と婚姻関係にあったため、祖母たちの関係は所謂《いわゆる》不倫の関係だった）、いい成績はあげられないわ』ってみんなの前で言われた。先生が率先して虐めるような子は自分たちも安心して虐めていい、とみんな思うから、クラスメートたちからも虐められた」

「私が中学三年生の時、おばあちゃんがおじいちゃん（三番目の夫）との間にできた子どもを流産して、私がその後始末をしたの。凄く恥ずかしかったわ」

というようなものになる。

聞いていて、これらのエピソードだけでも十分すぎるくらい、母は自尊心を挫かれただろうと感じたので、祖母の「多情多恨」の性格が因《もと》で受けた傷が、母の「性愛」に対する激しい憎悪を生んだに違いないと、私は五〇過ぎまで確信し続けてきた。

だから母は私が小学生の時期から、私が少しでも異性に関心を示したり、私が気に入らない言行を取ったりする度、私に祖母の姿が重なって見えて、激しく攻撃したり、不当な言いがかりを付けたりするのが抑えられなくなったのだろうと考えてきた。

強く推測される義理の祖父からの性的虐待

しかし成人して以後も、私が思わず弟を抱きしめただけで、私も弟も「まあいやらしい！　こんな大きくなったの（弟のこと）を！」「洋ちゃん（＝弟）何よ！　前はあんなに身体に触られるの嫌がってたのに！」と母に罵られるといった出来事が度重なったことで、次第に母の性への憎悪にしろその表現にしろ、祖母に受けた傷だけを原因とするには、あまりしつこすぎやしないかと感じられてきた。

そして五五歳頃になって突然、母が「おじいちゃん」、つまり祖母の三番目の夫から性的虐待を受けていたのではないかという想像が、私の頭に浮かんできた。

浮かんだきっかけは、近年「虐待」が社会問題として大きく取り上げられる中で、親による性的虐待も珍しくないと聞き及んだことだった。

母自身の口からそういう話が出たことは一度もないから、これは飽くまでも私の推測にすぎず、確たる証拠のないことを書いてしまって申し訳ないのだが、そう考えると、母のこだわりと嫌悪のしつこさにとてもよく納得がいくのである。

つまり母は義父から性的虐待を受けたことで「私は穢《けが》れている」と強く思い込み、その「穢れ」を他人に見抜かれるという不安を強く持ったために、テレビのCMを見ても一々自分の「潔癖さ（＝性愛嫌悪）」を誇示しないと安心できなくなったのだろうと想像している。

親になる前に必要な心の傷の自覚

以上に書いてきた母の事例を熟考して、私が主張したいのは、すべての人は親になる前に、自分が過去に受けた心の傷を直視し、正しく認識してほしいということだ。

何故ならば、そうすることにより常に自分で自分の傷を監視、コントロールすることができるようになると思うからである。傷が勝手に暴れて子どもに精神的暴力を振るい、子どもの精神の発達に悪影響を及ぼしたり、子どもの人生の可能性を摘《つ》んだりしないようにするためのコントロールである。

母にしても、自分が「母親である前に女」という祖母の生き方や、私の推測が正しければ、義理の祖父（母にとっては義父）から受けたと思われる性的虐待によって、自分の魂が深く傷ついていることを真っ直ぐ認めていれば、それによって、自分が男女の性愛に対して病的にこだわりと嫌悪が強くなっていることを自覚できただろう。

そしてその自覚があれば、母も、私に学童期から性に対する激しい嫌悪を剝き出しにしたり、何か私に気に入らないことが出てくる度に、私の行動の動機をすべて「男に血道を上げて」と決めつけて卑しめたりすることは、極力自制できたに違いない。

そのように実の親に人格を卑しめられ、著しく自尊心を傷つけられたことも、精神的に去勢された結果、恋愛や結婚など人生の貴重な可能性を奪われたことも、私にとっては非常に大きな痛手だった。正直な気持ち、これらは何としても防いでほしかった。

だから虐待を連鎖された当事者としては、母の私に対する精神的暴力の内、殊《こと》、性愛嫌悪が因《もと》になったものだけ抽出して考えても、母には自分の心に深く残った傷を、是非正しく認識しておいてほしかったという思いが尽きない。そして実際に私が母から受けた精神的暴力は、「精神的去勢」だけではなくもっとずっと幅広いものだったから、なおさら母には自分の傷にきちんと目覚めていてほしかった。

自身に経験のない方は、「精神的去勢」などということが本当に起きるのかと、訝《いぶか》しく思われるかもしれない。

しかし母方の伯母の二人の息子たち、つまり私の従兄弟（いとこ）たちも、五〇代になる現在まで一度も結婚していない。従兄に至っては未婚のまま亡くなってしまった。

その事実が、「精神的去勢」が本当に起きうる一つの証拠だと、私は考えている。

彼らも私同様、伯母が祖母の生き方で蒙《こうむ》った心の傷に精神的に去勢されたのだろうと推測している。

もしその推測が当たっているなら、祖母は自分一人奔放な生き方をしたつもりが、それが因《もと》で三代後には血が絶えるという、思いもかけぬ深刻な禍根を残してしまったものだ。

傷は治せなくても認めるだけでいい

心に傷も歪みもまったく持たない人間など、この世に一人も居ないだろう。

そして私自身の経験から、心の深刻な傷や歪みを完全に治すことは、どんなに努力しても、一生かかっても、まず不可能と感じる。

これは先述の通り、精神的暴力で生じた脳の器質的障害が完全には元に戻らないからだ。

だからといって、心に深い傷や歪みを残した人には親にならないでほしいなどと言うのは、人権侵害にもなり許されないと考える。

だからこそ先ほども述べたように、現段階で私に考え出せる最も有効な解決策は、親が自分の心に残っている傷や歪みを正しく認識し、それらが子どもに悪い影響を及ぼさぬよう、常に自身で厳重に監視し、制御することである。このやり方を強くお勧めしたい。

これには高度の内省の力が要求されるので、できる人は相当限られると思うが、現実に可能な解決策はこれより他にない気がする。

しかし、もしこれがきちんとできれば、心に深い傷を抱えた人の方が寧《むし》ろ、子どもの心を深く養える親になれる可能性が高い。

何故ならその人自身、傷の痛みが身に滲みている分、親や他人のどういう働きかけが子どもの心に傷を負わせるかを熟知しているからだ。だから自分が子どもに同様の傷を負わせることを極力避けられるし、また、子どもに他人の心に傷を負わせることの罪深さや、どうすれば他人を不必要に傷つけずに済むかを、誰よりもよくわかるように教えられるからである。

傷も恨みも否認して優等生を通した母

だが私の母は今述べたのとは正反対に、自分の心の傷を正しく認識することを拒否して、子どもの私も傷つける生き方を選んだ。何故そうなったかの経過を説明したい。

まず、母は自分が祖母を恨んでいることを、頑として認めなかった。

前に紹介した、私が子どもの頃に聞かされた、母が子ども時代に祖母の生き方に心を傷つけられた思い出話は、私の耳にはどう聞いても祖母に対する恨みに満ちみちていた。

しかし母はいつも、最後はその話を「だけど私はおばあちゃんを恨んでなんかいない。おばあちゃんは女手一つで私たちを育てるのに大変だったんだから。産んで、育ててくれた親を恨んだりしたら罰が当たる」と、完璧に優等生的に締め括った。

そして祖母が亡くなるまで、しばしば私に蔭口を利きながらも、表向きは一貫して絵に描いたような「親孝行」の行動を取り続けた。

そうやって恨みの感情を認めないことからの自然の成り行きで、母は恨みの原因になった心の傷についても、「平ちゃらだった」と終始認めていなかった。

性的虐待を蒙ったことが強く疑われる義理の祖父についても、母が祖父を好いていないことがよく伝わってくる話を、私は思春期以降、母から度々聞かされたし、私が成人して以後に一度「戸籍上あの人の養女に付けられて、冗談じゃないと耐え難かった」と激しい調子で話をされたこともあった。

しかしこれまたそれらの話とはちぐはぐに、私が記憶する範囲では、母は祖父にも亡くなるまで一貫して非常に「親孝行」していた。

例えば、私が小学校に入学した頃、祖父が遊びに来たいと言えば、母は祖父を一人で遠く九州から泊まりがけで来させて、あちこち東京見物に連れ回ったりした。

当時はまだ、祖父が母の実の父親ではないと聞かされていなかったから、私は母の行動を極く自然に感じていた。

祖父が実の祖父ではないと私が教えられたのは、小学校高学年の頃だったが、それ以後も母は世間の常識に則って、祖父に孝行し続けた。

祖父が癌で亡くなったのは、私が大学に入って間もなくだったが、その直前にも母は九州の実家に帰り、熱心に看病を手伝った。

その行動が、「おじいちゃんは好きじゃない」という母本人の言葉に全然そぐわなかったから、偉いなと感心する反面、随分無理していい子ぶるんだな、という反感も感じた。

親への恨みの否認が虐待の連鎖の元凶

私が、そういう母の生き方に本格的に疑問を持つようになったきっかけは、自分が精神を病んだことだった。先述の通り、私は一七歳の頃から精神の病が現われ始め、二六歳から精神科の医療を受けるようになった。

その経過中、私は三〇前後の頃に、殊《こと》「男が思い通りにならないものだから」という決めつけに限らず、母が私を幼少期から専制支配し、私の人間性も能力もことごとくけなしまくるという、激しい精神的暴力を振るい続けたこと全体の原因が、ほぼすべて、母が祖母を恨んでいるという自分の本当の心を直視せず、「親を恨んでなどいない」と自分に徹底して嘘をついていることにあるのではないかとふと気付き、それがすぐ確信に変わった。

私は一七の時から、母の精神的暴力こそ自分の病のほとんどすべての原因である、それさえなければ自分は病まずに済んだと確信して、母の暴力を心底恨み抜いていた。だから最も肝心の、母が私に暴力を振るった原因に思い至ると、矢も楯も堪らなくなり、直ちに母に直接自分の推論をぶつけた。即ち、「お母様が本当に恨んでいるのはおばあちゃんでしょう？　子どもの頃の私はお母様に何も悪いことをしなかったでしょう？　なのに何で、私を一から一〇まで駄目駄目駄目ってけなしまくって虐めたの？　本当に辛かった。私なんかこの世に生きてちゃいけないんだと思ったわ。

お母様を苦しめたのはおばあちゃんなんだから、真っ直ぐおばあちゃんを恨めばいいでしょ。そうすれば代わりに私を虐めないで済むでしょ。『産んで育ててくれた親を恨んだりしない』なんて、おばあちゃんへの恨みを無理矢理封じ込めてなまじいい子ぶるから、その恨みを私を捌《は》け口にして吐き出さずにいられなくなるんじゃない！　私にしてみたらとんだ迷惑よ。どれだけ私の人生狂わせたら気が済むの？　ちゃんとおばあちゃんを恨んで！」と。

それでも母は依然として「冗談じゃない。産んで育ててくれた親を恨むなんてとんでもない！」と、憤然とした口調で紋切型の道徳を繰り返すばかりだった。

実際にはその考えが少しも道徳的に働いていないのが何故わからないのか、とジリジリさせられた私は「じゃあその代わりに、子どもの私を虐めるのは悪いことじゃなかったの？　先に何も悪いことをしていない私をクソミソにけなしてうっ憤を晴らすのは、正しいことだったの？」とさらに母に詰め寄った。

しかしこれにも納得のいく答は一切返ってこなかった。

母の反論はざっと「私だっておばあちゃんに『ああよしよし、いい子、いい子』って猫かわいがりされて育った訳じゃないわ。おばあちゃんから『あんたはみっともなかねぇ』だの『地獄から夜通し歩いて来たごたる顔ばしちょる』だの『女の子が本なんか読んだって何にもならん』だの、さんざん言われたけれど、それでもちゃんと育ったわ。三歳くらいからもう、おばあちゃんのことを冷ややかな目で見て、『ふん、何言ってんだ！』って思えて、それくらい平ちゃらだったから。だから親に何か言われたくらいで子どもが傷つくなんて思いもしなかったし、そんなこととても信じられないわ」という趣旨だった。

私は瞬時に、母の言っていることはまったく嘘だと感じたので、激しく苛立ち憤った。

しかしこれを聞いて、ますます自分の推論が正しかったと確信した。

その推論とは、「母は自分が祖母に傷つけられ、それを恨んでいることを正直に認めなかったかったからこそ、自分も私に対して精神的暴力を振るった。振るわずにいられなくなったし、平気で振るえた。抵抗なく子どもに虐待を連鎖させられた」というものである。

母のこれらの「嘘」は大体「否認」と言い換えられる。

「虐待の連鎖は、親が自分の親から虐待されたことを否認することによって起こる」ということは、すでにもう定説になった感があるが、その説が正しいことが、私と母の事例からも証明されたと強く感じた。

三段階にわたる虐待の否認とそれらが連鎖を生む理由

私は、母の否認は次の三段階にわたっていると捉えている。

即ち、

①祖母に十分愛されなかった、祖母にひどい仕打ちをされたという「事実」の否認

②祖母の仕打ちが辛く、それによって自分が傷ついたという「過去の感情体験」の否認

③その結果、自分が祖母を恨んでいるという「現在の感情」の否認

の三つの段階である。

何故これらの否認が虐待の連鎖、即ち子どもの私に精神的暴力を振るうことにつながったのか。

まず③が連鎖を招いたのは、先ほど書いた私の母に対する抗議の中にもある通り、母は祖母に対する激しい恨みの感情を心の中に強く封じ込め、徹底して抑圧（＝否認）したからこそ、心の中でもやもやした不快な内圧が極限まで高まって、ガス抜きしないと耐えられなくなったからだと推測する。

そして手っ取り早くその捌《は》け口にされたのが、いつも身近に居て、抵抗できず、どれほど酷《むご》い仕打ちをしても周囲にも自分にも「これは躾」「愛のムチ」と言い訳できる、子どもの私だったということだろう。

次に②が連鎖を招いたのは、「親に何を言われても平ちゃら。傷つかなかった」という言葉の通りに、母が

自分が祖母にやられた時の痛みと傷を否認したからこそ、母は、やることなすこと性格も能力もことごとくけなしまくるという、自分が祖母に蒙《こうむ》ったのと同じ精神的暴力を、わが子も含めて「他人に決してやってはならないこと」と厳しく認識し、戒めることができなかったからだろうと考える。だから祖母と同じことを、私にも平気でやれてしまったに違いない。

最後に①が連鎖を招いたのは、母が祖母の仕打ちを「ひどい仕打ち」、即ち「虐待」という非人道的行為だったとはっきり認定しなかったことが、それと同等の行為を私に行なうことに罪悪感や抵抗を覚えなくさせたためと推測できる。

自分の辛さや恨みを正直に認めることの大切さ

今述べたような一連の理由で、「虐待の否認」は「虐待の連鎖」を生む。

だからどの人も皆、親に限らず他人に辛い思いをさせられた体験については、「これは辛い」「あれは本当に辛かった」と、辛さを一度、じっくり正直に味わってほしい。

そして自分の心についた傷も、辛くても一度、真っ直ぐ見詰めてほしい。

こう言うと、やや人間を信じ過ぎと思われるかもしれないが、そうすれば大抵の心ある人なら否応なく「自分がこんな辛い思いになること、心が深く傷つくことは、他人には絶対にやるまい」と、肝に銘じられると思うからである。

同時に傷つけた相手に対する恨みの気持ちも、抑圧せず一度自分で正直に認めてほしい。

これも必ず「虐待の連鎖予防」に役立つと、私は確信する。

それは、恨み憎しみのような「負の感情」は抑圧せず、はっきり自覚し、認めることによって、それを罪のない無関係な人間に向かって噴出させて傷つける行動が大幅に抑えられると、私自身の体験から実感するからである。

不本意に的外れな他人を攻撃しないためには、何も恨み憎しみを懐《いだ》いている当の相手を罵ったり殴ったりして報復する必要はない。

ただ「私はあの人にこういうことをされて傷ついたから、あの人を恨んでいる」と自身で自覚し、「恨むのは当然で仕方のないこと」と、それを容認するだけでいい。

「容認」とは、恨みを懐くことを自分自身に許すということである。

負の感情は、懐くこと自体は必ずしも悪くなく、それを抑制なく爆発させたり、抑圧・否認したりすることが悪い。それは何度も言うように、負の感情を抑圧・否認することによって自分の心が歪み、結果、傷つける理由のない無関係な他人を傷つけてしまうという、取り返しのつかない罪を犯しやすくなるからだ。

その典型が、私の母だった。

正しくて必要な負の感情もある

そもそも日本人は、恨みや憎しみなどの負の感情を懐《いだ》くことを、必要以上に「悪い」と思い過ぎ、不合理な罪悪感を懐《いだ》き過ぎると感じる。

母も、私が三〇代の頃、母への恨みをストレートにぶつける私に対して「憎しみからは何も生まれない」と、これまた道徳の権化《ごんげ》のような物言いをして、抗議をやめさせにかかってきた。「いつまで同じことで私を憎み続けるの？　執念深いわね」と。

私は「何という盗人猛々《たけだけ》しさ」という怒りで気が狂いそうになった。

その時はうまく言い返せなかったが、今なら「憎む私が悪いのか？　憎まれるようなことをするあなたは悪くないのか？　私は気違いじゃないから何の理由もなく他人を憎んだりしない。あなたは私を何十年も虐《しいた》げ、打ちのめし続けてきた。だから憎む。その上、私がそれにいくら抗議しても、少しも悪いと思わず、謝りも改めも一切しない。だから憎み続ける。当然じゃないか」と、きっぱり言い返す。

恨みや憎しみの中には、正しくて必要なものもあると、私は考える。

例えばこちらが相手に何も悪いことをしていないのに、相手が一方的にこちらを傷つけてきたら、それは間違いなく相手が悪い。

その場合、悪い相手を憎むのが当然で、正しい。

今論じているのは「憎む」ことについてだけで、「報復」は含まれない。

本当に悪いこと、悪い人間が正されることが、人間の社会の正しい在り方だ。

したがって他人に不当に傷つけられたら、できる限り自分を傷つけた当の相手に対してきちんと抗議するのが望ましいし、それでも相手が改めなければ、相手の悪を第三者、あるいは社会全体に訴えて、改めるよう働きかけることが、正しいやり方だろう。

そうしなければ社会はいつまで経っても良くならない。それは「報復」とは、まったく別の行為である。

様々な制約から、正当な抗議行動が常にできるとは限らないが、少なくともまず悪を憎まなければ、悪を正すことはできない。

それが、自分を不当に傷つけた人間をまず一度きちんと憎めと、私が主張する理由だ。

たとえ相手が親でも、例外である理由はまったくない。

それをやらずに憎しみを抑え込んで、まったく自分を傷つけていない、罪のない人間に向かって見当外れに憎しみを吐き出し、傷つける方が、余程許されない非道徳的行為である。

もちろん、傷つけた相手がこちらの抗議を受けて心から悪かったと思い、謝り、態度や行動を改めれば、こちらも許して水の流すのが、人として正しい在り方だろう。

しかし相手がまったく悪かったと思わず、改めもしないなら、そんな相手を許す必要がどこにあるだろう？　向こうが改めるまで恨みを忘れることなく抗議し続ける方が、はるかに社会の改善につながる正しいやり方だと、私は強く言いたい。

虐待を否認させる社会通念の弊害

では次に、何故母は先述の三段階の「否認」を行なったのかを考察してみたい。

これも、子どもに精神的暴力を振るう親にならないためには何が必要かを考えるためである。

それは、母自身が生き延びるために、徹底して「社会通念」に服従する道を選んだことが原因だったと、私は見ている。そして母がそんなことをしたのは、祖母に「いい子」と言ってもらえなかった代わりに、世間から「いい子」と言ってもらうことで、獲得できなかった自信を何とか獲得したいと無意識の内に考えたからだろうと見ている。

まず、

①祖母に十分愛されなかった、祖母にひどい仕打ちをされたという「事実」の否認

これは母が最小限の自尊心を保つために、無我夢中で行なったと感じる。

何故、自尊心を保つためにそんなことが必要だったのか。

これについて私の推論を書いてみたい。

人間の社会には昔から「生みの親ほど子どもを純粋に深く愛する人間は居ない」という、非常に根強い通念が存在する。

古今東西の現実を見れば、そんな通念はほとんど迷信であるのは明白である。

例えば生活のためならまだしも、麻薬を買う金欲しさに子どもを売る親さえ珍しくないことなど、それに当てはまらない事例が多数存在するからだ。

しかし如何《いかん》せん、件《くだん》の通念が現然と世の中に支配的であるため、多くの人たちはそれに無頓着ではいられない。

特に、親から十分に愛されたという満足感の欠如した子どもほど、「世の中で最も愛してくれる筈《はず》の親からさえ愛されない自分のような人間は無価値に決まっている」と、劣等感からこの通念に強く囚われやすく、親に愛されなかった事実をこの上ない「身の恥」と感じて、死にもの狂いでそれを否定しようとするのだと思う。

母もその典型だったと、私は見ている。

母の場合は「放ったらかされた」「糞ミソにけなされた」ことの他、「着る物や持ち物にも上のきょうだいと差をつけられた」ことなども、自分が祖母に愛されなかった事実として、私に何度も話した。

しかし母は「おばあちゃんは私たちを育てるために必死だったんだから」と、わざわざ祖母のために言い訳を考えてやることで、自分が愛されなかった事実を否定しようとした。

「おばあちゃんだって本当は愛したかったんだけど、その余裕がなかっただけよ」と、無理してもの分かりが良くなろうとする、苦し紛れの論法である。

実に健気でお人好しに感じられる弁護だが、母が祖母のために言い訳を考えたのは、ただひたすら自分の自尊心を護るためだった。

親に愛されなかったことが自分に価値がなかったことを意味するなどということはまったくないのは、少し冷静に考えればすぐにわかる。

それはひとえに愛する能力が欠如した親に非があるのであって、子どもの側に何の責任も落度もない。

しかし社会通念に縛られきった母は、そう考えることができなかった。

それで、母はまず第一段階として「自分は母親に愛されなかった」と正直に認識することを拒否した（ちなみに「愛されなかったという事実の否認」は私にも三八歳まで残り、私の場合は、母の精神的暴力を「愛のムチ」だと、懸命に自分に思い込ませようとした。これも被虐待児の多くが共通に陥りやすい誤りである）。

次に、

②祖母の仕打ちが辛く、それによって自分が傷ついたという「過去の感情体験」の否認

これも母が「辛く感じたり、傷ついたりするのは自分が弱いから。弱いことは恥ずかしいこと」という社会通念に強く縛られ、それに服従して行なったものと考えて、間違いないと感じる。

母は「私は弱くて恥ずかしい人間ではない」と自分のことを思い、周囲にもそう知らしめようとした。

それは母の「私はおばあちゃんに何を言われても平ちゃらだった」「そんなことで子どもが傷つくなんて信

じられない」という、著しく強がり虚勢を張った言葉によく現れている。

その一方、母が私に子どもの頃のたくさんのエピソードを、繰り返し辛そうな声の調子と表情で話して聞かせた事実から、本当は祖母のそれらの仕打ちがとても辛く、深く傷ついていたことは明白なのだが、この第二段階についても、母は意識の上では「辛かった」「傷ついた」と正直に認めることを、頑として拒否し続けた。

そして最後に、

③その結果、自分が祖母を恨んでいるという「現在の感情」の否認

これも母が「親は無条件で尊く、感謝すべき存在」という社会通念に完全に縛られ、盲従した結果だと考えている。

それは「親を恨むなんてとんでもないこと」という母自身の言葉によく現れていたし、また同じく私が母から繰り返し言われた「親の悪口を言うのは、上を向いてつばを吐くようなもの」という言葉も、その有力な証拠だと感じる。

この言葉は「（精神科の医者などの）他人に私の悪口を言うな」と、母が私を牽制する目的で言ったものだったが、続きは「つばは自分の顔にしかかかってこない（＝聞いた世間は親ではなく、悪く言う子どもの方を悪く見る）」となる。これも日本の社会で古くから言い習わされてきた言葉らしく、母はこの言葉を甚《いた》く奉《たてまつ》っていた。

これまで述べてきた通り、母が私に祖母に関する数々のエピソードを話して聞かせた語り口と表情を思い出せば、母が祖母を恨みに恨んでいたことはこの上なく明白だが、母が「親を恨むなんてとんでもない」と、

口角泡飛ばさんばかりの勢いで何度も言ったことから素直に判断すれば、母は自分が祖母を恨んでいることも、意識の上では頑として認めていなかった。

母がここまで古くから社会にある通念や道徳に盲従し、「私はこんなに常識や道徳を遵守《じゅんしゅ》する人間です」と絶えず自他に誇示したのは、世間の人たちから「あの人は立派な人」と高く評価されることで、何とか自分で自分の価値を認められるようになりたいという、非常に切羽詰まった思いからだったと想像している。

世間からの迫害が世間への隷従を強めさせ、虐待を否認させる

母は私に較べて、虐待の否認と社会通念へのこだわりが格段に強かった。

それは、母が子ども時代に受けた心の傷が、私よりはるかに深刻だったからだろう。

深刻になったのは、母が親だけでなく周囲の他人たちからも迫害されたためだと思う。

母が、祖母の道ならぬ恋が因《もと》で、学校の教師や級友たちから疎外されたことについては既に述べたが、他に、母は母の実父が亡くなって四〇日後に生まれたという経緯から、母が生まれた時、周囲の大人たちが「Sさん（＝祖母）もこの子さえ生まれなければ楽だったでしょうに」と口々に言ったという話も、私は子どもの頃から母に数えきれない回数聞かされた。

母が出生直後に自分の耳で聞いたことを記憶していた筈《はず》がないので、母が物心ついてから、御親切にも周囲の大人たちが「あんたが生まれた時、こんなことがあったのよ」と話して聞かせたに違いない。

本当に余計なことを教えたもので、私は、教えたこと自体がひどい虐待だったと思う。

何故なら「生まれてきたことを祝福されなかった」という情報は、子どもの中で「存在自体を喜ばれなかっ

た」という窮極の存在否定に読み換えられやすいからである。

出生を喜ばれなければその後もずっと存在を喜ばれない訳ではないことは、冷静に考えればすぐにわかるが、子どもは直感的にそう読み換えてしまいやすい。


母の中でそう読み換えられたであろうことは、たとえば、母が五〇過ぎの頃に、あるテレビドラマで「あんたなんか産まなければよかった」という母親のセリフを聞いた時に、私が呆気《あっけ》にとられるくらい母が感情的に激しく反応した出来事から推測できる。それは正に「痛い所を突かれた」という反応だった。

そのドラマの主人公はそのセリフを言った母親の娘で、母親のその言葉をきっかけに激しい非行に走るという設定だったが、母はそれを見て「あの子が母親にたったあれだけ言われただけで非行に走ったのは、もともと生まれつきの性質が悪かったからよ」と、強い憎悪を込めて言った。「生まれつきの性質が悪かった」は、当時精神の病が急激に悪化し始めていた私へのあてつけだったに違いない。非行と病気で結果は違っても、親の言葉で壊れた私が主人公と重なって忌々しかったのだろう。

肝心の母の傷の深さがよく現われていたのは「たったあれだけ」と、母がドラマの母親の「産まなければよかった」という存在否定の言葉を殊更《ことさら》過小評価して聞かせた言葉だったと感じる。母はそこに「私はそれしきのことを言われてもびくともせず、ちゃんとした人間に育った」という強がりを込めた。その強がりにこそ、母が「あんたなんか産まなければよかった」というセリフを聞いて、自分も「誕生を喜ばれなかった」事実を思い出し、それを自分が「存在否定」と読み換えて、自信と自尊心を根こそぎにされたことを、むきになって否定したい気持ちが現われていた。

そのように、親だけでなく周囲の他人の多くからも迫害された母は、人生初期の段階で「自分はこの世に生きていてもいい人間」という最低限の自信さえ獲得できていなかった状況も、私よりはるかに深刻だったと思われる。

そして同じく世間の他人からも迫害されたという理由から、私が自信獲得のためにひたすら親の評価を得ようと血眼《ちまなこ》になったのとは対照的に、母は寧《むし》ろ世間の高い評価を得ることに血道を上げたと想像できる。

その目的から、母は社会通念、道徳など世の中の既成の価値観に徹底しておもねった。

その「おもねり」の事始めが先ほど述べた、祖母からの虐待とそれに対する恨みを三段階にわたって否認したことだったと見ている。

昔からの世間の価値基準に照らし、「あの人は立派な人」と評価してもらうには、まず「親は無条件で尊く、感謝すべき存在」なる通念に則ってそうすることが、絶対不可欠だった。

だから母は三段階の否認をためらうことなく行なった。

母は絶えず言葉と態度で「私は母親に少々放ったらかされたり、ひどいことを言われたりしたくらいで傷つくような、弱い人間じゃありません。母親だって私たちを育てるのに大変で、一生懸命育ててくれたんですから。全然恨んでなんかいません。恨んだりしたら罰が当たります」と、修身の教科書みたいなことを世間の全員に向かって絶叫していた。

私の精神の病が顕在化して以後、母はますますその趣旨の話を私に頻々とするようになり、非常に耐え難かった。

私自身と母の事例から痛感するのは、虐待の主体が親であれ世間であれ、あまりにも幼い時期からの苛酷な虐待は、人間に生きるのに必要な最低限の自信さえ獲得できなくさせ、彼を虐待者から認められたい欲求の虜にし、虐待者に反抗どころか隷属させてしまうということだ。

そしてこの隷属が、被虐待者の不幸を永続化させてしまう。

だから虐待された人間が不幸から脱したければ、早く己の自信欠如に気付き、自分に最低限の自信さえ獲得させなかった虐待者の悪を憎んで彼らへの隷属をやめ、当然持つべき自信を自ら獲得することが不可欠なのである。

世間の価値観への隷従が生んだ演技性人格障害

然《しか》るに母の生き方は、それとは正反対の方向に向かい続けた。

虐待の否認に始まった母の虚飾は、その後も留まるところを知らなかった。

この際限のない虚栄心の肥大こそ、母が世間の価値観の奴隷になった現われだった。

中年期以降の母は、身なりや気取った物言いで、他人に「上流家庭の品のいい奥様」、つまり社会的に高く位置づけられた人間に見られることを、最高の喜びにしていた（残念ながら、私の家は上流家庭などではまったくない）。

その上、母は人間性や能力についても、実際にそれらを高める努力はほとんどせず、代わりに自分を実際とかけ離れた最高水準の人間に見せるための小細工にばかり腐心した。

例えば弟のことも、自分を「子どもの障害など意に介さず、惜しみない愛を注ぐ母親」に見せるために、最大限利用した。

簡単に言えば母の人生は全体が「芝居」で、世の中全員を観客にして「なんて素晴らしい人」と注目と賞賛を浴びるために「演技」することに終始していたと感じる。

同時に母は、その誇大な自己像を、自分自身にも懸命に信じ込ませていた。

他人を騙すためにはまず自分自身を騙さなければと心得た点は、母も私に似ていた。

斯《か》くして母は、ほぼ完璧に虚栄心と自己陶酔だけに凝り固まった人間になってしまった。


だが母のこの生き方は、最終的に母を幸せにはしなかった。

概ね母が六〇代末までは、周囲の他人の多くが母の演技を信じたが、七〇歳を過ぎた頃からは他人も騙されなくなったからだ。

ある知人から「あなたは息子さんのことを、自分をいい人間に見せるために利用している」と面と向かって言われたと、母が自分で白状したことまであった。

虐待の否認が招いた孤独地獄

そのように母が老年に達して以後は、私や弟だけでなく、母のまわりに居た多くの人たちが母から次々に離れていき、晩年の母は厳しい孤独を耐え忍ばなければならなくなった。

そうなった大もとの原因はすべて「虐待の否認」にあるので、被虐待者はこの愚かしい行為を一刻も早くやめるのが賢明である。その理由を簡単に説明しよう。

虐待の否認が自他を不幸にするメカニズムは、先の虚栄心以外にも支配、見下し、攻撃（意地悪）など様々ある。

自分が不当な虐待を受けたために、当然獲得できていた筈《はず》の、生きるために不可欠な自信を獲得できなかったと認識できれば、そこから必要な自信を獲得する道が開けるが、虐待を否認している限りは真の自信の獲得は不可能なため、被虐待者は瞬時自信を獲得した気になるために（欠如した自信を代償するために）、他者を支配したり、見下したり、打ちのめしたりなど、所謂虐待を連鎖させる行為に走りやすくなる。

これが周囲を参らせ、被虐待者から去らせる結果になるのである。

母は家族に対しては、支配欲剝《む》き出しだった。

私に対して同様、弟や父にも、本人の意志や欲求に従って行動することをことごとく非難、阻止して、万事母の勧めるやり方に従うよう強要した。

逆らえば際限なく罵られるので、父でさえ大抵までは不満を圧《お》し殺して従い続けた。

そして他人はことごとく見下しの対象にした。

母は誰を見るにも、相手の自分より劣って見える所、恵まれない所を目を皿にして探し、自分が優位に立った気になって喜んだ。

それは気に入らない相手に対してだけでなく、母が自分で「友達」と称している人に対しても同じで、「あの人、少しばかり持ち上げられたらいい気になって」といった評ばかり聞かされて、うんざりさせられた。

私は思春期頃から母のこうした心の持ち方を内心苦々しく思っていたが、母は私にはまったく抑制なしに醜い本音を剝き出しにした。

母にしてみれば友人の人間性が劣っている方が悪いと信じて疑っていなかったから、そんな中傷をしても自分の「人格者」の地位が揺らぐとはまった全く思わなかったのだろう。

さらに「友達」に対しては、母は善行に託《かこつ》けた陰湿なやり方で、自分の優位を誇示した。

たとえば私が大学生の頃、わざわざ私に、福祉の仕事をしている子どもの居ない友人の所に、福祉問題のサークル仲間数人と話を聞きに行くよう勧めたり、またそれから二〇余年後に、その人の夫が亡くなったと同窓会で聞き込むと、私に「あんた昔、御世話になったんだから」と言って、自分から直接にではなく、私に仏前の花を贈らせたりする、という具合にである。

私は自分が子どもを持てなかったから、母にそうされた友人の方がいかに辛かったか、手に取るようにわかる。

母は気付かずにではなく、間違いなく先方が非常に辛い思いになることを十分計算した上で、私にそれをやらせた。

すべてにその意地の悪さだったから、家族も他人も耐えられなくなり、まわりはほとんど母から逃げた。先ほどの友達の方の件にしても、夫が亡くなったという話を母がその方から直接聞かず、相当時が経った後で他から聞いたというのが、母が敬遠されていた何よりの証拠である。

父だけはいくつかの理由から、母を憎み攻撃する一方で、亡くなるまで常に私より母の味方に立ち続けたが、私と弟は父が亡くなる三カ月前に、母とも父とも完全に絶縁した。

劣等感は正直に認めない限り乗り越えられない

今述べたように、母は、祖母と周囲の他人からの迫害で、獲得できなかった自信と壊された自尊心を回復したい一心で、社会通念に盲従して心の傷と恨みを頑強に否認し、世間の価値観に照らして絶えず自分を実際より極端に高く見せようと腐心した。

だがそのやり方をどれだけやっても、底知れぬ劣等感を払拭《ふっしょく》することはできなかった。

だからこそ、母は家族全員を支配し、他人をすべて見下した。

自分の力と存在価値を確かめるために、家族全員を自分の意のままに動かし、自分が他人より優位に立てる所を、一つ残らず探し出さずには居られなかった。

もし母が「平ちゃらだった」という自身の言葉通り、迫害を本当に乗り越えていたら、支配も見下しも必要なくもっと心穏やかでいられた筈《はず》だ。

そしてそこまでやってもとうとう、母は晩年、孤独地獄に陥り、劣等感を乗り越えるどころか深められるだけ深めたまま、この世を去るしかなさそうな情勢である。

だからこの母の人生一つだけを見ても、すべての劣等感は「自分は何をされても平ちゃら」などと強がることなく、反対に「私はこういう経緯や原因から、すっかり劣等感の塊りになっている」と自分の心を直視して、それを正直に認めることから出発しない限り、決して本当には乗り越えられないものだと、強く感じる。

被虐待者は自身のためにも子どものためにも虐待の否認をやめよ

以上のように、虐待を受けた当人がその後の人生を虚しくせず幸せに生きるためには、虐待を否認しないことが不可欠であるが、この本の中心テーマの一つである「親が子どもに精神的暴力を振るうのを防ぐためにはどうすればよいか」を考えた場合も、まず親が、自身の受けた虐待の否認をやめることが不可欠だということが、母の事例一つだけからでもわかっていただけたと思う。

親の子どもに対する精神的暴力の多くは、親が自身の受けた虐待を連鎖させることで起き、その「連鎖」

を防ぐために否認をやめることが不可欠だからである。

虐待を否認せよと強いる社会通念の支配を弱めよ

そもそも「親は無条件で尊く、感謝すべき存在」に始まる、古くからの社会通念にさえ縛られなければ、虐待を否認したい気になどまったくならない。

先述の通り少し冷静に考えれば、これらの社会通念には何の根拠もないのがすぐわかる。

私が考えるに、親に虐待された傷を抱える人が、虐待を否認しないために是非とも肝に銘じてほしいのは、次の三つである。

①生みの親は必ずしも子どもを愛さないので、たとえ親に愛されなくても恥じる必要はまったくない。
②親（や周囲の他人）から自分の存在そのものを否定されるなどの酷《むご》い仕打ちを日常的に繰り返し受ければ、非常に辛く感じ、傷つくのが当然であり、それはまったく恥ずかしいことではない。
③自分に酷《むご》い仕打ちを繰り返した親（や他人）に対して憎しみや恨みが湧くのは、人として当たり前の情であり、そういう負の感情を懐くこと自体は少しも罪悪ではない。

すべて従来の社会通念とは正反対のこれらの事柄を、個々の被虐待者が抵抗なく認識するためには、まず社会通念の支配力を弱めなければならない。

そのためには、社会と個人双方の努力が必要である。

社会の側は、虐待を受けた人たちにまで、そうでない人たちと同様に古い通念を信じ、それに従えという圧力をかけない努力を、被虐待者個人の側は、「私の場合、通念は当てはまらない」と冷静に認識して、魂を通念の呪縛から解放する努力をする必要がある。

それについて、これから具体的に詳しく述べていきたい。

社会は子どもに通念を刷り込むのをやめ、虐待の訴えに耳を傾けよ

まず社会の側について言えば、テレビ、新聞などのマスコミも、幼稚園、保育所、小学校など幼い子どもの教育、育成に携わる機関も、あまり十把ひとからげに絶え間なく「親を敬え、感謝しろ」と喚《わめ》かないでほしい。

日常生活の中で絶えずそれを聞かされると、最初の内こそ正直に親の仕打ちを酷《むご》いと感じられる幼い子どもも、「そう感じる自分の方が間違っている」という考えに次第に傾いていき、本音の気持ちを抑圧してしまいやすいからだ。

だがたとえそうやって、社会側が通念を喧伝《けんでん》しないようできる限り努力したとしても、幼い子どもが親の虐待を自力で撥《は》ね除《の》けたり、自身で他人に訴えたりするのは難しい。

だから子どもが長じた後に、親の働きかけが非常に酷《むご》く自分の精神を著しく損なうと感じて、親当人に直接抗議したり第三者に訴えたりしてくるようになった時、社会側はその抗議や訴えを「親に文句を言うとは何事！」と、件《くだん》の通念で頭から抑えつけにかかるようなことは絶対にやらないでほしい。

逆に「実際にどんなことを言われたりされたりしたから辛いと感じるのか？」と、子どもの訴えに虚心、冷静かつ熱心に耳を傾け、その言い分がもっともな時には、まず親当人に非を改めるよう働きかけ、それでも

改めないなら絶縁も含め、子どもが物理的・精神的に親から大きく距離を置いて生きることを進んで認め、必要ならその援助までしてほしい。

そうやって社会が「親なら子どもに何をやっても『愛のムチ』『尊い親の愛』で言い訳できる時代はもう終わった」と、親の立場にあぐらをかき悪用する親に対して厳しく臨むようになれば、それによっても親の精神的暴力を減らせると期待できる。

「社会情勢がそんなに親に対して厳しくなったら、ますます少子化に拍車がかかるじゃないか」とおっしゃる方も居るだろう。

実際『親という名の暴力』を出版した時、そういう感想をネットに載せた方がいらした。

だが単に子どもの数だけを確保する少子化対策に、何の意味があるのか？

生まれた子ども一人ひとりが心身共に健康に、幸せに育ちうる保証が十分確保された上での少子化対策でなければ、意味がないのを超えて逆に害になると、私は感じる。

社会が親の虐待を黙認するような状況では、子どもの心身の健全な成長などとても覚束《おぼつか》ず、みすみす不幸な人間を増やすだけだからだ。

虐待された個人は社会通念の不合理を理解して自らを解放せよ

次に、個人の側がやるべき努力についてお話ししたい。

それは要するに、虐待した親を正直に恨んでいい、そんなに親まで無理して感謝・尊敬する必要はない、それよりも自分の本当の気持ちに正直になる努力をせよ、ということだ。

これは決して自分を甘やかすことではなく、そうすることこそ自分が関わるすべての人たちを幸せにするためにも、必ず必要で役に立つのだということを理解してほしい。

被虐待者個人の側も、幼い内は親を理屈抜きで高く価値づける社会通念になかなか疑いを差し挟めず、ほとんどの人が完全服従してしまうのは、仕方のないことだと思う。

だが長じるに伴い、運よくその盲信に少しでも綻《ほころ》びが生じたら、それまで自分を縛ってきた通念が本当に正しいかどうか、是非自分の頭でよく考え直してみてほしい。

落ち着いて検討すれば「親にどんな仕打ちをされても、それは『愛のムチ』。だから辛いと思うことも恨むことも許されない」と、自分に虐待を否認せよと要求してくる社会通念にはまったく根拠がなく、筋が通っていないことはさほど困難なく理解できる筈だ。

筋が通っていない一番の理由は、親の酷《むご》い仕打ちの中にはただ酷《むご》いだけで、動機に自分の成長や幸せを願う愛など少しもないものがたくさんあり、それらは簡単に見分けがつくからだ。そんなものまで「愛のムチ」と思えと強要するのは完全に無理である。

また相手が親なら何をされても恨むなというのもまったく話が逆である。何故なら親は自分の一存で子どもをこの世に産み落とした以上、子どもが社会で十分幸せに生きていくために不可欠の基盤として、子どもの心身を精一杯健康に育てる義務を負う存在だからだ。ゆえに本来、親は世間の他の誰より、その義務に反する酷《むご》い仕打ちを子どもにしてはならない。だから子どもは親に酷《むご》い仕打ちをされたら他の誰にされた場合より、逆に強く恨んでいいのである。

このように「親に何をされても恨んではならない」という通念は筋が通らない。

そう理解できれば、魂を社会通念の軛《くびき》から解き放つことが可能になる。

これを完全に実現するのは言葉で言うよりはるかに難しいが、もし古い通念のおかしさに少しでも気付けたら、盲信をやめ、それを自分の中から追い出し、本当に正しい親子関係とはどんなものかを一から考え直してみてほしい。親が純粋に子どもの健康と幸せを願って一生懸命子どもを育て、その親を子どもが心から信頼・尊敬し感謝するのが本来あるべき親子関係だという結論に、多くの方たちが達するだろう。

虐待した親を正直に恨み「自分はやらない」と肝に銘じよ

そうやって社会通念の圧力から自分を解放していくのと同時に、被虐待者は自身の体験と本当の気持ちを真っ直ぐ見詰め直してほしい。

冷静に見直してみて、自分が体験した親子関係が、先述の本来あるべき親子関係と違っていたなら、その事実を正直に認め、自身の体験に合った考えと行動を取ってほしい。

まずあの時、親にああ言われたことこうされたことは本当に辛かったと一つひとつ具体的に思い出して、心が深く傷ついたと正直に認めてほしい。

そうやって過去の自分の辛さを味わい尽くしてこそ、初めて「他人にこんな思いを味わわせるのは本当に良くない」と心の底から思えて、「自分はそんなことを（自分の子どもも含めて）他人に絶対にやらない」と肝に銘じられる。

また同時にそこで、自分が酷《むご》い仕打ちをした親を恨んでいることも正直に認め、「あれだけやられたら恨みの気持ちが湧いて当然」と、恨む気持ちも恨む自分も容認してほしい。

そこで親に暴言・暴力で報復しなければ、誰からも何も責められることはない。

次に、親に過去の辛かった仕打ちについて冷静に抗議して、親が考えや行動を改めれば許して水に流せばいいが、改めないなら逆に許さずに恨み続けた方がいい。

そうやって自分の正直な気持ちに嘘をつかず、抑圧しない方が、心の内圧が高まってお門違《かどちが》いの相手に恨みを噴出したりせずに済むからだ。

つまり虐待を連鎖させずに済み、自分もまわりも幸福にできるからだ。


行き詰まっている親は自分が虐待を否認していないか、自らに問え

現在、親の立場に居て、子どもが精神的に行き詰まり、社会生活に躓《つまず》いているという方には是非、御自身が自分の親から蒙《こうむ》った虐待を否認していないかどうか、検討してみることをお勧めしたい。

もし自身が虐待を否認していれば、知らず知らずの内に虐待を連鎖させてしまい、子どもの心を歪ませてきた可能性が高い。

したがって「否認している」と認識できた場合にはまず、これまで述べてきたように誤った社会通念から自分を解放する作業から開始して、虐待の否認をやめていただきたい。


子どものためだけでなく、自分自身がのびやかに幸せに生きるためにも、常に自分の本当の心を真っ直ぐ見詰め、それを正直に認めることが、非常に大事である。

それは自分を甘やかし放題、他人に迷惑を掛け放題で生きるということとはまったく違う。

逆に本当の自分から目を背け、自分に嘘をついている人間ほど他人に意地が悪く、他人を好んで傷つけ、それを相手のためを思う愛だなどと平然と言ったりする。

私の母は、これほど長期にわたって絶え間なく、私の心を容赦なく抉《えぐ》りながら、「私は本気で他人を憎んだことがない」と大真面目に言い、精神的暴力をやめてほしいと抗議する私の方を「あんたの憎しみは凄いわね。エンドレスね」と、人でなしのように罵った。

また私が「あなたは自分が感じる通り、考える通りに、私が一から一〇まで感じたり考えたりしないと、ヒステリックに怒りを爆発させて許さなかった」と専制支配に抗議しても、「私は支配なんかしていない」と最後まで否定し続けた。

おそらく先述の子どもの居ない友人に対する持って回った意地悪についても、母自身の意識の上では今でも「親切」だったと信じて疑っていないだろう。

親への恨みを否認すると自分を正しく見られなくなる

ここまで母が自分という人間の本当の姿も、自分の行動の真の動機や効果も正しく認識できない、極度に内省心に欠ける人間になってしまったおおもとの原因も、祖母（や義理の祖父）の虐待とそれに対する恨みを否認したことにあったと、私は見ている。

そもそも人間にとって生みの親に対する根深い恨みほど、その人の人格の土台の形成に深く関わる感情はないだろう。

その最も重要な感情から徹底して目を背け、完全に否定してしまったら、自分の心全体が正しく見られなくなってしまって、寧《むし》ろ当然という気がする。

しかし私も五〇代の半ばになってようやくそのことに気付いた。だからそれまでの間、ずっと母に苛立ち続けて「どうしてあなたはそう自分で自分を正しく見られないの？　もっと自分の本当の気持ちを正直に認めなさいよ！」と繰り返し訴えた。だがそのおおもとの原因と思われる虐待の否認からして頑として認めない母には、道理でいくら言っても何の効果もなかった訳である。

劣等感の元凶は親の不当な虐待と認識し、劣等感から解放されよ

虐待の否認をやめれば、高率に根深く激しい劣等感からも解放されうる。

何故なら劣等感の原因の大半は、親から存在そのものを否定された虐待にあるからだ。

親の存在否定が不当な虐待だったと認識することで、やっと「自分が悪くて否定されたのではない」と悟れる。

結果「自分はもともと劣等感など全然持つ必要がなかった」とわかって、めでたく劣等感から解放されることが可能になる。

癌のような劣等感から解放されれば、劣等感を解消したい一心で、自分の力を手っ取り早く実感するためにわが子はじめ周囲の人たちを徹底して支配しようという欲求や、他人の弱味を突いたり他人を見下したりして優越感を得ようとする欲求も、大幅に弱まるだろう。

即ち、虐待や意地悪をやらずに済むようになる。

罪のない周囲の人達を苦しめずに生きられるようになることが、自分自身が幸せに人生をまっとうするためにも一番大事であることは疑いない。

母自身の話によれば、母が生まれた時、周囲の大人たちが「この子さえ生まれてこなければ」と口々に言っ

たそうだが、その後、母があまりに意地悪かったことで、今度は子どもの私が正直な気持ち、母のことを「この人さえ生まれてこなければよかったのに」と頻繁に思わずに居られなくなった。

そして私もせめて残りの人生は潰されたくないという切実な思いから、五五歳で母と縁を切ることを選んだため、母の晩年は非常に寂しいものになった。

自分の心に正直になることが自分もまわりも幸せにする

だがこの結果は、避けようと思えば母の意志一つでいくらでも避けられた。

「おばあちゃんを恨めばいいだけよ。本当にひどかったんだから。恨んでも全然悪くないわ」という、私の繰り返しの訴えが最後まで母に届かなかったことが残念でならない。

母の事例一つを見ても、自分が幸せに生き、まわりも幸せに生かすためには、常に自分自身に覚醒し、自分の本当の心を直視し、正しく認識することが不可欠だ。

その皮切りに、自分が親から虐待された人は社会通念の圧力に打ち克ち、虐待の否認をやめることから出発してほしい。

最後に取って付けたような言い方になってしまって申し訳ないが、もし本当に私の推測通り、母が義理の祖父に性的虐待を蒙っていたのだとしたら、そのことを恥ずかしくて、子どもの私を含め、誰に対しておくびにも出せなかったところまでは十分理解できる。

しかしその後、祖父が亡くなるまで、母があまりにも世間の常識通りの「親孝行」をし続けたことは、やはりやり過ぎ、無理して自分を歪め過ぎたという感が否めない。

そこまでいい子ぶる必要は、どう考えてもなかった。

そこまで無理をすれば当然人格も歪むし、無意識にガス抜きしたくなって、子どもへの精神的暴力にも走りたくなる。

だからしつこく繰り返すが、今書いた最後の推論からも、社会通念への盲従と虐待の否認は、自らの努力で可能な限り極力避けるようお願いしたい。

第16節　父親が全面的に母親の肩を持つ——父親も抱えていた深刻な精神の歪み

今タイトルに書いた父のやり方も、子どもの心を著しく追い詰め殺意に導く危険性の高い、非常に愚かしい対応だったと感じる。

母への不満を父に訴えた理由

私の場合、一〇代で初めて親に抗議したい欲求が芽生えたのは、専《もっぱ》ら母親に対してだった。

しかしそれは父親に対しては不満が意識に上らなかったからではない。その証拠に、高校一年の時、友人に「私は父が憎い。だから大人になってお金が稼げるようになったら、私の養育に掛かった費用を一円残らず返して縁を切りたい」と話した記憶がある。

それでも父本人に直接不満を訴えたい気持ちがなかなか芽生えなかったのは、一〇代の頃まで父は母と違って、私を事細かく支配はせず、私の父に対する不満の大半は、私の言行が気に入らなかった時に父が時たま振るう激しい怒号と腕力に対するものだったからだ。正にその怒号と腕力に、私は恐怖を覚えた。多分先述の小学校四年の時の激しいトラウマも、私を父に対して萎縮させていただろう。

父の場合、私が小四の時の、顔を床に打ちつけるというような、はっきり「身体的虐待」と呼べるほどの暴力は、一生の内に数えられるほどの回数しかなかったが、ビンタくらいなら子ども時代、頻繁に喰らった。それがわかるのは、小学校低学年の頃、父が手を動かしただけで私が反射的に手で顔を庇《かば》ってしまい、「何だ、何もしようと思っていないのにそんなことをされたら、殴りたくなるじゃないか！」と激しく怒鳴られた記憶があるからである。

そういう状況下にあって、私の中では母親の精神支配に対する不満の方が圧倒的に強く意識されたため、私は一〇代後半から、母に私への支配をやめるよう、父にたしなめてもらえないかと期待して、父に母に対する不満を繰り返し訴えるようになった。これは「告げ口」行為であり、今思えば自分は何と狡くて弱い人間だったかと恥ずかしい。

だが私も最初から自分で直接母に抗議せずに、いきなり父に頼もうとした訳ではない。

前にも書いたが、私は中二の時、母に初めて抗議した。母があまりにも家で食事を作らない件について「政治や社会の問題について高説を垂れるのもいいけれど、それよりも家族のために毎日温かくて美味しい食事を作ることの方が、主婦としてはるかに大事な務めではないか」と訴えた。しかし母は「何よ、偉そうに！私は飯炊きババアだって言いたいの？」と憎々しげに怒鳴りつけ、私は一蹴《いっしゅう》された。完全な敗北だった。

正論がまったく通らない極限までの口惜しさ

それで次からは、父に母の非を訴えるようになったのだが、その試みも一貫して不成功に終わった。

最初に試みたのは高校二年の時だった。

その時はまだ「精神の専制支配」などという大きくて抽象的なテーマを訴えたのではなく、もっと個別の具体的な母親の一つの行為について「良くない」と訴えた。

それは、母が私に家の鍵を持たせず、予告なしに自分の娯楽目的の外出して、学校から帰った私を自分が帰るまで約三時間、家の外で待たせたという行為についてだった。当時、寸暇を惜しんで勉強していた私は、マンションの外廊下に立って数学の問題を解きながら三時間待ったが、それでは能率の上がるべくもなかった。

この行為は誰が見ても、母に一方的に非があった。

百歩譲って親子に上下関係を認めても、それで母が免責される事例でさえなかった。

それでこの時もまず、私は自分で「何故、出かけるなら先にそう言って、私に鍵を渡して行ってくれなかったのか？　あるいは私が帰るまでに帰って来ておいてくれなかったのか？」と母に抗議した。

だが母はひと言も謝らず、悪かったという表情一つ見せなかった。

それで私は「なんだ、この人は！」と俄然《がぜん》許せなくなり、その夜、父が帰宅すると夕食の時に、母も居る前で日中あったことを説明して「それでもお母様はひと言も私に謝らないのよ。お母様がしたことは悪いでしょ？　だから謝ってほしいの」と訴えた。

ところが結果は思いがけないものだった。

「うるさい！　お前しつこいぞ！」と、父はありったけの憎悪を込めて私を睨みつけ、怒鳴りつけた。

心底ショックだった。

何故正しい言い分が通らないのか。何故、本当に悪い行為を悪いと非難した方が叱責され、悪いことをした方が護られなければならないのか。

この時の極限までの口惜しさと絶望を、私は死ぬまで忘れることができない。

母の言い分だけを信じて私を足蹴にした父

しかしこれと同じパターンの、父が母を全面的に擁護する姿勢と行動は、私が彼らと絶縁する五五歳の時まで続いた。

大学一年の夏休み、一八歳の時に、母親に皿を投げつけ「あなたは『操り人形、踊れや踊れ』と、いつも私に対してそうやってきた。しかも人形の手も足も捥《も》いだ」という言い方で母親の専制支配に抗議した時、父が有無をも言わさず私を畳の上に転がし、ステテコ姿の足で何度も私のお腹を蹴りつけたという話は、既に紹介した通りである。

それでも私の場合、三〇代半ばまで「親は無条件で尊い」という社会通念に精神を強く縛られ続けていたし、精神疾患が始まったばかりの一〇代末の時期は、まだBZ系薬剤を使用しておらず、易刺激性も衝動性も弱かったから、両親に対して暴力はもちろん、それ以上言葉での攻撃にも出なかった。

しかし生まれつき衝動性が強く自制心の弱い子どもであれば、この程度の事件でも頻繁に繰り返されれば親に殺意が芽生え、自棄になってそれを暴発させることも十分あるだろう。

これら高校二年と大学一年の時のエピソードに関しては、二〇代半ばに精神科の医者にかかり始めてから、父に改めて「何故、全面的にお母様の味方をしたのか？」と聞いてみて、「それはお母さんから『私は真実のためにこんなに一生懸命やっているのに、真実はこんなひどいことを私に言う』と言われて、それを信じていたからだ」という回答を得た。

つまり母も「私の味方になって真実をやっつけて」と父に頼んでいた訳で、しかも母は多分に自分に都合のいい話をしていた訳だから、それを考えれば、私が父に母を抑え込んでもらおうという意図で働きかけたことにも、あまり良心の呵責《かしゃく》を覚えずに済む。

だがそれはともかく、その時の父の話し方は、母の一方的な話を真に受けたことを後悔している感じに聞こえたので、今後は父にもっと公平に処してもらえるだろうと期待した。

非難は責任転嫁、お前の人間性が劣悪と決めつけられ萌した殺意

しかしその期待は見事に裏切られた。

その後、私の精神の病状は悪化の一途を辿《たど》り、病状が最悪になった三〇代前半の時期にも、私は父に対して、幼少期から延々と続く母親の専制支配の非を、諦めきれずに訴え続けた。

だが、それに対して父が返してきた言葉は、

「お前はお母さんの話をしなくなったら一人前だ」という、最高に嫌味なものだった。

早く見切りを付けなかった私もバカだったが、何度訴えを繰り返しても、父はこの答えを繰り返した。

さらにそれに、

「昔、過保護に育てられた大学生が試験中にトイレに行きたくなったけれども、恥ずかしくて試験官に言えなくて、結局漏らしてしまって『お母さんがいけないんだ！』と泣いた、という話を聞いたことがあるなあ」

と、嘲笑まじりに付け足されたことまであった。

これは言うまでもなく「お前が言っていることはその大学生と同じ、完全に自分に都合のいい責任転嫁で、まったく聞く値打がない」という意味である。

当然だが父は一切母を抑えず、逆に母の私に対する干渉と攻撃に一貫して加勢し続けた。

これには私も思いきり胸を掻きむしられ、神経を束にしてよじ切られるほど口惜しく、心底生きる希望を失った。


さらにこの三〇代前半の時期には、後で別に詳しく述べる積もりだが、私の精神的不調と社会生活の行き詰まりについて、父から「病気ではなく生まれつきの人間性の劣悪さが原因」と繰り返し決めつけられるということも重なった。

こうして完膚無きまで自尊心を破壊された私は、病状の悪化で自分に抑えが効かなくなっていたことも重なって、正直この時期には父に包丁を持って向かっていったり、父の首を絞めようとしたりしたこともあった。

私の場合はその時でもあくまで「殺したいほどの怒りを感じている」と父に伝えるのが目的で、本当の意味の殺意はなかったから真似事で終わった。

だがここまで長期にわたって、繰り返し血を吐くような訴えを撥ねつけられ、自尊心を泥まみれにされたら、本気で親を殺しにかかる子どもが出てくることも珍しくないだろうと、私自身の体験から容易に想像できる。

死の直前までむきになって母に味方し続けた父

先程も書いたが、その後も父は亡くなる直前まで、私と母が対立すると無条件で母に味方し続けた。何と私が五五歳の時までである。

その最たる例は父が亡くなる少し前に、私が弟を即刻引き取りたいと意思表示して拒否されたことだった。母はその数年前から、弟に心身両面で暴力を振るうようになっていた。

母が些細な理由で弟をしつこく殴打する現場を、私が直接目にする機会もあったし、また弟の背中に大きなあざができて、それが数カ月も消えなかったことも数回あった。

その折には、弟も自分の口で、母に暴力・暴言を振るわれたと私に訴えた。

弟は、私が三五歳で両親の家から出て以後ずっと、定期的に私の家に泊まりに来ていたので、その時に辛いと漏らした。

それで私は父が亡くなる四カ月前に父に会いに行き、「お父様が死んだらすぐ、洋を私の元に引き取らせてほしい」と、母の居ない場で父に直接頼んだ。

その際「母の暴力」という事実もはっきり理由に挙げた。

「今、お父様の目があってさえそうだから、お父様が居なくなった後、洋とお母様を二人で置くのがどれほど危険か、十分わかってもらえるだろう」と説明した。

一度では駄目だったから、その後、電話でも繰り返し懇願した。

ところがこの時の父の答も、絶望のどん底に突き落とされるものだった。曰く、

「多少そんなこともあったかもしれないが、それでもお母さんは洋にとって最高の養育者だ。洋の明るさはお母さんが護ってきたものだ。お父さんが死んだ後も、お母さんが見られる間はお母さんの親権に於いて洋

の面倒を見させる。お前に頼むのは、お母さんがどうしても世話できなくなってからだ」と。

完全に家父長気取りの高圧的なもの言いだった。

母の暴力が「多少」ではなかったことは、父も自分の目で見て知っていた筈だった。

その証拠にこの少し前、「洋が下着を汚すと、お母さんが猛烈に折檻《せっかん》する」と、父は自分から私に言ったことがあった。

それでも尚《なお》、「お母さんは最高の養育者」と判断する理由の説明は一切聞けなかった。

父にそう言われた少し後、弟が父にも暴力を振るわれていると漏らしたから、父は一つには共犯者・同類を庇《かば》いたい気持ちで母を弁護したのだろう。

その基礎には父の、「理解が悪い知的障害者の子どもに腹を立てて親が暴力を振るうくらいは当たり前」という認識があり、「自分たちはまだまだ他の親より暴力が少ない方だからいい」と考えていたのだろうと今では感じる。

父は、弟が子どもの頃から、弟に知的障害があるというだけで直ちに人としての値打が劣ると断じて、日頃から侮蔑的で投げやりな態度を取っていたから、そういう認識をしていた可能性が高い。

死の直前まで私を愚弄し続けた父

この件に関してもう一つ、私が非常に耐え難かったのは、父が母に対してはベタベタに甘かったのと正反対に、私には苛酷に厳しい評価ともの言いをしてきたことだった。

曰く

「お前が洋をどう扱うか、よーく見ているからな。家に閉じ込めっ放しにしないで、ちゃんと外に出して、外の人たちと十分接触させるか。もしお前に洋を見させるのが適切でないと判断したら、他のやり方を考えるからな。お前の思い通りになんかさせないぞ」と。

これほど的外れな脅しはなかった。

私は、そうするのが自分も楽しかったから、年に三、四回は弟を一泊旅行に連れて行っていたし、家に泊りに来る度、買い物やら観劇やら近所の公園やらに必ず連れ出していた。

つまり父が言ったことは、私にはまったく身に憶えのない、言われる必要のないことで、逆に圧倒的に母に対して言ってもらいたい内容だった。

昔から弟を外の人たちと接触させたがらなかったのは、私ではなく母の方だったからだ。

こうして父は最後の最後まで無条件で母に味方し続け、「お前なんかこれっぽっちも信用していないぞ」という思いを言葉の隅々まで行き渡らせ、私の心をズタズタにし続けた。

実は父はその三、四年前にも、自分の死後、弟を私には見させず、弟にほとんど会ったこともない父方の従弟に託そうと独断で考えて、話を進めようとしたことさえあった。

私のうつ病が完治していないから負担になるだろうというのが表向きの理由だったが、弟が生まれた時からいつもそばに居て、多少の失敗はあっても、ずっと弟を愛して育ててきた私を、これほど踏み躙《にじ》るやり方はなかった。死期が迫った時期の父の言葉から考えると、この行動もやはり、私へ敵意と蔑み、わざと傷つける意図から出たとしか思えない。

結局、弟の引き取りについては、ここまで理を分けて話しても理解されないなら仕方がないと、私はそれから間もなく強硬手段に出た。父が亡くなる三カ月前のことだった。

この頃には弟は毎週末、私の所に泊まりに来ていたので、そうしたある折に思い切って「もうお父さんお母さんの所に帰らなくていい。このままずっと姉さんの所に居なさい」と弟を引き留めたのだが、弟もこれにほとんど抵抗しなかった。

そしてその直後に父に宛てた手紙の中で、私は、

「これまであなたはずっと、私とお母様とが対立する状況になると必ず理屈抜き、無条件でお母様の味方に立ってきて、それが私の回復を著しく長く、無駄に遅らせたことは再三説明してきました。それでも尚、同じやり方を取るのは、私の病状が再び悪化して、社会生活が立ち行かなくなればいいという悪意からとしか思えません」と抗議した。

「両親とも敵」は苛酷な限界状況

しかしこの時、私は暴力はもちろん、両親にそれ以上の攻撃的な働きかけはしなかった。

それは一つには、三八歳の時にBZ（ベンゾジアゼピン）系抗不安薬を断薬したのを境に、私は急激に感情のコントロールが良くなり、どれほど心の中で怒りが極に達しても抑え込めるようになったからで、そしてもう一つは、それから五五歳までの一七年間にも、父に理屈抜きで母の肩を持たれる口惜しさに耐える訓練を、嫌というほど積まされてきたからだった。

生来、理性と論理的思考で自分を制御する力が強かった私は、BZ系薬の弊害を逃れてからは、どんなに精神的に追い詰められても自己破壊的な行動は選ばなくなった。

したがって三八歳以降は、両親を避けたいと思うだけで、殺したいと思ったことは一度もない。

しかしこれはひとえに先天的にも後天的にも自制心が極めつき強かった、私独自の恵まれた条件の御蔭で、一般には子どもが一方の親からの精神的暴力に著しく苦しんでいる時に、もう片方の親までその親に理屈抜きで味方し続ければ、子どもの心はどんどん窮地に追いやられて親への殺意が芽生え、それが実行に移される危険が時間とともに等比級数的に高まることが、強い蓋然《がいぜん》性をもって想像できる。

父が味方になってくれれば病まずに済んだ可能性も

それではいよいよこの節の結論的な主張を書きたい。

子どもから、もう片方の親との関係が苦しいと訴えてこられた親は、できる限り子どもの話に耳を傾け、その言葉を一つひとつ自分の心の奥深くに入れて、精一杯彼の気持ちをわかる努力をしてほしい。端《はな》から話を聞く耳を持たず、「どうせ自分の行き詰まりを親のせいにしようとしているだけ」と子どもを決めつけてかかることだけは、絶対にやめていただきたい。

どちらが良い悪いという先入観を極力追い払い、子どもの話を冷静に聴き、公平な目で見て、その主張や心情に頷けるところがあれば「そうか、それは辛いな」と素直に共感を示してほしい。

そしてできる限りもう片方の親、つまりあなたの配偶者に対して「お前の○○（＝子ども）への関わり方は、ここがこういう理由で良くないから、こう改めてほしい」と、冷静に理を分けて働きかけてみてほしい。

もちろんあなたが一度や二度働きかけたくらいで、当該の親（＝配偶者）が長年慣れ親しんだ、子どもへの快適な関わり方をあっさり放棄する可能性は、ほとんどないだろう。

逆にあなたまで当該の親から喰ってかかられて非常に不快な思いをし、精神的に消耗させられる危険が高い。

だがもしそういう反応が得られれば、それこそ子どもの訴えが嘘でない証拠であり、「なるほど、これは辛かっただろう」と子どもの心情がよりよく理解できるようになる。だから辛くても働きかけた意味は十分にある。

そうして子どもの心情への共感が強まったら、「お前も辛かったな」と、正直にその気持ちを子どもに伝えてほしい。

あなたに「苦しい」と訴えてきた時点で、子どもは既に相当追い詰められていると考えるのが、妥当で安全である。

したがって当該の親に対するあなたの働きかけが直ちに効を奏さなくても、あなたが「私はお前の味方に立つ」と意思表示しただけで、子どもの精神的危機はかなり緩和される。

以上のように事が経過する可能性が高いことを証明することは不可能なので、自分に都合のいいことを言っていると思われてしまえばそれまでだが、私の場合、私が「お母様のやり方はひどい」と最初に訴えた一〇代後半の時点で、もし父が今述べたような対応に出てくれていたら、私は本格的に病気になることを免れ、精神科の診療対象にならずに済んでいたかもしれないとさえ感じる。

だからこそ、かつての父のような立場に立った親御さんには是非、私が今述べたような対応を取っていただきたい。

母と徒党を組み私を支配しにかかってきた父

ところが、実際に父が私に取った対応は、これまで述べてきた通り、最初からそれとは正反対で、父は私の訴えを完全に「門前払い」した。

父は私の話をふた言み言聞いて、内容が母への不満だとわかると、たちまち激しい憎悪で顔をくしゃくしゃに歪めた。

その険悪さに一瞬触れただけで、私は「何を言っても無駄」と心が萎《な》えた。


一七歳で私の精神的不調が顕在化した後、二〇代に入ると、父は「他人のせいにしている内は解決はないぞ」と、自分は母親側に立つとはっきり言うようになった。

さらに自分まで母と一緒になり、私の生き方や行動に事細かに干渉し始めた。

私が医学部をやめたいと言った時、様々捻《ひね》くれた言い方を駆使して、それを阻止しにかかったことは、前に述べた通りである。

そして私が医師になって以後は、自炊はやめて外食にしろと指示したり、就職先の選択にまで細かく注文を付け、志望先の病院を自ら見に行って、あれこれ意見してくるようになった。

三〇代に入ると、見合いをきっかけに交際を始めた相手とデート先で買う物の内容にまで意見してくるようになった。

私の病状が悪化すればするほど、干渉が強まった。

こうしたやり方を「親の愛」と見る見方が、世の中にはまだまだ根強いと感じる。

実際父は「真実が病気になったのは、自分の愛情の注ぎ方が足りなかったからかも」と言いながらこれらの干渉をしてきたから、それまで私の養育を母親任せにしてきたのが悪かったという考えから出た「愛情」の積もりだった可能性が高い。

しかし私はその前に何度も父に「お母様が私の頭の中にまで入ってきて、一から一〇まで思い通りにしたがるのが耐えられない」と、自分の精神を病ませた原因についての自分の見方をはっきり訴えていたから、そこへ持ってきての父のこの対応は愛どころか、私の訴えをすべて否定し、完全に私の希望の逆をやる「いやがらせ」にしか感じられなかった。

そしてそれと前後する三〇歳頃から、父は私が母のやり方に対して苦痛を訴える度に、例の「お前はお母さんのことを言わなくなったら一人前だ」という「門前払い」のセリフしか繰り返さなくなった。

さらには「そんな風に言われたら（一生懸命お前のためにやってきた）お母さんが可哀想だなあ」とまで言われて、心底絶望の極致に追いやられた。

手取り足取り世話を焼くのが愛?!

そんな訳で、私が母の働きかけを拒否すれば、ほぼ必ず父の猛烈な叱責を買うという出来事も、何度となく繰り返された。

例えば、これはもう私の病気の改善が長く定着した後の四六歳の時だが、母に電話で「今度、大腸の内視鏡検査を受ける」とうっかり漏らしたら、病院の待合室に母が先に来て、待っていられたことがあった。それで当時医者になって既に二二年経っていた私は、「何しに来たの？　私の職業と年を考えてちょうだい！恥ずかしいから帰ってよ！」と激しく怒って追い返した。するとその直後に父に電話で「おいお前、お母さんだぞ！　お母さんが折角してくれたことに対してお前は何てことをする！」と、猛烈な剣幕で怒鳴られた。

これも両親にしてみれば、そういう振る舞いが「親の愛」だと大真面目に考えていたのだろう。私もそれまでの親子関係が円満だったなら、笑って「有難う」と言えたかもしれない。だがまったくそうではなかったから「まだわからないのか」とひたすら怒りに震えた。

そもそもこの内視鏡検査は、私が自分で家を買うのに先立って、自分の健康状態を確認するために受けたものだったが、その家の購入に関しても父は「もう何でも自分で決めていいんだからね」と実に寛大ぶってコメントしてくれたから、私は何をか言わんやと心底力が脱けた。できるものなら「あなたからそんな許可をいただくには及びません」とどれほど怒鳴り返したかったことか。「私は母親に主体性を奪われたことが因《もと》で精神を病んだ」と、一八歳以来数えきれない回数訴えてきたことが、この期《ご》に及んでまだ全然理解されていなかった。

いつまでも私に半人前でいてほしかった両親

少し話が戻るが、病状が大きく改善した直後の三八歳の頃にも、「お母さんがお前から電話がかかってこないと寂しがっているから、『今、真実は自立しようと一生懸命頑張っているんだから』と言ってやっている」と父が私に言ったことがあり、私がムッときて「『いつまでも親の保護・監督が必要な、半人前の欠陥人間』というレッテルは、あなた方が自分たちの存在価値を失わないために勝手に私に貼っただけ。私はもともとそんな人間じゃなかった」と抗議すると、父はこの時も「何をーっ！」という猛烈な憎しみを込めて私を睨みつけた。だから父はおそらく私が四六になってもこの時と変わりなく「娘への深い愛を理解されない母親が不憫《ふびん》」という認識でいたのだろう。

とうとう両親とも最後まで、「あなたたちのどんな働きかけが何故私を病ませたか」についての私の説明を、決して受け容れようとしなかった。

そしてやや蛇足だが、私のケースほど罪深くない、世の親にありがちな「いくつになっても子どもは子ども」という認識も、程々にしていただきたい。多くの子どもにとっては親が思うよりはるかに苦痛だからだ。

「門前払い」が招いた自傷・自殺企図そして廃人化の危機

再度、話を病状が重かった時期のことに戻す。

このように、一〇代後半から「母親との関係が苦痛」という訴えを父親から門前払いされ、その後、時間とともに母親に理屈抜きで味方し加勢する姿勢をどんどん強められていった私は、家の中に誰も味方が得られず、精神的に徹底して窮地に追い詰められた。

加えて、かかる精神科の医者からまで全員「今さら親が悪かったなどと言っても仕方がない」としか言われなかった御蔭で、当然、病気は悪化の一途を辿《たど》った。

幸い、おそらくは生まれ着きの性質と、「親は大切にしなければならない」という刷り込みが強かったせいで、私は多少家の中の調度を壊したり、両親の首を絞める真似事をしたりした程度で、両親に本格的な殺意を懐くには一度も至らなかった。

だがその代わりに、両親に否定的評価しか受けられない自分自身に激しい憎悪と攻撃が向き、自傷と自殺企図を繰り返すようになり、その「治療」という名目で、両親から何度も精神科に強制入院させられた。

一度は父親に拉致されて入れられ、その対応は私には「懲罰」としか受け取れなかった。

何度も書くように、三八歳で一応まともな社会人、職業人にまで回復できたのは、その少し前に私の苦悩の訴えを全面的に信じて味方してくれる医師に初めて出会えたことと、その人に支えられてＢＺ系薬剤をやめられたことという、奇跡に近い幸運の結果でしかない。

世の多くの親御さんたちは、自分たちが子どもに殺されさえしなければいいと考えている訳ではないだろう。子どもの精神の病が行きつくところまで行きついて、廃人になっても構わないと考えている方は、ほとんど居ないと思いたい。

その見方通りであるならば先述の通り、もう一方の親について子どもから苦痛を訴えられた親は、是非子どもの訴えに虚心によく耳を傾け、公平かつ客観的に事実を判断してほしい。

そして子どもの訴えがもっともなら、子どもの味方に立ってもう一方の親を抑えに回ってほしい。

あなたがその決断をした時から、事態はほぼ間違いなく改善の方向に向かうので、決断は早ければ早いほどいい。

本当は小心だった父

私の父の場合は逆に、明らかに感情的に意地になり、一方的に母の味方に立ち続けた。

「お前の言うことなど聞いてたまるか！」といつもむきになられていた感じで、思い返すととても異常だった。

父の晩年の反応については、今では理由が想像できて、納得がいく部分もある。

例えば電話で弟を引き取る交渉をした時、父が「お前が洋をどう扱うか、よーく見ているからな。ちゃんと外に出して、外の人たちと十分接触させているか。お前に洋を見させるのが適切でないと判断したら、他のやり方を考える」と言ったのは、私はまったく言われる必要のないことばかりだったから、父は傍で聞いている母に半ば当てつけ的に聞かせたくて言った可能性が高いと感じる。

またやはり同じ電話で「多少暴力を振るうことがあっても、お母さんは洋にとって最高の養育者」と、父が母を最大限持ち上げたのは、いよいよ自らの死期が迫り、早晩母の全面的な介助がなければ生活できなくなるのが見えてきていた時期だったために、そうなった時に母から酷《むご》く扱われたくないという、父の無類の気の弱さから出た可能性が高い。

そう考えると、情けないことは情けないが、なるほどと合点がいく。

生育歴が「似た者夫婦」だった両親

しかしそこに至るまで、父が一貫して理屈抜きで母に味方し続けたのは、完全に理性を欠いた対応であり、とても常識的に納得のいくものではない。

その最大の理由は、父が母と酷似した境遇で育ったために、私より母にずっと強く同情したことだったと見ている。

父の母親も母の母親と同様に、父が幼い頃、「お前は橋の下から拾ってきた子どもだ」「お前は朝鮮人の子だ」などとしつこくからかう言葉の暴力を振るったそうである。

また父の母親という人も、自身で子どもを虐めたのに加え、社会常識に反する行動を取ることが多かったために、父も母同様、幼い頃から周囲の他人からも迫害された。

具体的には誰彼構わず、言いたい放題文句や要求を言って、周囲に大変嫌われ、例えばそのとばっちりで小学校の教師に嫌われた父は、中学受験の内申書をボロボロに書かれて、志望する中学に行けなかったという。

また父の母親も異性関係がだらしなく、そのことで父が悩んでいた点も母と共通した。

つまり父と母とはなによりまず、「生育歴」に於《お》いて似た者夫婦だった。

母は結婚する以前の一〇代の頃に、父が悩みを綴った日記を見せられたことがあるそうで、父と母は共通の痛みを抱える連帯感で結びついたような夫婦だった。


そして、その恵まれない生育歴に対する反応の仕方も、極めて似通っていた。

簡単に言えば親に虐待を受けたことを強がって否認し、世間から高い評価を得ることで獲得し損なった自信を獲得し、虐待の傷を乗り越えようとした。

母以上に虐待の否認が強かった父

だが父は母と違い、自分の口から母親の辛い仕打ちを私に話したことは皆無だった。

私が、父も母親から酷《むご》い仕打ちを受けていたと知ったのは、母の話を通じてだった。

父自身が私にした話は「子どもの頃、お袋が作ってくれたカレーが美味かった」「目を閉じると『ああ、いいお袋だったなあ』と思い出す」等、母に聞いた話とは正反対のトーンのものばかりだった。

虐待された事実そのものを否定して、まるで事実がそれと逆だったように記憶をつくり変えようとしている風で、否認の程度が母よりさらに高度だった。


虐待されて「辛かった」「傷ついた」という過去の感情体験の否認は大体母と同じで、私が「あなたたちに何から何までけなされるのが辛い」と訴えると、「お父さんだってお袋からボロ糞言われて育ったからなあ（＝それでも自分は平気だったから、お前が応えると言う気持ちがわからない）」と返してきた。

そして現在母親を恨んでいるという気持ちを、父が私に表現したことも皆無で、その部分でも母より否認が強かった。

また母の話によれば、父は大学生の頃、友人から「君はそんなお母さんを持って、大変だな」と言われると、言った友人の方を「なんて失礼な奴」と恨んだそうで、その話からも母より否認が強かったことが窺える。これは父が「親は無条件で尊い」という社会通念を盲信・盲従する度合いが、母よりさらに重度だったためと思われる。

そして虐待による自信欠如を乗り越えるやり方も、父と母はよく似ていた。

これは父自身の話だが、子どもの頃の父は強い腕力にものを言わせて同級生たち全員をひれ伏させていたそうで、「小学生の頃、自分より弱い者を虐めてうっ憤を晴らしていた」という母の話と通い合う。

また社会に出てからの父はすっかり仕事中毒になり、周囲の思惑を意に介さず、ぐいぐい自分のやり方を押し通して業績を上げ、会社で高い地位を得ることで、幼い頃、虐待と迫害で獲得できなかった自信を獲得した気になった。

一方、長じてからの母は、一生懸命自分の能力と人間性を極端に実際以上に宣伝して、周囲から賞賛されることで自信を獲得した気になった。

両親に共通していたのは、世俗的価値観に隷従して、それに照らして高い価値を持つものを獲得し、身にまとうことで、幼少期からの根強い劣等感を解消しようとした点だった。

子どもの私に「いい御身分」と嫉妬する

このように父は、著しく恵まれない生育歴も、それを雑草のように逞しく乗り越えてきた生き様も、私より母に圧倒的に近かったことがおそらく理由で、一〇〇％母の肩を持った。

母のやり方に対する私の非難は概ね正しかったと今でも信じられるので、もし父が先入観を持たずに冷静に私の話を聞き、それを論理的・客観的に吟味してくれていれば、私の主張が正しいと判断してもらえたと思う。

しかし、殊《こと》、私対母の親子関係の問題では、父に冷静に客観的な姿勢で臨んでもらえたことは皆無だった。

私が一〇代で最初にした訴えを、「お母さんが『私は真実の為にこんなに一生懸命やっているのに、真実は私にこんなひどいことを言う』と言うのを真に受けたから」門前払いしたと言った父は、初めから母の言うことの方を信じたい気持ちを強く持っていたと感じる。

父も私と同様、一から一〇まで「私の望む通りに行動して」と母に要求されていたから、父が自分から「お母さんは常に自分がスタンダードだ」「お母さんは見栄だけで生きている人だ」「お母さんは非常に排他的な人だ」などと、ほぼ私が言うのと同じ非難を漏らす機会も、特に私が三〇代の頃にはしばしばあった。それでも私の方から母を非難すると、父は途端に豹変し、必ずむきになって母の弁護を始めた。

これも後ほど詳述する積もりでいるが、私が三〇前後の頃からは、父は母の「あんたは生来の人間性が劣悪」という私に対する人格攻撃にも、積極的に加勢するようになった。

おそらく父の目には私が、わが子でありながら「なんていい御身分」と映ったのだろう。

幼い頃の私は、母にボロボロにけなされ、自分の意思を完全に捻じ伏せられながらも、服も持ち物も十分恥ずかしくないものを与えられ、ピアノなどの習い事もさせてもらった。

受験勉強もやりたいだけやらせてもらい、一番行きたい学校に進ませてもらった。

多分、両親が親に与えて欲しかったもののほとんどが与えられていたのだろう。

そして両親は、世間の目からは一応、常識も教養もある立派な人たちだったから、私は両親とは違い「何よ、あんたの親は！」と、周囲の他人から虐められたことは皆無だった。

だから父にしてみたら「ここまで親にやってもらっていて、一体これ以上何が不満なんだ？」と言いたかったのだろう。

「そんな風に言われたんじゃ、お母さんが可哀想だな」という私の訴えへの回答も、そういう見方から出たものだったに違いない。

そんな「恵まれ過ぎ」に見える私なんかより、自分同様、親だけでなく世間からも迫害され、それを「何くそ、負けてたまるか」とめいっぱい強がって乗り越えてきた「同志」の母の方が、父にとっては何百倍も共感できて、無条件で味方したい相手だったのだろうと、今では楽に理解できる。

三〇代の終わりにはそれを頭では理解できるようになったが、それでも「今度こそ感情より理性を勝たせて母に非があると認め、母を抑えてもらえないか」という一縷の望みを五五まで捨てきれなかったことが、私の大いなる不明であり不幸だった。

「同じ傷を抱えた連帯感で結婚」が孕《はら》む危険に目覚めて

以上説明してきたように、私の場合は両親が揃って親の虐待を否認し、最大限強がって、意識の上では劣等感を乗り越えた積もりでいながら、実際には少しも乗り越えられていない人たちだったために、途中一〇代末からは母だけでなく、私が味方を頼んだ父にまで、私の主体性の剝奪と自尊心の破壊に加担されてしまった。この点が実に不運だったと感じる。

だが考えてみると、同じ苦しみを抱えた連帯感から結婚して夫婦になるということは、極めて起こりやすい現象に思える。

したがって二人とも虐待を否認した両親に徒党を組まれ、両方から精神的虐待を蒙るという子どもも、私以外に多数存在するであろうことが、想像に難くない。

それなのに、こうした場合どうすれば子どもが極限まで追い詰められることを防げるか、有効と思われるやり方を、今直ちに思いつき、提示できないのが非常に歯痒い。

今後もその方法を引き続き考えていきたいが、とりあえずはもし、両親の内いずれか一方でも、自身が親の虐待を否認してきたことと、それによる精神の歪みから子どもに歪んだ働きかけ方をしてきたこととに幸運にも気付けたら、自身がそういう働きかけ方をやめるとともに、配偶者であるもう一方の親にも、子どもへの働きかけ方を改めるようアプローチして下さるよう、強くお願いしたい。

第17節　「親の在り方」以外に子どもの病気の原因をあれこれ案出する

母が、私の病気の原因が自分の専制支配にあることを否認する以前に、自分が専制支配を行なったこと自体を否認したのは既に述べた通りである。

さらに母はそれに加え、私の病気の原因は自分の働きかけ以外のことにあり、自分に親としての人間的責任はないと、是が非でも言い逃れようと試みた。

そのために、他に病気の原因をあれこれ案出して「そうだ、それに違いない」と、まるで鬼の首でも取ったように主張してきた。

これにも私は非常に激しい怒りと憎しみがこみ上げた。

難産・低酸素による脳の傷害が原因?!

中でも母が最も繰り返し主張したのは、分娩時の酸欠による脳の障害だった。

私は大変な難産で、重い仮死状態で生まれたそうである。

母の話によれば出産時は前置胎盤の状態で、早期破水して羊水がドロドロに濁り、私は生まれ落ちた時まったく泣かず、冷水をザバザバ浴びせられ、産科の先生にバシバシ身体を叩かれて、やっと産声を上げたそうだ。

「あの時に脳が傷害されて、あんたは病気になったのよ」というのが母の第一の高説だ。

生まれてすぐに呼吸を開始しなかったせいで、脳が何分くらい酸欠に陥ったか正確に知る由もないが、それで脳が大なり小なりダメージを蒙った可能性は確かにあると感じる。

難産・低酸素による脳の後遺症が最も顕著に現れた疾患が「脳性麻痺」だが、同じ原因でより微妙な形の脳の障害が現れる場合もあることが、今世紀初め頃からわかってきた。

例えば難産・低酸素で海馬の神経細胞が脆弱になるという知見が、二〇〇〇年代前半の医学新聞『メディカルトリビューン』の記事に紹介された。

「海馬」は大脳辺縁系に属する脳の小さい領域で、言語記憶や情動記憶を司っている。

またそれと同じ頃、同じ『メディカルトリビューン』に、一〇代で若年発症したうつ病の患者の脳には、高率に海馬の萎縮が見られるという知見も紹介された。

私も初めてうつ病の症状が出たのは一七歳の時で、「若年発症」に当てはまる。

したがって、難産・低酸素による海馬の傷害が、うつ病を主体とする、私の精神疾患の原因の一部になったことは、客観的に十分あり得ると、私自身にも思える。

外国映画がヒントの奇抜な思い着き

そのように現在の医学知識に照らして、母の主張は一部、当たっている可能性が高いと認められるが、それでも未だに私の怒りは一向に減じない。

それは、母が自らの責任を逃れるために、その主張を声高に行なったと確信するからだ。

第一、母はその時、正しい医学知識を踏まえてその主張をした訳ではなかった。

先ほど書いたように、難産・低酸素により児の海馬の細胞が傷害されることがあると、医学の世界ではっきり言われるようになったのは二〇〇〇年過ぎだったのに対し、母が難産・低酸素が私の精神疾患の原因に違いないと声高に主張したのは、それより前の、私が二〇代後半から三〇代前半だった、八〇年代半ばから九〇年代前半にかけての頃だったからだ。

母にそんな先見的な凄い考えを思い着かせたのは、一本の外国映画だった。

タイトルも全体的なストーリーも憶えていないが、八〇年代半ば頃、テレビで放映された外国映画の中に、主人公の一〇代の少女が「私は脳に小さな傷があるの」と、上手く回らない舌で訥々《とつとつ》と話すシーンがあった。

それを見て母は、「そうよ、あんたも脳に小さな傷があるのよ。ものすごい難産だったから」と、傍《そば》に居た私に言ったのである。意地悪く聞こえるだろうが、私は母が「これで私の養育のせいではないと言える」と大喜びで飛びついたと感じた。

当時私は二〇代後半で、精神的不調が強まり、仕事を休んで親の家に居たのだが、母のこの言葉を聞いて「なんと都合のいいことを思い着いたものか」と心底ゲンナリさせられた。

思い返してみるに、映画の主人公の少女が背負った障害は脳性麻痺に近かったと思う。

それを見て、重いうつ症状が主体の私のような精神疾患も同じく脳の器質的障害で起きるに違いない、と瞬時に思い着いた連想力には客観的には脱帽させられるが、当の「加害者」に責任逃れの目的でその「仮説」を当てはめられた当事者としては、今でも「言い逃れはやめろ！」という怒りしか感じない。

先述のように、私は一八歳の頃から、母の養育姿勢に抗議し始めたが、母が自身の非をまったく認めないまま、この頃既に八年が経過していた。

そこへ持ってきて、母に「あんたの病気は難産が原因」と自信たっぷりに断言されたものだから、「そんないい加減な思い着きで、自分の人として親としての責任を逃れるな！」という憤怒《ふんぬ》が猛然とこみ上げた。
母がその考えに飛びついた狙いは正にそれだったと、私は今でも確信している。

「小さな身体で大きな赤ん坊を産んで」

その傍証のように、母は単に私の病気が難産という「不可抗力」が原因だと主張するだけでは足りず、その後、その説に自らを美化する脚色をゴテゴテ加えてきた。

曰く「私は結婚した頃は体重が四〇kgもなくて、凄く華奢《きやしや》な体型だったの。なのにあんたは予定日より一カ月近くも早く生まれたのに、体重が三三六〇ｇもあって。だからひどい難産になってしまったのよ。小さな身体で大きな赤ん坊を産んで…」という風に。

それこそ自分で喋った言葉に自分で泣き崩れんばかりの勢いだった。

これも母を直接知らない人には悪意に満ちて聞こえるだろうが、私にはこれが「何と健気で非業な運命の母親」という窮極の自己陶酔に聞こえて、とめどなく嫌悪が湧いた。

しかもこの話をその調子で何十回も繰り返されたので、私は「悲劇のヒロイン気取りはいい加減にしろ！」としか思えなくなった。

さらに母は妊娠中、自分が健康な子どもを産むために如何に細心の注意を払ったかも熱心にアピールしたから、私の優秀な生下時体重はその功績と言っているようにも聞こえた。

その折角の功績が不幸にも裏目に出て難産につながり、さらにそれが長い時間を経た後で、子どもの精神の病につながってしまったと、悲劇性を何十倍も強調して話すことで、母は「私には善意しかなかった」「私にはまったく罪はない」という自分が最も認めさせたい主張を、他人に何十倍も受け容れさせやすくする効果を狙っていたと、私は見ている。

ここまで穿《うが》った解釈を書くと、母に似た人を見たことがない読者からは「被害妄想」と思われそうだが、母の言行は日頃からすべてに著しく演技的で、しかもその演技は常に綿密に計算されていた。

これが私の感情に偏った見方でないことは、多くの読者には信じて下さいとお願いするしかないが、似たタイプの親を持って苦しんだ方たちには、なるほどその可能性が高いと難なく頷いていただけるものと思う。また私以外の人でも母に直接会ったことのある人の中には、そのわざとらしい物言いや振る舞いに当惑を隠さない人が多かったことも付け足させていただく。

責任逃れを補強するしつこい美化に怒り

とにかく母は、この「小さな身体で大きな赤ん坊を産んで」の話を、私が精神科にかかり始めた二六の頃からし始めて、その後一〇年繰り返した。

三〇代半ばの頃の主治医が行なった「家族療法」の場でも母はこの話をした。しかも「今度の家族療法ではこの話をするの。きっとあんたも私を許す気になると思うわ」という事前の予告付きで。家族療法の場も母にとっては正に自分が主役の「舞台」でしかなかった。

精神科医も含め、他人の中には母の主張を信じた人も結構居ただろう。

だが、そんな母の読みは当然私に関しては完全に外れ、「難産・仮死分娩原因説」を「母親の養育姿勢原因説」の否定とセットで繰り返されればされるほど、私の中では母への憎しみが何十倍何百倍にも膨れ上がった。

直接の行動にこそつながらなかったが、「どこまで責任逃れすれば気が済むんだ！」という口惜しさと苛立ちで、母に殺意に似た思いが何度も湧いたことを正直に告白する。

それは「親子が殺し合わないために」、親側にこういうやり方は何としても避けていただきたいと警告する目的からである。

脳の傷害はストレスでも生じるという皮肉

尚、「脳の傷（＝器質的障害）」については、やはり二〇〇〇年頃から「難産・低酸素」だけでなく、事故・災害・戦争などの非常に強い心的外傷体験や、長期にわたって繰り返される、様々な種類の虐待などの人為的ストレスなどによってもしばしば生じることが、ＭＲＩなどの画像診断技術の進歩でわかってきた。

それら後天的ストレスで傷害を蒙る頻度が圧倒的に高いのは、やはり「海馬」だそうだ。

質的・量的に高度のストレスを蒙った人には、高率に海馬の萎縮が見られるそうである。

以上の知見に照らして考えると、私の場合、分娩時の難産・低酸素で脆弱になった海馬の神経細胞が、その後、幼少期から長期にわたる絶え間ない精神的暴力によって多数死滅して、海馬が萎縮したことが、一七歳で精神疾患を発病する原因になった可能性が非常に高いと推測できる。

実際に私の海馬に萎縮があるかどうかをまだ画像診断で確かめていない点は申し訳ない。しかし近い将来、画像診断で海馬の萎縮が見つかれば、私には今のところ若年性アルツハイマー病の徴候はないので、その原因は長期・頻回の親の精神的暴力以外に考えにくい。

要するに、母は「脳の傷（傷害）が原因」と言えば自分の責任が逃れられると信じてそう主張したものの、皮肉にもその後の研究から、そう主張しても親の責任はまったく逃れられないことが判明したという事実を、ここで書いておきたかった。

「あのバアサンの遺伝」と圏外に逃れる卑劣さ

次に、もう一つ母が私の病気の原因として案出・主張したのが「遺伝」だった。

曰く「あのバアサン（父方の祖母、母にとっては姑）の父親がアル中でうつ病だったそうだから、きっとその遺伝ね」と。

これを言われたのは、私の病気がどん底まで悪化した三〇代半ばのことだったが、当然これにも許せなさで気が狂いそうになった。

要するに「お前は生まれ着きの素質が悪い」と言っている訳で、自分の責任を逃れるためなら他人（しかも自分の子ども）をどれほど卑しめても平気なのかという怒り、思い着いたことは何でも片っ端から口にして構わないと思っているのかという呆《あき》れなど、いくつもがないまぜになって、とことん許せなかった。

母がそれを言った時の憐れむような笑いと、「いい気味」という調子のこもった皮肉たっぷりの口調を思い出すと、母がこのひと言をうっかり言ったのではなく、明らかにわざと私を傷つける意図を持ち、その効果を計算して言ったのがよくわかる。

「あのバアサン（姑）」が、母が世界一忌み嫌い、軽蔑していた存在だったことからも、母の害意は明白で、これは虐めである。

母は私が幼い頃から、私が気に入らなくて苦しめたくなると、よく「あのバアサンの血統」と口にした。

私の中の気に入らない性質は、自分とは血のつながらない夫の家系の遺伝だと主張して、「遺伝」の面でも自分を圏外に置く母の狡猾《こうかつ》さも、心底許せなかった。

「それでもあなたの責任は消えない。百歩譲って私の精神疾患が父方の遺伝によるものなら、その父親の血（遺伝要因）を私に受け継がせたあなたの責任を認めてもらいたい」と、当時言えなかったことを今、母に言いたい。

私は病状が最悪だった頃でも、自滅を避ける思慮だけは働くことが多かったので、この時も、母に思いきり苦々しい顔を見せるだけで終わりにしたが、心の中では激しく憎悪が燃えたぎった。それが殺意に変わっても十分おかしくなかった。

ここまでなりふり構わず責任逃れする人間が自分の親であるとは、今でも信じたくない。


「私のせいじゃない」は親も子も不幸にするだけ

以上、この節で最も言いたかったことは、親の精神的暴力を蒙って精神を病んだ子どもに対して、親がどこまでも「私のせいじゃない」と言い逃れると、それが非常に高い確率で子どもの殺意を生むということである。

殊《こと》、私の場合、母が主張した「難産・低酸素」や「遺伝」は、実際に私の病気の原因の一部にはなったかもしれない。

しかし病気の主たる原因が圧倒的に親の精神的暴力にあり、子ども本人がそう認識している状況に於《お》いては、親の主張に多少の妥当性があっても、子どもの殺意の形成が抑えられることはまず絶対にない。

親が責任逃れを長く繰り返せば繰り返すほど、子どもの憎しみは等比級数的に膨れ上がり、子どもの病状も親子関係も悪化の一途を辿《たど》り、破滅に向かってひた走るばかりである。

親は何故、そこまで「私のせいじゃない」自分のプライドだけが大事なのか。

親は本当に、自分の働きかけが子どもの精神を損なったことを、まったく自覚できないのか。私にはとても理解できない。

少しでも自身に非があったことが自覚できて、殺し合いや子どもの廃人化など、窮極の破滅だけは避けたいと思って下さる親御さんには是非、あの手この手の責任逃れは一刻も早くやめていただきたい。

第18節　嫉妬心を剝き出しにして子どもを追い詰める

私を追いつめた母の二種類の嫉妬

これも往々にして子どもの殺意を誘発する親の働きかけだと感じるが、私の場合は大部分母親から受け、大きく二つのパターンに分かれた。

一つ目は、私が好意を持って関わる他人に強く嫉妬して、相手を徹底的にけなし、私から遠ざけようとするやり方。

二つ目は、母の目から見て、母自身や私より恵まれた境遇に見える他人への激しい嫉妬を表現して、「あんたがだらしがないせいで肩身が狭い」と責めるやり方だった。

これらも母の、自身の存在価値についての自信欠如と、根強い劣等感から出たものだったが、非常に頻繁に表現されたため、私の精神的苦痛は著しく重かった。

その1　「あんな人のどこがいいの?」——「独占欲」で子どもの好意の対象をすべて排除

一つ目の嫉妬は、母が私を常にけなしていたにも拘《かか》わらず、常に自分が私にとってなくてはならない、他の誰とも較べものにならない最重要の存在であることを、自身の存在価値の拠り所にしていたことから生じた。

そもそも母が自分で最低最悪の評価を与えていた私から、どれほどなくてはならない最重要の存在に位置づけられたところで、それが自分の存在価値を保証してくれなどしないという、至極当然の簡単なことに思い至らなかった点で、母は著しく論理性に欠けていた。

しかし如何《いか》に筋が通らなくても、最重要の存在に固執していた母にとっては、男女を問わず、私にとって母より大事な人間が現われることなど、絶対にあってはならなかったのである。

それで例えば、私が医師になって間もない頃、医学部の学生実習で知り合った子どもとそのお母さんを、私が一人暮らししていたアパートに呼んで泊めて、東京タワー程度の観光地に案内しただけで、母に「あんな人のどこがいいのよ！　あんたが困った時、あの人が何をしてくれるっていうのよ！」と罵られた。

また病気が最悪の状態に差しかかった三〇歳の頃、私が、当時毎日朝から晩まで一緒に働いていた診療所の婦長さんを母親のように慕うようになると、またぞろ母の口から「あんな人のどこがいいのよ！」が出た。

母の激しい不興を買ったのは、その頃、私は様々な悩みが重なって睡眠薬自殺を図ってしまい、その時にも、私が母ではなく彼女に助けを求めたり、まだ朦朧状態だった時に「〇〇さん、とてもいい人よ。お母様、お友達になってもらって」と口走ってしまったりしたからだった。それが因《もと》で、母に「なんで私が看護婦なんかに友達になってもらわなきゃならないのよ！　あんながさつで品のない人！」と、彼女をさんざんに腐されてしまったのである。

母は、人だけでなく私の職場さえ嫉妬の対象にした。私が四〇の頃、数年間勤めた職場を人間関係の摩擦から辞めた時、母に「あら、そこは私なんかよりずっといいみたいに言ってたのに」と、いい気味そうに言われて唖然とした。母親と職場を比較するという発想が、一体どこから出てくるのかと。

母の嫉妬の対象は、当然、私が好意を持った男性にも及んだ。

先述の通り、母からあまりにも強烈に性に対する嫌悪感を植えつけられてしまったために、私は世間一般に言われる恋愛はほとんどできなかった。それゆえ母が嫉妬したのは、私がファンになった男性芸能人だった。私が二〇代の頃にファンになった人については、一緒にその人の舞台を観に行った時に、「あの人が舞台の上で小さく小さく見えた。ああいう仕事の人は大きく大きく見えなければ駄目なのに」と腐された。母は若い頃、アマチュアだが演劇に携わったことがあると聞かされていたから、私はその眼力《がんりき》でものを言っているのかと思い、その時はその人が本当に駄目なのかと思って萎《しお》れた。

だが後にそうではなかったことがわかった。三〇代になり、私が別の人のファンになると、今度はその人が出ているテレビを見て、母がまた「あの人が画面の中で小さく小さく見えた」と、前とそっくり同じ言い方をしたからだった。

それでさすがに私も気付いた。ああ、母は彼らに居なくなって欲しかったのだと。自分以外の私の心を捕える人間を、母は心の中で抹殺したかったのである。彼らが小さく小さく見えたのは、母の「殺意」の現われだった。

それが自分の深い本当の気持ちが自覚できない「ヒステリー」の人間独特の心性であるとは理解できても、私は恐ろしくて縮み上がった。

母のこれらの見方や言動に対して私が言いたいのは「バカだな」のひと言である。

「独占欲」というものは、斯《か》くも人の心を狭く排他的に、不安と憎しみに満ちたものにするのかと、改めて驚愕させられた。

母が私の好意の対象を徹底的にけなしたのは、まず私にその人をまったく無価値な人間と思わせ、自分からその人を嫌うように仕向けるためで、それが駄目なら次は「母親があんなに嫌うんだから仕方ない」と、不承《ふ》不承《しょうぶしょう》でも私にその人から離れさせるためだった。私は母の支配から逃れられずに苦しみながらも、一七歳以降は自分の独立した魂を確立していたから、母の要求をほぼすべて斥けられたが、それでも十分ゲンナリさせられた。

「独占欲」は愛とは正反対のもの

私が母以外の人に好意を持ったからといって、それで母に対する愛情や、母の重要性が減じる訳ではまったくなかった。

だから本来、母は不安になる必要も、私の好意の対象をけなして退ける必要も、まったくなかったのだ。ただひたすら「私一人だけを大事に思わなければ我慢ならない。他の人間など一顧《いっこ》だにしてはならない」という、母の独占欲が癌だった。

大体、要求があまりにも無茶で、幼稚過ぎる。

一体どこの世界に母親以外の人間と関わりを持たずに、一生過ごせる人間が居るだろう?

母は私に「早くひとり立ちしろ」と要求する一方で、「私以外大事にするな」と要求してきたから、両者の矛盾に私は非常に困窮させられた。初めの要求はただの建前に過ぎず、後の要求こそ母の全き本音だった。

人間が自立するためには誰しも、自らの力で家の外の社会で親以外の人たちとの人間関係を開拓する必要があり、それが人生の大きな喜びにもなる。

子どもの、その当然の権利を妨げる「独占欲」は、愛とは正反対のエゴでしかない。

私は猛烈に息苦しくなり、母が疎ましくなった。


母に限らず、独占欲を愛と勘違いしている人が世の中に少なからず居るようだが、早く勘違いと認識して独占欲を捨ててほしい。それは相手だけでなく自分も不幸にする。

夫婦や恋人の関係ではパートナーの重要性が他者とは格段に隔たっていて当然だが、それでも不必要な独占欲は持たず、「あなたも大事。でも誰々さんも大事」という相手の心の自由を互いに認めないと、次第に関係が息苦しくなり、相手が疎ましくなってきてしまう。

私は幸いこの問題では、母に殺意を懐くまでには至らなかったが、例えば同じ親の独占欲が因《もと》で、繰り返し恋人と別れさせられたような人では、その恨みが高じて親への殺意が生まれたとしても、一向に不思議ではないと感じる。

だからすべての親御さんに、子どもに対する誤った独占欲と、それに基く子どもの周囲の人たちへの無意味な嫉妬心を、何としても捨てていただきたい。

そのためにまず、自分の心に深く巣食う自信欠如を自覚し、自信を得るために子どもの心を独占しようとすることは誤りだと正しく認識して、自分にブレーキをかけていただきたい。

その2　「あんたの御蔭で肩身が狭い」——他人への羨望から子どもを責め立てる

　そして二つ目の、母が、自分や私が持たないものを持っている相手を誰彼構わず羨み、嫉妬を剝き出しにして、「それを私に与えてくれない（または手に入れない）あんたが悪い。御蔭で肩身が狭い」と度々責めてきたのも、私にとっては著しく苦痛だった。

　この種の羨望・嫉妬は、圧倒的に結婚や出産にまつわる問題が多かった。

　実際にあった出来事をいくつか例に挙げて、説明したい。

　例えば、私が大学を卒業したばかりで研修医だった頃に、私の小学校時代の同級生が結婚し出産すると、母はその同級生とお母さんをすぐに嫉妬の対象にした。

　私が夏休みで親の家に帰っていた時、偶然その同級生も子どもを連れて里帰りしていた。

　彼女の結婚相手は、地方裁判所の検事だった。

　そして夫も彼女の実家に来るというので、彼女が子どもを抱いて、家の近くのバス停まで夫を迎えに出ていたところに、私はばったり出会った。

　それで私は帰宅後、何の気なしに母にその話をしたところが、母は聞いた途端、さっと険悪に表情を変え「あら検事って、迎えに来てもらわないと家にも帰れないの？」と激しい敵意を込め、最高に嫌味な調子で言った。

　それと同時に彼女のお母さんについても「この頃あそこのお母さん、外歩く時、いつも天井向いて歩いてるわよ。検事ってそんなに偉いのかしら」と評した。

　あまりに聞き苦しくて、私はただもう「勘弁して」という思いだった。

当時、私はまだ二四か五だったから、たとえ母が結婚に高い価値を認める親だったとしても、私の友人にそこまで激しく嫉妬しなければならない状況ではなかったと思う。

だがそれが母の実情だったから、これでは近い将来、母が周囲に思いきり自慢できる社会的地位の相手と結婚しないと、さぞや責められるだろうと猛烈に気が重くなった。

次は最も精神の病状が重く、親の家に戻らされていた三〇代前半の頃の話である。

この頃は、正月に来る年賀状が悩みのタネだった。

結婚して子どもができた父方のいとこたちが、子どもたちの写真を載せた年賀状をくれたからだ。

それを見て、またぞろ母は私の前で「何よ、ガキの写真ばっかり！　ウチには結婚もできない、子どもも作れない子どもが二人も居るってわかっていてこんなものを寄越すなんて、無神経にも程があるわ！」と、激しい憎しみを込めて言い放った。

これにも心底打ちのめされた。

母はいとこたちに文句を言った積もりだったかもしれないが、聞かされる私には「あんたがいい年になって結婚もしない、子どもも産まない御蔭で、私がどれだけ肩身の狭い思いをさせられるかわかってるの！」という当てつけにしか聞こえなかった。

これについては母に対して言いたいことが山のようにあった。

まず「『無神経にも程がある』は、いとこたちよりあなたでしょう？　私が自分の好きで結婚もせず、子どもも産まなかったと思ってるの？」と言いたかった。

それは、これまでの話からわかっていただけるように、私が結婚できなくなった原因は精神の病と性に対する激しい嫌悪感の二つで、両方ともほぼすべて母に由来したからだ。特に性に対する嫌悪は一〇〇%母が植えつけた。だから私にしてみたら「あなたが私をそんな風に壊した張本人じゃないか。身から出た錆だ」と、母に言ってやりたかった。

また同じ頃、自分が若い頃から付き合ってきた友人にも孫ができ、母はそのことも私に「何よ、話すことといったら孫のことばかり！　孫孫孫って、孫ってそんなにいいもんなの？」と、敵意を剝き出しで話した。友人への羨望・嫉妬がまる出しで聞き苦しかったのと同時に、それがそっくりそのまま、孫を産まない私への恨みと攻撃にすり替わっていて、胸が潰れた。

こう言うと意地悪く聞こえると思うが、母は、もし自分に先に孫ができていたら「孫っていいわよ。本当に可愛いわよ」と友人に最も派手にひけらかす部類の人だった。だからこそ、自分にそのチャンスを提供しない私が忌々しかったのである。

以上三つの話から、母は、子どもは親の体面を上げることに奉仕するのが当然の存在と心得ていたと思われるが、そのように、子どもを親の道具や召し使いのように認識するのは許されない誤りであると、再度強く申し上げたい。

「お前が病気になんかなるから世間に恥ずかしい」は禁句

またこれは嫉妬とは違うが、私が母の体面を傷つけたことを理由に母に責められたという点で、先述のエピソードと共通するエピソードをもう一つ挙げておきたい。

それはやはり病気が一番重かった三〇代前半の頃に「お父様も『お前が真実をスポイルした』って私を責めるけど、近所の人たちも『あそこの娘は東大にまで行って、医者にまでなったけれど、どうもずっこけたらしい』って、面白がって噂してるわ。本当、耐えられないわ」と、母に直接愚痴を言われたことである。これにも私はひと言「その通りじゃない！」と返したい思いにさせられた。「ずっこけた」という言葉を、母はユーモアの積もりで言ったのかもしれないが、私にとってはこれほど侮辱的で胸を抉《えぐ》られる言葉はなかった。

これまで挙げてきた私の例のように、親に恥ずかし気もなく嫉妬を剝き出しにされると、たとえ親の体面を上げろとはっきり要求されなくても、子どもは皆激しく幻滅させられるということと、子どもがただでさえ病に苦しみ、自分で満足のいく生き方ができずに煩悶している時に、親に「お前がだらしない御蔭で世間様に恥ずかしい」と自分の体面から責められると、子どもの心は極限まで追い詰められるということを、ここにはっきり書かせていただく。

再三述べた通り、私の場合は生来の性格と、「親は無条件で尊い」という幼少期からの強い刷り込みの御蔭で、母がどれほどこういう働きかけをしても、当時、本格的な殺意は芽生えずに済んだ。

しかしほとんど言い返すことなく黙って耐えた分、心の中では「何と身勝手な」という怒りが膨れ上がり、その度に爆発寸前になった。

したがって、これも十分子どもの殺意を醸成しうる働きかけであると感じる。

母にしてみれば、自分も追い詰められて言わずにいられなかったと言いたかったかもしれないが、私の病状が悪化するにつれてますます、駄々っ子のように言いたい放題、感情を剝き出しにされ放題になったのは、私にとっては著しく耐え難いことだった。

他の、御自身が子どもを病ませてしまった親御さんの場合も、同じ過ちに陥る可能性が非常に高いと思われるが、これも非常に危険だと感じるので極力抑えていただきたい。

この節の話も、子どもとの関係を正しく持ち、「殺し合わない」ために非常に大事だと考えたので、書かせていただいた。

第3章　発症から回復・絶縁へ

第19節　症状の重い時期に健康人の行動基準を押しつける

二六歳以降、私は頻繁にうつ病の最重症の状態に陥った。そんな時でも特に父親が、健康人の基準に従って行動することを要求してきたことが、耐え難い拷問に感じられた。

これも子どもの自殺や親殺しの原因になりやすいと感じるので、私の経験から読者にわかってほしいことを以下に書かせていただく。

重症のうつ病者の感覚は健康人には理解不能

しばらく前に「うつは心の風邪」というコピーが流行ったが、これは私自身の体験からはとんでもないと感じる。

おそらく考えた人は、世間一般の人達から精神疾患に対する偏見を追い払おうと意図してこう表現したのだろう。そしてそういう効果はある程度あったかもしれない。だがその一方で、この表現はうつ病の苦しみを一般の人たちに過小評価させて非常に危険だと感じる。

例えばうつ病では意欲が低下することが知られているが、それは普通の人の「やる気が出ない」とはまったく別の次元のものである。

「容易に理解できるものではない」という認識を持たずに周囲の健康人、特に親など患者にとって重要な人間が、患者に安易な働きかけをすると、想像をはるかに超えて患者を追い詰める結果になってしまう。

着換えも洗顔も会話も不能

私の場合、症状が最も重い状態の時には着換えも洗顔もできなかった。

例えば着換えを例に取ると、仕事に行かなければという一念で懸命に取りかかっても、服に片袖通しただけで頭の中で砂嵐が巻き起こったように苦しくなってしまい、両腕で頭を抱え込んで、うずくまらずにいられなくなった。そしてそのまま一〇分二〇分休まないと混乱が治まらず、次の片袖を通せる状態にならなかった。だから結局二時間かかっても着換え一つ終わらず、仕事に行くことは叶わなかった。

またそういう時には思考力も著しく低下し、遅くなる。診療の場面を例に取ると、患者さんが話すスピードで、話を理解することができない。話を聞き終わっても、自分が答えるべき言葉を思い着かない。どこを診察したらいいか、何を検査したらいいか、どの薬を出せばいいかなど、普段なら瞬時に思い着くことが三〇秒、一分考えても思い着かない。頭の中で歯車がキイキイ軋むような感じを覚え、患者さんにどう思われるだろうかという焦りで脂汗が滲《にじ》み、一人診るだけでもげっそり疲れてしまう。家を出る前からそうなるのが目に見えている時には、他人に会うことを想像しただけで、猛烈な重荷で死にたくなった。

そうした経験から私は、人間は着換えや他人との日常会話など、普段は何も考えずにできてしまうことをやっていた時も、実は、脳が無意識の内に小刻みに働いてくれていたからこそ、できていたのだと思い知らされた。

「好意」が患者を自殺に追い詰める

しかし、自身が重いうつ状態を経験したことのない人にはそれがわからない。

父もその例に漏れず、着換えや会話は考えなくてもできると信じて疑っていなかった。

だから私が最重症の時でも、父は着換えに類する日常生活行動については「何も考える必要はない。やればいいだけじゃないか」と、事もなげに言ってくれた。

またそういう状態で仕事を辞め、他人に勧められた次の就職を渋っている時にも「何が難しいんだ。お前に十分できる仕事だと思うが」と、再就職を促された。

確かに健康な時、あるいはもう少し病状の軽い時の私であればそうだったと思うが、「今はそうではない(=診療に出るのが非常に危険な状態である)」ということが、いくら言っても理解されなかった。また悪いことにうつで思考力が低下していて、うまい説明の言葉も絞り出せなかった。

それで圧力に負けて再就職して、またすぐ仕事に行けなくなると、今度は父が私の家に泊まり込んで朝食の仕度をして、私を仕事に送り出そうとした。

これらのすべてが非常に重圧だった。しかし迷惑を掛けているという負い目の意識や、断わると怠けたいからとしか思われないとわかっていたことなどから、なかなかはっきり断われなかった。特に最後の「泊まり込み」については、私の仕事が何とか続くようにという父なりの好意からだろうと思っただけに、面と向かっては拒否できなかった。仕方なく、一旦仕事に行くと言って家を出て、公衆電話から母に電話して、父に帰るよう電話してくれるように頼み、父が立ち去った頃を見計らって家に戻り、寝て休んだ。

そんな風に、父からどれほど人並に働くようにと求められても、その要求に安定して応え続けられなかった私は、結局「死んで楽になりたい」という思いに追い詰められて、繰り返し自殺を図った。

医者の言葉を都合良く歪めて聞いた父

その結果、父の「泊まり込み」から約一カ月後に、私は精神科の閉鎖病棟に強制入院させられることになったが、入院後に私が「何故そこまで強引に仕事に行かせようとしたのか？」と父に訊くと、「『なあに、病気じゃありませんよ』と、○○先生に言われたからだ。それなら頑張って後押しすればいいと思ったからだ」と父は答えた。

○○先生というのは、入院直前の時期に私が父にかかからされていた心療内科医だった。当初私は父の答を真に受けて、なんてとんでもないことを言ってくれたんだと、その医師に憤慨した。だから退院して○○医師に会うとすぐ、何故父にそんなことを言ったのかと問い質した。すると医師は「そんなことは言っていない」と答えた。

後になって、父には、相手に自分の考えを支持する発言をしてほしいと思うと、本当に相手がそう言ってくれたように思い込む癖があることがわかった。自分が「こうだといいな」と思うと、現実を「こうだ」と認識してしまう癖である。だからこの時も父の中に「真実が仕事に行かないのは病気ではなく、ただの怠け、人間性の問題だ。○○先生にもそう言ってもらいたい」という気持ちが強く存在したために、それが因《もと》で「○○先生もそう言ってくれた」と、事実を歪めて認識してしまったものと思われる。

そのように、父が私に健康人と同じ行動を強く要求した原因には、父独特の性格の偏りも加わっていた。しかしそれがなくてただ単に「重いうつ病の人の感覚や心境は、健康人には容易に想像がつかない」という認識を持たないだけでも十分、親は患者である子どもに対して健康人の物差しを押しつけていきやすい。それが非常に危険である。

テレビも日の光も拷問

次に、この「健康人の物差しの押しつけ」は、今の「出勤の強制」よりずっと軽く見えるものであっても非常に危険だということを、これも私自身の体験から説明させていただきたい。

先ほどの父の「泊まり込み」は、私が三一の時に二カ月だけ両親の家を離れて生活した時の話だが、私は三〇代前半の時期が最も病状が悪く、この時期の大半を両親の家で生活することを余儀なくされた。

このうつの最悪だった時期は、謂《い》わば精神が瀕死の状態だった。つまり魂の生きるエネルギーが限りなくゼロに近い状態だった。

そういう、自分自身が極度に衰弱していた時、私には光と音のエネルギーが、自分を圧《お》し潰しにかかってくる脅威にしか感じられなかった。

だから日中、窓から日の光が入ってくるのが耐えられず、一日中カーテンを閉め切っていたかったし、またテレビも死ぬほど苦痛で、まったく見ることができなかった。テレビこそ音と光の集中砲火だったからだ。

ところが両親はその私に、音と光の刺激をわざと強く強制してきた。

母は、私が二階の自室でカーテンを閉め切って過ごしていると、部屋に来て、無理矢理カーテンを開け放っ

た。曰く、

「昼間はカーテンを開けておかないと、近所の人から変な目で見られる」

「健康に見える行動をしないと、心が健康にならない」と。

一方、父は「一人で部屋にこもってばかりいないで、階下に下りてきて一緒にテレビでも見ろ」と命じた。

これも「迷惑を掛けている」という意識から断われなかったが、当時の私は無理してテレビの画面に目をやると、まるで頭の中に棒を突っ込まれ、脳味噌をグチャグチャに掻き回されるように感じて耐え難く、正に拷問だった。

しかし父にその通りの言葉で苦痛を訴えても、「気違いじみてるな」のひと言で一蹴《いっしゅう》され、テレビ鑑賞を免除してはもらえなかった。

わかろうとしてくれるだけで患者は救われる

それで私はこの、音と光を強制される苦痛からも繰り返し自殺を図った。

当時の私はほとんど働けず、収入がなく、両親の家を出て生活することが不可能だったために、「この苦痛から逃れるには死ぬしかない」という考えに追い込まれたからだ。

もし母が私の部屋のカーテンを無理矢理開けず、父がテレビを見ることを強制しないでくれたら、それだけで私の自殺企図の回数は一〇分の一に減ったのではないかと思うくらい、本当に当時は音と光が辛かった。

自殺企図の回数がそこまで減っただろうと想像するのは、もしそうしてくれていたら、苦痛を免除されて楽になっただけでなく、両親が私の話を聞き、私の苦しみを理解しようとしてくれたことで、とても心が救われたと思うからだ。

すべての人がそうかどうかはわからないが、少なくとも私は、相手が自分の苦しみを完全にはわかってくれなくても、一生懸命わかろうとしてくれただけで九割方心が救われる。

そのことも是非、お伝えしておきたい。

「わからない」ことに謙虚になり、病者の希望を容れてほしい

それでこの節の結論として強く言いたいことは、繰り返しになるが、親は、子どもがうつなどの精神症状が重い時期には、決して子どもに健康人の基準を押しつけず、子ども自身が耐えやすいと言うやり方を容認してほしいということである。

その最大の理由は、そうしないと私のように、子どもが「この苦痛から逃れるには死ぬしかない」という思いから自殺に走る危険が非常に高くなるからだ。

また子どもによっては「頼むからもうやめて！」という思いが極に達して、衝動的に親殺しに走る危険があることも理由である。


前に挙げた両親の私に対する働きかけの少なくとも一部は、私のためを思う気持ちから出ていたと思うが、病状の重い私には、とても耐えられなかった。

だからまず、好意が徒《あだ》を超えて害になる押しつけを避けるために「重い病気の人間の気持ちは健康人の想像で理解できるものではない」という認識を、強く持っていただきたい。

その真っ先にお願いしたい代表例が「うつ病者の心情は健康人の落ち込みの延長線で理解できるなどというのは安易過ぎる誤った思い込み」と理解して、それを捨てていただくことである。

「どんなに努力しても自分には完全にわからない」という謙虚な認識があれば、自ずと病者本人の言うことを尊重しようという気持ちになれると思う。

もっとも父の場合は「理解できない」という認識まではしばしば持っていたが、同時に「自分に理解できないものは理解する値打なし」という傲慢な考えを併せ持っていた。

そうではなく自分の理解を超えるものに対しては飽くまでも恐れを持っていただきたい。

そうすれば、例えば「本人が『今はどうしても仕事ができる自信がない』と言うのだから、そうに違いない。十分回復して本人が大丈夫と思えるまで、休ませて待っていよう」

あるいは「本人が『音や光が耐えられない』と言うのだから、本当に余程辛いのだろう。今、彼がテレビを見なかったからといって、誰が困るわけでもない。早く良くなるように、辛いことは免除してやろう。良くなれば自分から見るようになるだろうから」と考えられるようになるだろう。

「そんな対応は甘やかし」と直ちに決めつけるのも、愚かで誤った思い込みである。

実際にはそう対応した方が、結果的にずっと親子双方のためになる。

そして今さら言うまでもないが、有害な押しつけを避けるために、まず親は「子どもが仕事に行かないのは病気ではなく怠け」という、おおもとの恣意的な思い込みと決めつけを真っ先に捨ててほしい。

臨死体験からさえ己の愚を悟れなかった両親

これも大事だと思うので付け足すと、私の両親はとうとう最後まで、自分の物差しを（自分の子どもも含めて）他人に押しつけてはならないということを理解せずに終わった。

私がテレビを強制されてから約一〇年後の、私が四三歳の時に父は敗血症になり、一時生死の境を彷徨《さまよ》った。その折、父は急激に熱が上がって身体がガタガタ震え出すと、私に「上に乗って押さえてくれ」と言ったり、ベッドの周囲に巡らしたカーテンにわずかでも隙間が開いていると「外から見られるから、ピッタリ閉めてくれ」と言うなど、おかしな要求をたくさんしてきた。私は過去の自分自身の体験から、人は病気が重い時には健康人とは著しく隔たったものの感じ方をすることを体得していたので、「何をバカな」などと言わずに父が望む通りにした。自分はそんな風に思いやってはもらえなかったな、という恨みを感じつつも、父はもうじき死ぬかもしれないと思っていたこともあって、そうした。

しかし幸運にも父は一命を取り止めた。だがそんな極限の体験からさえ、父は何一つ学ばなかった。それがわかったのは、父が助かってから約一年後に、私がその頃診ていたうつ病の患者さんの話を父にしたことからだった。その患者さんは初老の女性で、息子さんを事故で急に亡くされたのをきっかけに重度のうつ病になった。幸い抗うつ薬による治療が効いて、四十九日の法要の頃にはかなり病状が改善していた。しかし法要で息子さんのことを一気に思い出させられて、それをきっかけにうつが再度悪化することも強く懸念された。それで御主人には事前に「本人が辛いと言うことは、できる限り避けてあげて下さい」という助言を差し上げた。具体的に何を避けてとは言わなかったが。すると法要が終わった後、御主人が「来てくれたお客さんたちに『こいつに話しかけないでやって下さい。今とても具合が悪くて、人と話をするのが辛いものですから』とお願いしました」と、私に報告して下さった。これを聞いて私は、本当によく患者さんの気持ちを理解して下さったと、御主人にとても感心するとともに感謝した。

ところがこの話を父にすると、父の顔が見る見る憎悪で歪んだ。ギラギラした目で私を睨みつけ「そんな（失礼な）ことを言っていいのか！」と怒鳴りつけた。「そんなこと」とは、患者さんの御主人がお客さんに

「こいつに話しかけないでやって」と頼んだことである。つまり父は、自分が瀕死の時に私から際限なく寛容にされても尚、「重度のうつ病患者にとって如何に他人と会話するのが辛くても、それを免除するのは甘やかし」という認識から一歩も脱け出ていなかったのである。それを知った私は、この人とはどこまで行っても絶対にわかり合えないという絶望に突き落とされた。

母については、長くなるので詳しくは書かないが、やはり私が五五歳で絶縁する直前まで「たとえ子ども本人の意志を捻じ伏せて、親が自分の望む通りの生き方を子どもに強いても、子どものためを思ってやるなら、それはいいこと」という自説を一切曲げようとしなかった。

幸いそれでも私は自殺を遂げることも、両親を殺すこともしなくて済んだが、とうとう耐えきれなくなって両親と絶縁するに至った。だから、その私自身の経験から、子どもが精神的に病んでいる親御さんには是非、子どもに健康人の基準はもちろんのこと、御自身の物差し全体を押しつけないでいただきたいと、再度お願いしたい。

第20節　病状の悪化に伴い、人間性の否定を一層強める

病状悪化の二つの原因

二六歳で精神科の診療対象になって以後、私の病状は悪化の一途を辿った。

その原因の一つは、私がどれほど関わり方を改めてほしいと抗議しても両親が一切聞き入れず、親子関係

は悪くなるばかりだったこと。そしてもう一つは、BZ系薬剤（抗不安薬と睡眠薬）の使用が長期化したことだったと考えている。

BZ系薬剤については、二六歳で父親に進行癌が見つかったストレスから内服で使用を開始し、その数カ月後、急激に強まった職場のストレスを緩和したい一心で注射薬を使用したことから病状の悪化を招いた。

その結果、精神科に短期間強制入院させられたが、その間に薬剤の深刻な弊害についての説明は一切なく、入院を頑として拒否したため全身をベッドに微動だにできぬよう縛りつけられるという屈辱的対応をされたことで、私は愚かにも「誰が薬をやめてやってたまるか」と俄然《がぜん》反発を強め、その後も内服のBZを飲み続けてしまった。

病気を「人間性の悪さ」に強引にすり替える

そして私の病状が悪化すると、ますます両親は私の人間性を否定する言葉を、憎しみや嘲りの感情を強く込めて、頻繁に投げてくるようになった。その口惜しさや絶望からさらに病状が悪化するという悪循環が加速し、状況はどんどん修羅場になっていった。だからこういうやり方も最悪の悲劇を生みやすいので、絶対にやめるようお願いしたい。

やめていただきたい理由をわかっていただくために、また私自身の実際の体験をいくつか挙げてみる。

三〇になる少し前に、うつの悪化で仕事ができなくなり親元に戻った時のこと。

母が分厚い『家庭の医学』という本を持ってきて、「ねえ、真実ちゃん、ここ読んでごらんなさいよ。この『精神病質』って、あなたそっくりじゃない？　それならそれで、問題を正しく認識して対処しないと解決しないでしょう？」と、さも真剣に心配しているように私の顔を覗き込み、真面目腐って言ってくれた。私は母一流の「愛の深い親」の演技に、空々しさばかりが募った。

その時は細かい文章など読む気力もなかったので、本に書かれたことをあまりしっかりとは読めず、ただ「何を！　言うに事欠いて精神病質だと！」という屈辱感と口惜しさだけが激しくこみ上げた。

「精神病質」という語は、後に私に病名として付けられた「人格障害」とほぼ同義で、「性格の異常性のために、自分または社会が悩むもの」を指すが、当時の私がそれに当てはまっていたかどうかはひとまず脇に置いて、私はその時、その酷《むご》い語感から「ああ、私が生まれつき根っから異常な人間で、箸にも棒にもひっかからない迷惑者だと言いたいんだな」と感じ、頭の中が怒りと絶望でいっぱいになった。

その頃の私は不安とうつがひどく、気分が不安定で、仕事も生活もにっちもさっちもいかなくなっていたが、私の側は元々専《もっぱ》ら母の長年の精神的暴力が原因で病んだという認識で（現在もその認識でほとんど間違っていないと考えている）、一八歳以来一〇年余り向こうの非を訴えていたから、この母の働きかけには「すべて私の生まれ着きのせいにして自分の責任を逃れる積もりか！」と、その卑劣さに怒り心頭になるばかりだった。

父の露骨な嘲り

同じ頃から父には、精神科の医師相手に私を嘲る調子の話をすることを繰り返しされて、それが非常に辛かった。

三〇になったばかりの頃、今述べたうつの悪化のため、両親に強く促されて二つ目の精神科を受診した。

そこはある大学病院の精神科だったが、初診で対応した医師が私の話をひと通り聞いて「うつ病」と診断し、「飲み薬を処方するので二週間後に再診を」と方針を伝えると、父がすかさず「その程度のやり方でいいんですか？　これはうつ病なんて生やさしいものと違うんじゃありませんか？（父は、母の「精神病質」説に一も二もなく賛成していた）」と、私を顎でしゃくり、露骨に嘲る調子で言った。

「その程度のやり方」という言葉から、父が、最初の病院のように私を監禁して縛ってほしいと望んでいること、私が抱える問題を「懲らしめて性根を入れ替えさせる」ことで解決する性質のものと考えていることが、よく伝わってきた。それほど私に対する「忌々しい」という感情が、言葉の隅々にまで溢れていた。

しかし至って明るく軽い雰囲気だったその医師は、父の言うことにはまったく取り合わず、「さあ、次に来る時にはどうなっているかな」と言った。すると父はさらに「なあに、ケローっとしてますよ」と、また私を顎でしゃくり、吐き捨てるように言った。発言の趣旨は前と正反対だったが、嘲りと憎悪だけは前より数段強まっていたから、私は心が絶望で凍りついた。

「働かないのは怠け」という連日のあてこすり

三〇代前半の頃には、私は仕事に行けずに家に居ることが多く、すると父に毎日のようにあてこすりを言われた。

例えば家の外に工事の人が居ると、父は「ああ立派だねえ。人間は他人に迷惑を掛けないのが一番だなあ」と、思いきり感情を込めて言った。

「お前が仕事に行かないのは病気なんかじゃない。ただの怠け、甘え、わがままだ」と思っているのがびんびん伝わってくる物言いで、胸を抉《えぐ》られた。

しかし私はその頃でも、自分に鞭打って、動ける限りは動いていた。

だから家に居たのは、それこそ着換えるのも、他人と話をするのも死ぬほど重荷な時だけだった。

そんな状態だったにもかかわらず、さらに「大変ならグリーン車でも使って行ったらどうだ?」「家に居るならよそから貰ったお歳暮の仕分けでもしろ」「お前には森田療法あたりがピッタリなんじゃないか」などとも言われたから、「怠け者」「わがまま」と思われていたことは間違いない。

因みに「森田療法」というのは神経症の治療法の一つで、食事とトイレ以外は何をするのも禁じられて何日も横になり続ける「絶対臥褥《がじょく》」という過程を含む。父はこれを話題にした時「それでもやればさすがにお前でも『ああ堪《たま》らない、何でもいいからやらせてー！』という気になるだろう」と、これまた最高に嫌味な調子で言い添えたから、どこまで私を悪く決めつければ気が済むのかと、とことん救いのない気持ちになった。

この、仕事に行けないことを「怠け」と決めつけられることほど、私にとって口惜しく、打ちのめされることはなかった。それは、自分で言うのは気が退けるが、私は生来人一倍勤勉な「努力の虫」だったからである。前にも書いたが、高校時代の私は毎日三時間睡眠で、使える時間はほぼすべて勉強に充て、その上毎朝学校に一時間早く行って、始業時間前に二、三㎞走っていた時期もあったほどだ。これは単に「親に認められたい一心」だけではなく、現在まで一貫して、何かできる時に何もしないでいることに耐えられない生粋の「貧乏性」だったからでもある。つまりおよそ怠けることからは最も縁遠い性格だった。

それでずっと後になって、病状が改善して安定して働けるようになってから、父にこの高校時代の事実を引き合いに出して、「何故働けなくなった時に、直ちに『怠け』と決めつけたのか？　何故昔の私を思い出さなかったのか？」と抗議すると、父は「あの時はそうとしか思えなかった」と答えた。さらに私が「私は努力すればできることをしなかったこともなければ、努力できるときに努力しなかったこともない」と加えると、父に〝何を〟という激しい憎悪の表情を浮かべられた。それでも諦めきれずに「『もともとあれだけ頑張る性格の人間が働けないというのは、余程具合が悪いんだろう。働きたいのに働けないのはさぞかし苦しいだろう』と、もしあの頃思ってもらえていたら、死にたいなんて思わずに済んだし、もっと早く良くなれていただろうにと、とても残念だ」と私が続けると、父はやっと思い直したように「そうだな」とひと言だけ言った。

他人をすべて悪く決めつける心の歪み

全体に、父には他人を悪く悪く決めつけたがる癖があった。父は弟についても「こいつは可愛いばっかりなんかじゃないぞ。親が見てない所では、相当狡賢い悪い面も持ってるぞ」と、何度も私に言ったことがあった。私に対してと同様、とても意地悪い蔑みを込めた言い方だった。しかし私にはこれも、弟のどこを見て言っているのか、まったく具体的根拠の見えない発言だった。確かに弟は、楽をしたくてちょっとした手抜きをしたり、他人からしつこく嫌なことをされると「やめて！」と声を荒らげることくらいはあるが、念入りに悪だくみをしたり、自分から構えて他人を傷つけたりということは一切ない。だからこのように、父の目からは他人が誰も彼も実際より著しく悪く見えたことこそ、父の心が幼い頃からの虐待や迫害で深刻に歪んでいたことの現われだったと感じる。もっと詳しく言えば、これは心理学で言う「投射」に当たる現象だったと感じる。即ち、父自身が持っていた悪意が、他人の中にあるように見えたのだと。

相手を正しく知ろうと願う「愛」の欠如

私は「愛」という心の働きには、その前提に相手をより深く正しく知りたいという欲求が必然的に含まれると考える。その知識なしに、本当に相手を幸せにする働きかけはできないからだ。その見地から、相手を正しく見られない、いやそれ以前に見たいと思わない父は（そして母も）、おそらくは虐待の傷が原因で人を愛せない人間になっていたと感じる。今でこそ私も、そのように冷静に彼らを見ることができるが、病気が重くて余裕がなかった頃、親に対して「一体今まで私のどこを見てくれていたのか」と度々思わなければならなかったのは、本当に情けなくて悲しかった。

父の私に対する見方は、「怠け」だけでなく「わがまま」というのも当たっていなかった。当時、確かに私はまだ「医者という仕事には、幼い頃、親にレールを敷かれて就かされた」というこだわりが抜けず、両親にもそれを口にし続けていたが、仕事に行かなかったのは「選《え》り好み」をして行かなかったのではなく、うつでどうしても動けなくて行かなかっただけだった。私とて、自分で自分を少しでも良く思いたい一心だったから、その頃も、這ってでも動ける内は仕事に行って、役目を果たそうとしていた。何が自分の本当にやりたい仕事なのかは、医者をやりながら考える積もりでいたのに、思い込みの強い父にはその思いがまったく理解されず、「世の中にお前ほどわがままで横着な人間は居ない」と、人間性を最低最悪に決めつけられてしまい、両親の家は完全に針の筵《むしろ》だった。後日、父は私の病気を、「病気ではなく、懲らしめて性根を入れ替えさせることで解決すべき問題」と考えていた、ということまではっきり認めた。

罵りと病状悪化の悪循環から「オーバードース」へ

両親に罵られることで病状が悪化する、私の病状が悪化するとさらに両親が罵りを強めるという悪循環は、ますます留まることなく続いた。

今述べたように三〇過ぎ頃の私は、両親から要求されるだけでなく自分自身、休まず仕事に行きたい気持ちでいっぱいだったのだが、両親の精神的圧力の上にBZ薬連用の弊害も加わり、意欲の低下も不安焦燥もひどくなる一方だった。

さらにそこに、やはりBZの弊害による克己心の低下も加わって、症状に打ち克って自分を仕事に向かわせることがますますできなくなり、私は自分で自分が極限まで嫌になって、自暴自棄に陥った。

それで三一になると、私はたとえその場凌《しの》ぎでも、仕事に行くことからも欠勤を届ける電話をかけることからさえも逃れたい一心で、BZ系睡眠薬や抗不安薬を衝動的に大量に飲んで眠り込んでしまう「オーバードース」と呼ばれる行為を繰り返すようになった。

「境界性人格障害」の診断から始まった自傷行為

それがもとで両親に私立の精神科病院に二度目の強制入院をさせられて、そこの医師から「境界型人格障害」という診断を下されると、両親はますます私の人間性に対する嘲罵を強めた（この九〇年頃は「境界性」ではなく「境界型」と呼ばれることが多かった）。

この病名は本来、自傷行為や自殺企図を繰り返す、些細なきっかけで気分や感情が激変するなど、いくつかの決まった症状が同時に当てはまる患者に付けられるにすぎないものだが、「人格」という、通常は恒常的で、人間の根幹をなすものが「障害」されているという病名の構成から、一般の人たちには「生来の人間性が本質的に劣悪」というイメージばかりが否応なく強く伝わる。それで案の定、両親は医者にお墨付きでも貰ったように、「それ見ろ、お前がうまくいかないのは我々のせいじゃない。お前が生まれ着き、根っから人間が腐っているだけのことだ」とばかり、遠慮会釈なく私を罵るようになった。

その結果、この二度目の入院から帰った少し後の三二歳になる頃から、私は剃刀で自分の腕を切りつける「自傷行為」を始めた。

これには三つの動機があった。

自傷の動機その1——苦しい薬の中毒症状を紛らわす

一つ目は、ＢＺ系薬剤長期連用の弊害による苦しい症状から逃れるためだった。

その頃、ＢＺを毎日習慣的に飲み始めてから五年余りが経過して、私は毎日起きている間中、何の理由もない激しい不安と胸の苦しさが治まらなくなった。

それはもう筆舌に尽くし難い苦しさで、常時前後左右に身体を揺すり続けているか、動物園の熊よろしく無意味に部屋の中をウロウロ歩き回っているかしていないと耐えられないほどだった。御蔭でそのことまで「具合が悪いならじっと寝てればいいじゃないの」と、母親から怒られるタネになった。それができるくらいなら苦労はなかったのだが。

そんなある時、私は自分で自分を傷つけると胸の苦しさが楽になることに気が付いた。

最初のヒントは、テレビで見た、相手の背中に針を刺すといういじめのシーンだった。

それでふと、試しに針で自分の手の皮膚を刺してみると、刺して痛みを感じている間だけ、不安と胸の苦しさを忘れることができた。これはいい、と思った。針で刺す痛みの方が、不安や胸苦しさよりはるかに楽だったからだ。

しかし針で刺す痛みは一瞬なので、胸苦しさから逃れられる時間も一瞬で終わってしまう。そこで次に思い着いたのが、剃刀《かみそり》で皮膚を切りつけるやり方だった。これだと剃刀で皮膚をなぞり痛みを感じている数秒間と、傷から血が滲《にじ》むのを見ている数十秒間にまで、胸の苦しさから解放される時間が延長された。経験のない方にはさぞかし異常で気味悪く聞こえると思うが、ＢＺの弊害による胸苦しさはそれほど耐え難いものだった。

私はこれより大分後まで、「自傷行為」なるものが精神疾患の一症状として、他の多くの患者さんにも共通して存在することをまったく知らなかった。だから当時の私にとっては、これは「より高度の苦痛（中毒症状）から逃れる」ために、純粋に自ら発明した方法だった。

ここから推察するに、私同様、自傷行為を他から知識として教えられることなく、私に似た動機づけで自ら思い着く人たちが、世の中に相当数存在するのではないだろうか。

自傷の動機その2――憎い自分を罰して楽になる

二つ目の動機は、自傷行為により身体的な苦しみだけでなく、精神的苦しみも緩和されることに気付いて、その効果を狙ったことだった。

先述の通り、両親の私に対する嘲りと憎しみの表出は、私の病状が悪化し、安定して仕事に行けない期間が長引くにつれ強まる一方で、「境界性人格障害」という病名が精神科医から告知されたことで一段と拍車がかかった。

生みの親からさえ人間性を信じてもらえず、蔑み憎まれる――これこそ当時の私にとって、精神的に最も耐え難い苦しみだった。

何故なら私はそれまで自分を傷《いた》めつけ通した両親を強く恨みながら、その一方でまだ彼らへの思慕を強く残し、何とかして彼らから愛されたい、認められたいという願いを諦めきれずにいたからだ。

諦めきれなかった理由の一つは、自分は幼少期から彼らに能力も人間性も全否定されたことで「私はこの世に生きていてもいい人間」とさえ思えないほど、自分の存在価値について基本的自信を獲得できず、その結果病んだという自覚が私にあったからだ。だから病から本当に回復するためには自分の存在価値についての自信を獲得することが不可欠であり、そのためには彼らに愛され認められることが不可欠と、強固に思い込んでいたためである。

そしてもう一つの理由は、私が「親はこの世で一番子どもを愛する存在」という社会通念をまだ盲信していたために、その親からさえ愛されないのがあまりにも惨めで耐えられなかったことである。

だが最大の理由はやはり、両親が私にとって、理屈抜きで世界一愛おしく大切な存在で在り続けていたことだった。だからその彼らにたった一度でいいから自分の存在を心の底から喜ばれてみたかった。そのことが、それこそ血を吐くほどの悲願だったのに、現実には絶対実現不可能な状況だったから、私には生きているのが地獄に感じられた。そう思えたのは既述の通り、実際に彼らから毎日投げられるのは、願いとは正反対の「情けない」「見下げ果てた奴」「この横着者」という、憎しみと蔑みに満ちた視線と言葉ばかりだったからだ。

当時その状況を「まるで毎日火焙りに遭っているみたい」と言葉で表現したことがあったが、するとそれまで父親に「気違いじみてる」と嘲《あざ》けられた。

だから私は生みの親からさえまったく信を置かれず、憎まれ蔑まれるだけの自分が、猛烈に憎くてたまらなくなった。

「なんだ、こんな奴！」と、自分を滅茶苦茶にぶち壊してやりたくなった。

だから自分で自分を剃刀で切りつけて、痛みを感じている間、そういう自分を罰することができている気になれて、わずかながらも安らぎを覚えたのである。

これもやり始めてみて初めて気付いた効果だったが、一つ目の効果とともに、これによっても私は自傷行為がやめられなくなり、それが習慣化した。

それでこの、「憎い自分を罰して精神的苦痛を和らげる」というのも、多くの自傷行為を行なう人たちに共通の動機づけになっているのではないかと、私は推察している。

その後、他の同じ症状の人たちの話を聞くにつれて、この二つ目の動機の方が、一つ目の「薬の中毒による身体的苦痛を和らげる」より動機としての順位が高く、自傷行為の動機のトップではないかと感じるようになった。

したがって、患者に自傷行為をやめさせるために最も肝要なのは、患者が自分自身を憎まずに済むようにすることだと確信している。

自傷の動機その3——内面の傷を外に出す

そして三つ目の動機は、やや観念的に聞こえるかもしれないが、自分の心の中を整理することだった。

私は当時、母親にこう話した記憶がある。即ち「こうやって心の中の傷を、外に見えるように出しているの」と。

母は「そんなことないわよ！」とむきになって否定したが、私にとってはそれが正に身体の感覚で感じられる実感だった。傷を外から見えるようにした方が、心の中が幾分整理されて楽になる感じがしたのである。

これは精神医学の専門用語で「葛藤の処理」と表現されることの一部だった気がする。

そして精神医学で言う「葛藤の処理」の主役を担ったのが、この「傷の外在化・可視化」より二つ目の「憎い自分を罰する」の方だったと感じる。

それはともかく、私は「そんなことないわよ！」という母の言葉に激しい怒りを覚えた。「あなたから心に深い傷を負わされた」という私の長年の抗議を撥ねつけ続けてきた母としては、何よりまず私の「心の中の傷」という言葉を「そんなものは存在しない」と是が非でも否定したかったのだろうが、私には、母が私のことを私自身よりわかっているかのような自信たっぷりのもの言いをしたことが、どうにも許せなかった。

今思えば、母がどれほど言葉で「私はあんたを支配なんかしていない」と否定しても、同じ口で「あんたのことなら私の方があんた本人よりずっとよくわかっている」と考えているのが如実に伝わる専横なもの言いをしたことこそ、長年私を専制支配してきたことの何よりの証明になっていたと感じる。つまり語るに落ちていたと。

自傷行為が昂じて自殺企図へ

このように様々な効果があったために、自傷行為は急激にエスカレートしていった。

最初は針で皮膚を刺し、次に剃刀で皮膚を切りつけるようになったのが、今度は静脈を切るようになり、最後は動脈を切るようになった。わずか一、二カ月でそこまで進んだ。

静脈を切る痛みは皮膚とさほど変わらないが、動脈を切る痛みはそれより格段に激しい。

昔から「焼け火箸を当てられるよう」と医学書に形容されていたのがよく当たっていると感じた。

それでも最後は動脈ばかり切るようになったのは、一回当たりの自傷で得られる出血時間が長く、出血量も多かったからだ。

出血時間が長いことで、より長い時間心身の苦しみが緩和され、出血量が多いことで「死ねるかもしれない」という期待が持てるようになったからである。

親に人間性を最低最悪と評価され、毎日憎しみと蔑みばかり投げられる苦しみが、それから「死んででも逃れたい」という「希死念慮」を生んだ。

この希死念慮が、自傷行為を自殺企図へと進行させた。

そして普通なら、このやり方で当然死ねていたはずだった。

毎日のように動脈を切ることを繰り返した私は貧血が急激に進み、ある時、大量出血の直後に運ばれた病院での血液検査の数値からは、全身の血液の六割が失われていたことがわかったからだ。女性はもともと出産に堪えられるように出血に強く生まれついていると言われるが、それでも通常、全身の血液の半分が失われれば死ぬと言われている。にも拘わらず私が死ねなかったのは、ただただ生命力と悪運が強かった御蔭としか考えられない。

憎しみと蔑みだけを強めた父

だがこうして病状が進行すると、両親の私への憎しみと蔑みはさらにエスカレートした。

父は、私が手首の動脈や首の静脈を切って大量出血して虚脱状態に陥っているのを見つけると、目を剝《む》いて、ありったけの憎悪と蔑みを込めてまじまじと私の顔を覗き込み、「完全に狂ってしまっとるな」と吐き捨てた。

そこに母が来て「(水分補給のために)ポカリスエット買って来るわ」と言うと、父は私に「そんなものをお母さんに買いにやらせていいのか？　自分で買って来い」と命令した。

救急車に家まで呼んで近所の人たちに見られるのが恥ずかしかった両親は、私を駐車場まで歩かせて家の車に乗せ、最寄の消防署まで私を運び、そこから救急車で病院に運んでくれるよう、救急隊員に要請した。その時、救急隊員が父に「娘さんには何か普段から病気があるんですか？」と訊くと、父は救急隊員に、まるで習い立てのお経でも読み上げるように訥々《とつとつ》と「きょうかいがたじんかくしょうがい」と答えた。

この、自分をまるで人の心を持たない者のように言われた思いになる病名が死ぬほど嫌だった私は、口惜しさで気が狂わんばかりになった。

これを言った父の意図は「そんな病名、私も初めて聞いたんです。娘と違って、私はそんなおかしなものにはまったく縁のない人間ですから」ということと、「しかしそれでも私は親ですから、医者に聞いてそんな耳慣れない病気もちゃんと承知しています」という二つのことを、行きずりの救急隊員に知らしめることだったと私は見ている。

父の「親に恥ばかり掻かせて」という憎しみと、自分の体面しかない冷たさとに私は胸が凍りつき、絶望に追い撃ちをかけられた。

騙し討ちで精神科病院に拉致

そして近くの一般病院に運ばれ、数日間の入院で体力が回復すると、父に「さあ退院するぞ」と騙されて、一年半前に入院した二つ目の精神科病院に拉致され閉じ込められるという最高の仕上げが付いた。

てっきり家に帰る積もりで父と一緒に荷物を持ち病院の玄関を出ると、そこに一台のタクシーが待っていた。

それが普通のタクシーと違っていたのは、運転手が車の外に出て立ち、軽蔑まじりの威嚇的な目で私を睨みつけたことだった。

訝《いぶか》しく思い父を見遣ると、父は私に「退院じゃなく転院だ。これから○○病院に行く」と、一年半前に私に「境界型人格障害」という診断を下した病院の名前を挙げた。私は、もう終わりだと思った。前の入院の時、そこで私はまる一週間、ベッドに縛られ続けたからである。そこにもう一度行くくらいなら、死んだ方がましだった。

次の瞬間、私は脱兎のごとく駆け出した。それを父と運転手が猛烈な力で取り押さえた。

私はあらん限りの抵抗を試みたが、大の男二人が相手ではそれも虚しく、あっけなく車の中に押し込まれてしまった。

車が走り出した後も、運転を妨害するなどの抵抗を試みたが、父に阻止された。

運転手が私にひどく乱暴な言葉を吐いた時、一瞬父の顔に狼狽が走ったが、結局それに対して父が明確に抗議することはなかった。

運転手は至って単細胞な人間らしく、私のことを、これから精神病院に入るような人間だから、たとえ顧客の娘であってもどれほど無礼に扱っても構わない相手と心得ていたようだ。

二〇〇〇年頃から、入院を拒む精神疾患の患者を移送する業務を宅配業者が始めたという記事を一度新聞で読んだことがあるが、これはそれより大分前の九一年で、私が三三歳の時のことだったから、彼はその先駆けのような組織に属していたのかもしれない。

父は車の中で私に「今回のことはお父さんが一人で決めた。お母さんには何も相談していない」と、えらくもったいぶった調子で言った。言外に「お母さんに言うと目先の感情で反対されて、思い切ったことができないからな」と匂わせていた。ついでに「お母さんを恨むなよ」とも言いたかったのかもしれない。とにかく自分が家庭内で一番強い権力と高い判断力を持っているという自負でいっぱいで、それを誇示しようとする、非常に鼻につく言い方だった。「何を一人で悦に入ってるんだ。その思い切ったことが少しも賢くない。そんなことをしたって何一つ良くならない。もし少しでも私を良くしてくれる気があるなら、まず碌《ろく》でなしという決めつけと、その汚いものを見るような目をやめてもらえないか」という怒りともどかしさを、その時覚えた。

だが父はさらに追い撃ちをかけるように「今度は一カ月や二カ月で出られると思うなよ」と露骨に私を挑発し脅した。まだ父に愛されたい気持ちを残していた私は「やっぱり私がそんなに忌々しかったのか。私の病気を懲らしめれば良くなる性質の問題と思っているんだな」と、父のそのひと言で確認できた気がして、まったき絶望に突き落とされた。

一方で父は「お前が冷静に振る舞えば、この間みたいに縛られるようなことはないからな」と懐柔するような言い方もしてきたが、それには「それが温情の積もりか」と、一層許せない思いばかりが募った。

その車で三、四時間の道中、私は最初の内こそ負けずに罵り合いの応酬をしたが、無駄なのは初めからわかっていたし、疲れも出てきたので、途中からは黙りこくっていた。

医者に親の「愛情」と見識をひけらかす父

病院に着いてからが、さらに修羅場だった。

応接室のような所に通されてしばらく待っていると、私に「境界型人格障害」という診断をつけた前回入院時の主治医が、びっくりした顔で現われた。何と父は、病院にもこの医師にも事前に何も相談することなく、私をこの病院に運び込んだのである。

そこから医師に対する、父の事情説明が始まった。

まず父は、前回退院して間もなくから私の自傷行為が始まり、それが自殺企図に発展し、頻々と繰り返されたことを伝えた。

そしてその後、具体的にどことどこと言ったかはもう忘れてしまったが、自分があちこちの相談機関に掛け合って相談を重ねた結果、「○○病院にもう一度入院を」という結論に達したのだと、滔々《とうとう》と述べ立てた。自分の親としての「愛情」や責任感、見識や判断力の高さを得々とアピールしたい意図が見え見えで、聞いていて最高にうんざりした上、激しい憎しみがこみ上げた。

私は、父が隠れてそんな風に動き回っていたことなどまったく知らなかった。なんと暇で御苦労様なと言いたかった。

もし本当に私の病気を良くしたい気持ちを少しでも持ってくれていたのなら、そんなことをするより「何故、自分を傷つけたりする？　何がそんなに辛くて死にたいのか？」と、一度でもいいから訊いてほしかった。

しかし父がそれをしなかったのは、思えば当然のことだった。

何がそんなに辛いのか、一から子ども本人に訊いて知りたいと思ってくれるような親なら、最初からそこまで子どもを追い詰める筈《はず》もなかったからだ。

その時点で既に一五年間、「病気の原因は母の支配と存在否定の苦しみ」だという私の必死の訴えを、ただの責任転嫁と撥ねつけ続けていた父は、私が繰り返し自殺を図る理由についても、私一人が勝手に生まれ着き狂っているだけのことと、決めつけて終わらせてしまっていた。だから自殺の本当の動機が「生みの親に蔑み憎まれるのが地獄」という誰にでもすぐ理解できる思いであり、それを自分たちがつくっているなどとは思ってもみなかったようだ。

完全に無駄に終わった三度目の入院

今思えば、親と医者が目の前に揃っていたその時こそ、自傷と自殺企図を繰り返した真の動機を、自分の口ではっきり説明する絶好のチャンスだったかもしれない。しかし私も病院に力ずくで引きずってこられた直後は、何よりも「生みの親にこんな騙し討ちをされるようになってはもうおしまい」という思いにすっかり打ちのめされてしまい、それを説明する気力などまったく残っていなかった。

医師も、ここまで唯我独尊の人間に何を言っても無駄と思ってか、父の取った対応について、意見らしい意見は何も言わなかった。

そしてその場の事態を収拾させるためには、私に入院を勧めるより他ないと考えたと見え、彼は私に「自分から入院を受け容れれば、前回のように強制入院ではなく、今回は任意入院の扱いになる」と勧めてきた。自傷や自殺企図を頻々と繰り返し「手に負えないから入院させろ」と親が連れてきた患者をそのまま家庭に帰すのが賢明でないことは、ちょっと考えてみただけでもすぐにわかる。

私も、帰りたいと言っても現実的に不可能で、今帰っても地獄なのは十分わかったから、仕方なく入院を承諾した。

そしてこの病院では抵抗すればするほど長く縛られて、自ら無駄な苦しみを増やすだけだと、前回の入院で嫌というほど思い知らされていたから、大人しく病棟に上がった。


しかし父に対する不信と憎悪は何十倍にも膨れ上がった。

あまりの口惜しさに、父が私を置いて病棟を立ち去る時、私は父に「糞ジジイ、とっとと失せやがれ！」と罵声を浴びせた。父は周りを見て「そんなことを言ったらお前が不利になる」と言いたげに一瞬顔に狼狽を走らせたが、私には「そんなことどうだっていい」としか思えなかった。

この入院は前回の三倍の三カ月に及んだが、結局何の効果もなかった。

この間も医師は私に両親と親子関係の話をするなと止めるだけで、私から両親との関係を過去に遡って十分聴き取ろうともしなければ、両親に私への対応の改善を促す働きかけもまったくしなかったから、親子関係も私の病状もまったく良くならなかったのは当然の結果だった。

「何故拘束しない」と不満を表明する父

それで、この最初の病院の時から合わせて三度目の入院から退院した後も、両親に蔑み憎まれる苦しみが変わりなく続いたことで、私は自殺企図をやめることができなかった。

そして三度目の入院から約一年後、三四歳の時に、私は四度目の入院をした。二度目、三度目に入院した精神科病院の主治医との関係は破綻して、当時は別の病院にかかっていたので、四度目の入院先はそこだった。

そこはある国立大学病院の精神科で、入院の理由は睡眠薬自殺企図、初診から数カ月後のことだった。致死量を優に超える睡眠薬を飲んだため、直後は呼吸が止まりかけて、数日間人工呼吸器につながれたが、結局また助かってしまった。

そこも閉鎖病棟で、病棟という空間から一歩外に出ることさえ、自分の意思一つでは叶わなかった。それで身体の状態が回復した私は、その惨めな境遇が耐えられなくなり、ある時、職員の目を盗んで、脱走を図った。すぐに見つかって職員に取り押さえられたが、その病院では再度病棟に引きずり戻されただけで、それ以上懲罰的なことは何もされなかった。少しでも逆らえば、何日もベッドに微動だにできぬように縛りつけられた前の病院とは雲泥《うんでい》の差だった。

だからこの事件に関して一番辛かったのは、病棟に連れ戻されたことではなく、この件に対する父の反応だった。

その直後に面会に来た時、父は私に「そんなことをしたのに拘束されないなんてなあ」と、心底驚いた調子で言った。そこには「手温《ぬる》い」という不満と非難が混じっていた。

これを聞いて私は、父がやはり私のことを「懲罰を与えて矯正すべき異常者、犯罪者」の類《たぐい》と見做《な》しており、自分たちが痛めつけて私を病ませたという認識も、病んだ後、一層迫害を強めて死に追い詰めているという認識も一切ないのだと、再度徹底して思い知らされ、立ち上がれない思いになった。

言葉のサディストと化した両親

今の話からも想像していただけるように、この時期にも両親の私の心を裂く言葉の暴力、精神的暴力はエスカレートする一方だった。

例えば同じ入院中、入院患者が自由に集う広いホールで両親と面会した時には、他の患者さんたちの様子が一見楽しそうに見えたのか、父が「ああ、こんな世界もあるんだなあ」と羨ましそうに慨嘆し、それに対して母が「あら、ここの人たち、誰も働いてないじゃないの」と応じる一幕もあった。

私はどちらの言葉にも胸を抉《えぐ》られた。

父の言葉には「どれほどこの中で自由に振る舞っているように見えても、所詮は囚われの身という、土台の部分の惨めさが全然わかっていない」という理由で。

母の言葉は「働かない人間は無価値」という私への当てつけだったという理由で。

この会話では母の方がより冒瀆的だったが、先述の通り、父も当時の私がなかなか働けないのを「働くのが嫌いな怠け者」だからと考えていた点ではまったく同じだった。

今の話を書いて、やはり同じ頃、母に言われて非常に口惜しかった言葉を思い出したので、それを続けて書いておきたい。

それは「億万長者の家に生まれればよかったのにねぇ。そうすれば一生遊んで暮らせたのにねぇ」というものだ。

状態が著しく悪くて仕事に行けず、家に居た時に言われたものだが、これがどれほど嫌味で胸を抉《えぐ》られたか、説明しなくてもわかっていただけるだろう。

繰り返しになるが、私は「遊んで暮らしたい」「働くのが嫌」などと思ったことは、生まれてこのかた一度もない。

後から気付いたことだが、そういう考えや性質は、母が強く持っていたものだった。

断続的にではあったが、私はこの時期でも勤務先の診療所に、どうにか行き着けて勤務に堪えられそうな時には、片道二時間余りかけて通っていた。

それを休まずに行けないからと、ためらうことなく「働くのが嫌だから」と決めつけられたのは、著しく不当に人間性を卑しめられる思いがして屈辱だった。

後に病状が改善してからは、母は私のことも自分の物差しで測っていたのだと読み解けたが、当時はこの言葉にも「死んで楽になりたい」思いに追い詰められた。


他に同じ頃、母に言われた言葉で「うつ病ってそんなにいい病気なの？　昔はいい人がなるって言われていたけど、今は凄く嫌な人がなるっていうじゃないの」というのや、（私が「普通なら簡単な筈《はず》の日常生活行動もままならない」と、自分の状態を説明したのに対して）「本当にできないんでしょうね。あんたの病気の人は、子どもが垢まみれになっていても風呂にも入れられないし、四〇度の熱を出しても何もしてやれないそうだから」というのにも、同様に胸を裂かれた。私に対するこれ以上の人間性否定はなかったと感じる。

「私は本気で他人を憎んだことはない。あんたの憎しみは凄いわね」というのが、母の私に対する長年の口癖だったが、私は今でも、今挙げた母の三つの言葉に剝き出しの激しい敵意と憎悪をひしひしと感じる。明らかに母はこれらの言葉を、故意に私を傷つける目的で言い、最も私を打ちのめすのに最も効果的な言葉を選りすぐって投げつけたとしか思えない。

次はまた、父の話に戻る。

私は三五歳になると間もなく、勤務先の診療所の好意で、再び東京に部屋を借りて一人暮らしするようになった。そしてその少し前から、かかる精神科病院を、開放病棟を持つ個人病院にかえた。私はこの病院には、計四回入院した。

入院したのは、親元から離れ、両親から胸を抉られる言葉を投げられる頻度が減ったことで、自殺企図も徐々に治まっていってはいたが、まだその後一年半くらいは、電話で両親から酷《むご》い言葉を吐かれたことなどをきっかけにそうした行動に出ることが、ぽつりぽつりあったためだ。

そんな事情で入院した折に、父が一度見舞いに来てくれたことがあった。

私はこの病院では差額ベッド代を払って個室に入った。私はもともと対人関係の緊張が非常に強く、他人と同じ部屋で寝起きするのが大の苦手だった一方、休み休みでも働いていて収入があったので、それが叶った。個室料が非常に安い病院だったことも幸いした。

ところが病室に来た父が私に真っ先に言った言葉は「おい、お前、この部屋リザーブしておいたらどうだ？　どうせ帰っても、またすぐ来るんだろうから」だった。

正直言って〝そんなことを言うためになら来ないでほしい〟という思いになった。私が両親の家に居た時同様、外の光の刺激に耐えられなくて病室のカーテンを閉め切っていたのが、父は気に入らなかったのかもしれないが。

父の酷《むご》い言葉と行動はさらに続いた。

それから間もなく、夕食の準備ができたから食堂に集まるようにという放送が病棟内に流れると、それを聞いた父が「ほう、どんな食事を食べているのか、ひとつ見てやろうか」と、バカにした口調で言ってくれたのである。私はダブルパンチを喰らった。
そしてとどめに、父は本当に食堂まで付いて来て、入院患者が揃って食事をするところを薄笑いを浮かべながら睥睨《へいげい》した後、おもむろに帰って行った。
これらの嘲りに満ちた父の言葉や行動にも、私を打ちのめして喜ぶ明らかな敵意が感じられ、私は心が粉々になった。

こういう、両親が私に投げた、人としての誇りを打ち砕く言葉を挙げ続けたら、まだまだ際限がないが、大体こうした類《たぐい》の言葉を毎日絶え間なく投げ続けられたと思っていただけば、事実と大きく隔たらない。この頃の両親は私を卑しめることを生き甲斐にしていたとしか思えなかった、ということでエピソードの例示は終わりにさせていただく。

〈本節の総括――子どもの病状と親子関係改善のための提案〉

それではこの節の総括に入りたい。
まず両親の私への対応の誤りの本質はどこにあったかを指摘して、それから、親子関係と子どもの病状の改善を図るためには、親は代わりにどう対応するのが望ましいと考えるか、私自身の経験から提案したいことを書いていきたい。

事態の泥沼化を防ぎたければ「否定」をやめよ

両親は私が病み始めて以後ずっと、どれほど私が彼らの私に対する関わり方のまずさが私を病ませたと訴えても、頑としてそれを認めなかった。

だから私の病が重くなり、社会生活に支障が出始めると——よりわかりやすく言えば、私が仕事場での地位を上げ続けられなくなると、両親は一層私が忌々しくなり「能力も人間性も何一つ取る所がない」「世界一見下げ果てた奴」という否定の表現を何十倍も激化させたのは、当然の成り行きだった。そして「折角苦労して育ててやったのに、お前の御蔭で世間様に顔向けできない」という罵りまで加えてきた。

だから両親と同じ立場に立った親御さんたちも、同じことをしやすいに違いない。

だが、これが子どもの病状と親子関係をさらに何百倍も悪化させ、何千倍も不幸な事態に導く。だから「否定、罵りを続ける限り状況は悪くなる一方」とどこかで気付いて、それをやめて下さるよう、切にお願いしたい。

親が子どもを罵れば子どもの病気が悪化し、子どもの病気が悪化すれば親の不満が増大してますます子どもを罵るという救いのない悪循環を、何としても断っていただきたい。

そもそも私の病気は、親から「あなたが居てくれて嬉しい」と受容されているというメッセージが受け取れなかったのに続いて、一から十までけなしまくられる「存在否定」が積もり積もったことが最大の原因で起きたのに、病気になってからさらに原因の「存在否定」を強化されたら、病状が極限まで悪化し、状況が破滅に向かってひた走るのは火を見るより明らかだった。このことは同じ事情で子どもが病んだすべての親子に共通して言える。

さらに私の場合、否定を強められる苦しみを緩和したい一心からBZ系抗不安薬や睡眠薬の使用量が増えていき、それも病状悪化に拍車をかけた。またBZ薬が持つ「脱抑制」などの弊害が原因で、自傷や自殺企図が一層頻繁になり、これが両親に否定と懲罰行動を強めさせた。この向精神薬による悪循環の促進も、多くの事例で共通して起きると推測される。

同居の罠——経済的・物理的依存がフラストレーションを強める

またひと度この状況に陥ると、親子が同じ家で共に暮らす限り悪循環が止まらず、事態は悪化し続けるのがほぼ一〇〇%避けられない。それなのに、子どもの病状の悪化が「社会で仕事をするのに堪えられない」「日常の生活行動をすべて一人でやるのが困難」というところまで達すると、子どもが親の経済的、物理的支援を必要とするようになり、親子が別に暮らすのを困難にすることが、どうしようもないジレンマである。

私もその状態を、三一歳の終わりから三五歳の初めまで三年あまり経験したが、この「親への経済的、物理的依存」も、病状の悪化と親子関係の悪化の悪循環を促進してしまう。何故ならもともと自分の意思で自分の行動を決められない「主体性の剝奪」も病気の原因の大きな一つだったのに、「親に世話になっている」という弱味から、子どもはますます不満を抑え込んで親の言いなりになることを余儀なくされるからだ。

また親の側も「生活の面倒を見てやっている」という意識から、子どもへの指図や否定的言動を遠慮なく強めやすいからだ。こうして子どもの中で、フラストレーションが爆発寸前まで高まっていく。これも多くの事例で共通に起きる現象と推測できる。

それでも私の場合、そのパラサイト化していた三年余りの間に両親に暴力を振るった回数は、ひと桁で収まった。母親の頬を一回平手打ちする、髪の毛を引っ張る、父親の首を途中まで絞める真似をする、家の中の置物を一つ二つ叩き割るという程度で済んだ。正直な話、「もうあなたたち、死んでちょうだい！」くらいはかなりの回数叫んだが、本気で両親を殺そうとしたことはなかった。

これは前にも書いたように、私の場合、おそらく生来の性格のせいで、憎しみと攻撃の大部分が自分自身に向かったためである。だから両親の罵りの激化と病状悪化の悪循環の結果は、もっぱら自殺企図の頻繁化という形で現れた。しかもひとえに悪運と生命力が強かった御蔭で、幸い自分も死に至らずに済んだ。

加えて私の場合、勤め先の診療所が好意で家賃を半分負担してくれたことで、三五歳から再び東京で一人暮らしできるようになり、両親と離れて生活できるようになったことも、最悪の不幸を免れる大きな一助になった。

だが私のような幸運が、すべてのケースで期待できる訳ではない。

特別な幸運がなければ、泥沼の悪循環の果てに罵りと病苦に耐えきれなくなった子どもが、自棄《やけ》になって親を殺す、あるいは自殺を遂げるという事態が起きてもまったく不思議はない。

だからこそ同様のケースのすべての親御さんに、子どもの病状が悪化して社会生活が挫折した時に、子どもへの否定的言動（罵り）を強めることは絶対にやめてと強くお願いしたい。

これも前に書いたことだが、子どもの精神の病に悩む親御さんの中に、自分が殺されさえしなければいいという考えの方は、ほとんどいらっしゃらないと思う。

できるものなら子どもに一刻も早く良くなってほしいし、親子の関係も温かく信頼に満ちたものにしたいと思われている方がほとんどだろう。

親も子どもも人生は一度きりなのだから、そうしなければもったいないと考えて当然だ。だったらその期に及んでまだ、子どもを否定的に見たり、それを言葉や態度で表現したりするのをエスカレートさせるような愚の極みは、何としてもやめていただいたい。

子どもの苦しみに理解を示す言葉を根気よくかけてみて

そのためには、御自身が長年子どもにあらゆる面で否定的評価を投げ続けてきたことが、子どもを病ませる最大の原因になったことを真っ直ぐ認めていただくのが最善である。

しかし私の両親の場合だけを見ても、それが心情的にとても困難な親御さんが多数派であることは想像に難くない。

ならば原因論、責任論はひとまず脇に置いて、とにかく試しにこれからは子どもに言葉でも態度でも否定的評価を投げるのをやめてみよう、そして心の中でもできる限り子どものことを「あそこは駄目、ここも駄目」と否定的に見るのをやめようと決意していただけないだろうか。さらにできるものなら子どもに「お前も自分で自分が思うようにならなくて辛いな」と、理解を示す言葉をかけてみていただきたい。それで子どもにどういう変化が起きるかを、静かに見守っていただきたい。

しかし一日や二日では変化が見えてこない場合も多いと思うので、その場合は一カ月、二カ月と辛抱強く続けてみていただきたい。すると多くのケースで自傷や自殺企図が止んでくるなど、子どもに改善の兆しが見えてくることが期待できる。

　これについては、私も多数の事例で実験してデータを取ることはできていないので、「もし私が両親にそう対応されていたらこうなっていただろう」という、幸せな仮定に基づく推測からものを言っているにすぎず、実証的根拠に乏しい点は大変申し訳ないのだが。

　尚、短期間で変化が見られない子どもほど、親への不信感が強固に固まっていると思われるので、一、二週間で変化が見られないからとすぐに業を煮やして、親が再び否定的な言葉や態度を投げ始めるのは非常に危険であると指摘したい。

　その場合、たとえ子どもがまったく嬉しいと表現しなくても、子どもの中では長い間諦めていた「親の受容」への期待が芽生えている可能性が高く、そこへしばらく振りに以前同様の否定的評価を投げられると、子どもは「なんだ、やっぱり何も変わってなかったじゃないか」という、期待を裏切られた激しい怒りと絶望から、反動で急激に病状を再悪化させ、破壊的衝動を暴発させやすくなることが、容易に想像できるからである。これは希望の見えない状態が慢性的に続いている場合よりはるかに危険で、正に突然の親殺しや自殺に直結しやすい。

　だから要求が多くて申し訳ないのだが、「これからは否定的評価を投げない」と決意していただけるのであれば、それと同時に「子どもに良い変化が現われてくるまで何カ月でも何年でも諦めない」という覚悟も決めていただきたい。

　子どもが病気になるまでの間に、子どもの心を損なう力が何年何十年とかかり続けたことを考えれば、たとえある時からその力が取り除かれても、病状に改善の兆しが見えてくるまでに相当長い時間がかかってまったく不思議はない。逆に時間がかかって当然なのだから。

しかし、ひと度改善の兆候が見えれば、後はほぐれ始めた糸がどんどんほどけるように、一気に事態が解決に向かうこともしばしばある。だから私としては親御さんに是非ともその可能性に賭けて、「否定的評価をやめる」ことに挑戦していただきたい。

第21節　私が回復に至った経緯、そして両親との絶縁

第I部を終えるにあたり、折角なので、ついでにその後、私がどういう経過を辿《たど》り、今こういう文章を書くに至ったかについて、簡単に説明させていただきたい。

私に恵まれた二つの幸運

私の場合、残念ながら本書にこれまで提案してきたようなことは、両親にまったくやってもらえなかった。それでも最悪の時期に較べれば病が劇的に改善し、安定して医者の仕事ができるようになり、六〇歳になる現在まで普通に社会生活できているのは、二つの大きな幸運の御蔭である。

一つ目は、三七歳の時に出会った最後の精神科の主治医が私の話を徹底して真っ直ぐに聴き、両親に非があることを完全に認めてくれた御蔭で、もう彼らから肯定的に評価されることも愛されることも諦めようと、心を決められたこと。

そしてもう一つは、三八歳の時に一念発起して、死ぬほど苦しい禁断症状を乗り越えてBZ系抗不安薬を断薬できたことだった。

一つ目の幸運――親の非を一貫して認めてくれる医師との出会い

一つ目の幸運について説明したい。

私は二六歳から三九歳までの間に、合計一〇余人の精神科医にかかったが、最後の一人を除いて全員、「今さら親がどうだったなんて言っても始まらない」と私の話を遮り、最後まで聞いてくれなかった。

ところが三七歳の時に出会った最後の医師だけがそれまでとはまったく違い、私に幼少期から当時に至るまで両親の言葉や仕打ちが如何に辛かったかを残らず吐き出させてくれ、「それはひどい。本当に辛かっただろう」と、心底そう思っている調子で相槌《あいづち》を打ってくれた。

長年両親に自分たちが精神的暴力を振るったことを否認され続けて、のた打つような口惜しさを抱えていた私は、誰か一人でも自分の病気の原因が親にあることを本気で認めてくれる人は居ないかと探しあぐねていた。その願いが叶わない限り、自分は一歩も前に進めない気がしていた。そこへこの先生に出会えたことで、私は急速に心の落ち着きを取り戻した。

この先生はさらに両親を呼んで、「お嬢さんの病気はあなた方の関わり方に原因があるから、それを改めてほしい」と、はっきり指摘し指示することまでしてくれた。もちろんそれも、それまでの医師は誰一人やってくれなかったことだった。

それでも両親の私に対する姿勢はほとんど変わらなかったが、この先生が私のためにそこまでしてくれたことだけで、私の中に一種〝もういい、気が済んだ〟という思いが芽生えた。たった一人とはいえ、赤の他人が私のためにそこまで身を投げ打ってくれたのだから、自分もその厚意に報い、立ち直って頑張って生きなければという思いが猛然と湧いてきた。

御蔭で私は人生を大きく方向転換する大事な考えに辿《たど》り着くことができた。それは即ち「やっぱり父や母は、おかしな酷《むご》い人たちなんだ。私は今まで彼らに認められることなしには自分の価値を本当に信じられるようにはなれず、病気からの回復も不可能と思い込み、彼らから評価されることに執着してきたが、そんな誤った無駄な考えはもうやめよう。私は能力も人間性もそんなに悪くない。彼らがあそこまで私をけなすのは、彼らの目や心がおかしいからだ。彼らから認められなくてもいい。そんなことで私の価値は決まらない。もう彼らの評価に振り回されず、これからは自分の信じるところに従って生きて、働いて社会に貢献するなど自らの行動で、自分の価値をつくっていこう」というものだった。その御蔭で、私は両親がまったく変わらなくても一人で立ち直ることが可能になった。

さらにそれと同時に、両親に限らず特定の誰かにどう思われるかで自分の値打が決まる訳ではないことにも気付くことができたので、その御蔭で、周囲の目に一喜一憂して気分が激しく動揺する、境界性人格障害的な心性からも、次第に脱却していくことができた。

以上が、一つ目の幸運をきっかけにしたその後の経緯である。

二つ目の幸運――BZ系薬剤を断薬できたこと

次に二つ目の幸運であるBZ系薬剤の断薬についても説明したい。

繰り返しになるが、BZ系抗不安薬とは、世間一般には「精神安定剤」という呼び名で知られている一連の薬である。

これらの薬には、そのソフトな名前とは正反対の、強い依存性をはじめとする深刻な弊害があり、私はそれらを余すところなく自分の身体で体験した。

弊害を大きくまとめると次のようになる。

①中止すると苦しい禁断症状が出るのでやめられない「依存性」

②当初、病気の症状としてあった不安や抑うつが、飲み始める前より著しく増悪する

③病気の症状に打ち克って仕事や社会生活を営んでいくために必要な、忍耐力、克己心、自制心、社会規範意識などの高次の精神の働きが衰退する

私は二六歳（八四年）からBZ系薬剤を飲み始めて、四、五年後には②と③の弊害が噴出していたが、当時はまだ医者の間でもBZにそうした弊害があることがほとんど知られていなかったため、症状も生活状況もどんどん悪化していく原因はもともとのうつ病の悪化にあると信じ、薬の害を疑うことができなかった。だから薬をやめることなど思いも寄らず、逆にますます増やす一方で、その結果、三〇代半ばには二回に一回も仕事の約束が守れないところまで病状が悪化して、正に社会から落伍寸前の状態に至ってしまった。

その私が三八歳（九六年）の時、突如ＢＺの断薬を思い立ち決意したのは、薬の弊害に関する知識を得たからではまったくなく、年齢的に妊娠可能な最後の時期に差しかかっていると気付いたからだった。

それまでの私は、自分が生まれてきたことを恨まずに済むようになるまでは、子どもを産むことなどもっての外と考えていた。しかしその自分の存在を恨む気持ちが、最後の先生に出会って精神的な落ち着きを取り戻すにつれ、次第に和らいできた。

また同時にその頃、恋心を懐《いだ》く相手もできて、できればこれから自分も子どもを持ちたいという気持ちが芽生えてきた。

すると、その時もまだ大量の薬を飲み続けていた私は、こんな状態ではとても健康な子どもを産むことなど叶わないと気付いた。これが私の断薬の直接の動機だった。

つまり断薬を決めた時点でもまだ、ＢＺ系薬剤に①～③の弊害があるとは、ほとんど認識していなかった。

そしてある日、一気に全部の薬をやめたところ、その三日後くらいから、心臓が口から飛び出しそうな胸の苦しさや全身の痙攣などが起きて、とても生きた心地のしない状態になった。これは禁断症状かな、という考えが頭に浮かんだことで、ようやく①のＢＺの依存性の存在に気付いた。

さらに断薬から五日目にとうとう苦しさに耐えられなくなり、再度薬を服用したところ、それまでの苦しい症状が瞬く間に消え失せた。それで完全に、自分がＢＺの重度の依存状態に陥っていたことが確かめられた。

私はその事実と、薬をやめきれなかった自分の意志の弱さに絶望した。だがすぐに考えが変わった。こんな恐ろしい禁断症状が出る薬を飲んでいては、とても健康な子どもなど産める筈《はず》がないという認識が一段と強まったことで、やはり何としてもやめなければという意志も、それに比例して強まった。

それで今度は薬を少しずつ減量して断薬に持っていく手順を、自分で細かく決めた。そして決めた通りに事を運んだ。少しずつと言っても、後から知った常識的な減量法よりははるかに速く減量を進めたので、その間、一気に断薬した時とほとんど変わらないくらい苦しい禁断症状に襲われた。しかし自分との約束を守らないのは口惜しくて耐えられない勝気な性格の御蔭で、最初に全部の薬をやめてから二四日後に、とうとう減量・断薬を達成した。この時が、これまでの人生で最も強い勝利感と喜びを感じた時だった気がする。

薬をやめた直後に私が一番感動したのは、それまで連日悩まされていた理由のない不安感と胸苦しさが去って、じっと静かに寝ていられるようになったことだった。そのことから②のように、薬のせいでもともとの病気の症状が著しく増悪していたことに気付いた。

それでも不安や抑うつの症状はかなり残ったが、薬をやめたのを境に、私はほとんど休まずに仕事に行けるようになった。その理由を考えてみると、単に症状が軽くなっただけでなく、症状の辛さに打ち克って他人や社会との約束を果たす、忍耐力や克己心、自制心、社会規範意識などが自分本来のレベルまで回復してくれた御蔭だとわかった。そのことからBZ系薬剤に③の弊害があったことにも気付いた。

つまり正に断薬の効果の絶大さを実感したことにより、BZの弊害が如何に深刻だったかを思い知らされたと言える。

そして三つの弊害の内、特に③が取り除かれたことで、その後も両親の私に対する自尊心を打ち砕いたり、無遠慮に主体性を侵害したりする暴言はまったく変わることなく続いたにも拘わらず、それでも気が狂いそうになる口惜しさや絶望をぐっと抑え込んで、仕事や社会生活を大過なく営めるようになった。

さらにそうして経済的にも物理的にも両親にまったく頼らずに済むようになった御蔭で、彼らの私の生き方に対する不当な干渉も、敢然と排除できるようになった次第である。

私に起きた幸運はただの奇跡

以上二つの幸運の御蔭で、私の場合、両親が先に提案したような改善策をまったく取らず、私との関わり方をまったく変えてくれなかったにも拘わらず、私の病気は著しく改善し、安定して医師の仕事を続けられるようになった。五五歳で弟を親元から引き取り、その後も二人で不安なく生活し続け、五九歳から勤務形態も長年の非常勤から念願の常勤に変わった。

しかしそれらの幸運は私一人にたまたま恵まれた、滅多にないものであり、もしそれらがなければ、私は今頃間違いなく完全に社会から落伍し、廃人になっていた。あるいはもう死んで、この世に居なかった可能性さえ高い。

最後に絶縁という不幸

そして再度お伝えしたいのは、私が五五歳で両親と絶縁したという事実である。これを決断したのは、私が、もう両親は死ぬまで変わることはないと見極め、せめて残りの人生だけでも彼らに邪魔されずに、自分の魂に正直に従って悔いなく生きたいと考えたためである。

だからこそ、子どもの病気の回復と親子関係の改善を心の底から願われる親御さんには、是非ともこれまでの私の提案を、一つでも多く採用していただきたい。

特に、できればこれまでの働きかけ方は間違っていたと認めて子どもに謝り、以後は子どもの自尊心を壊したり子ども本人の意思を抑圧したりする言行を、極力やめていただきたい。

もし私もそうしてもらえていたなら、もっと早く大きく病状が改善していたのは間違いないし、両親とも絶縁せずに済んだ。

それが残念でならないことも、そうお願いする大きな理由である。

それでは、私自身が両親との関係で経験した数えきれない苦しみから、親子が殺し合わないために、さらには心を病んだ子どもができる限り健康を回復し、親子関係を温かく信頼あるものに再構築するために、是非こうしていただきたいという具体的な提案を綴ってきた第Ⅰ部は、以上で終わりにしたい。

II

子どもに心を病ませないために、親の立場の方にお願いしたいこと

次に部を改めて、親子関係の問題について一般論的なことをまとめて書かせていただきたい。

新しい疾患概念の提出

ここで私は思い切って**「親子関係関連障害」**という新しい疾患概念を提案したい。

そしてその定義は

「子どもの幼少期からの親子関係の不適切さが主原因で、子どもに発症する精神疾患の総称」としたい。

言うまでもなく、私自身がその代表例だと考えている。

精神科の専門医ではない私がそうした挙に出るのは僭越かもしれないが、熟考の末、そういう疾患概念を創設することが社会の多くの人たちの役に立つと確信できたので、「当事者代表」の立場から敢えて提案させていただきたい。

私の場合の「親子関係の不適切さ」の本質は「親が子どもの主体性を完全に剝奪し、子どもの自尊心を徹底的に破壊する」と表現できる。

これは親の子どもに対する「精神的虐待」の内、最も典型的で数の多いタイプと思われる。

私はそれが原因で「境界性人格障害」と「うつ病」を発症したが、同じ原因からこれらの疾患以外にも、「全般性不安障害」「社交性不安障害」「パニック障害」「心的外傷後ストレス障害」「解離性障害」「摂食障害」「物質使用障害」、そして「統合失調症」に至るまで、実に様々な精神疾患を発症する人たちが、世の中には多数居るようだ。

それがわかったのは『親という名の暴力』などの既刊書に読者の方たちから寄せられた手紙や、私のツイッターに寄せられる様々な反応を通じてだが、これは当然と言える。

人間は他者との関わりなしには生きられず、多くの人間の精神に最も強い影響を与える環境要因は人間関係である。ゆえに先天素因を除けば当然、人間関係のまずさが人が精神を病む最多の原因になり、加えるに大多数の人間にとって人格の土台をも決定づける最も重要な人間関係は親子関係であるから、親子関係が人を病ませる人間関係の内最多となり、親子関係が原因の場合に最も病が深刻になりやすいのも理の当然だからだ。


それで私自身が精神を病んでいった過程と、そこから回復した過程とを振り返って分析する内に、病む原因が同じ「親子関係の不適切さ」であれば、結果として現れる病気の種類が何であっても、病気を予防する方法もそこから回復する方法も基本は共通で、私の場合に有効だった（または有効だったと思われる）方法が適用できるのではないかと考えるようになった。

したがって問題解決を楽にするために、病気の主原因が「親子関係の不適切さ」にある場合には、病気の種類に関わりなく「親子関係関連障害」という一つの疾病群に括って対応するのがいいだろうと考えるに至った。


そしてこの第Ⅱ部では「親子関係関連障害」を予防するために親側に取ってほしい方法を、第Ⅲ部では同障害から回復するために子ども側に取ってほしい方法をまとめて記述した。

但し、短く「虐待」という言葉で呼ばれることが多い「親子関係の不適切さ」には身体的暴力、性的虐待など様々な種類のものがあるが、私自身が経験した「不適切さ」のほとんどが精神的虐待であるため、第Ⅱ部、第Ⅲ部に書いた予防法と回復法も、主に子どもが精神的虐待で病む場合について論じている。そのように話が若干狭くなる点を、あらかじめお詫びしたい。

圧倒的に重い親の責任

ではここからは「親子関係関連障害」の予防法について述べたい。

それは、子どもに精神を病ませないために親が子どもと関わる際に留意すべき点と、子どもを病ませる親にならないために、人が親になる前になすべきことの、大きく二つに分かれる。

まず再度強調したいのは、親子関係の出発点においては子どもの力は完全にゼロなので、それが幸せなものになるかどうかの鍵は、圧倒的に親側が握っているということだ。

そしてもう一つ、幼少期の親子関係が適切であることが子どもの精神の土台が健康に形成されるための最も重要な要因であるという理由から、子どもの精神が健康に育つかどうかの鍵も、世の中の誰より親が圧倒的に握っているという点もである。

乳幼児に向かって「あなたがこれから健康に育っていくために、親との関係でこういうことを心がけなさい」と、いくら教え諭しても無益なのは、誰が考えても自明だろう。

ゆえに幼少期からの親子関係の悪さが原因で子どもが病んだ場合、たとえ子どもの発病が思春期以降であっても、また子どもが病んだまま成人に達しても、病んだ原因や責任を子どもに問うことはできない。

病んで以降、自分自身の病気と親子関係を改善していく責任の少なくとも半分は、子どもが担わされるとしてもである。

したがって、親子関係を幸せなものにするためのお願いも、子どもの精神が健康に育つようにするためのお願いも、大部分は親御さんにするしかない。

だからそのお願いを、これから順序立てて書いていきたい。

再三述べてきた通り、私は親子関係の悪さが因《もと》で精神を病み、長期間人生を潰した当事者であるため、この部に書くことは、親の立場の方には快く感じられないことが多いと思う。

しかし的外れなことは書かない積もりなので、冷静に読んで熟考していただければ幸いである。

七つのお願い

わかりやすいように、初めにお願いしたい内容を箇条書きで全部挙げ、その後で一つひとつを詳しく説明していきたい。

①親は子どもの心身を健康に育てる最大限の努力をせよ
②親は子どもの存在そのものを無条件で肯定的に受け容れよ
③親は子どもに「存在否定」をはじめとする精神的暴力を振るうな
④親は子どもが幼い内に、人として生きるのに不可欠な姿勢をしっかり身に着けさせよ
⑤親は子どもが子ども自身の魂を持ち、それに正直に従って生きることを妨げるな
⑥親は自身の親に対する負の感情に適切に対処せよ
⑦親は自身の劣等感に適切に対処せよ

その1　親は子どもの心身を健康に育てる最大限の努力をせよ

子どもを健康に育てるのは親の一方的な義務

すべての子どもは親の一存で生まれる。

したがって親は、子どもという新しい一人の人間をこの世に存在させることを自分で決め、それを実行した以上、子どもが社会の中で幸せに生きていけるように、その基礎として子どもの心身を健康に育てる努力を最大限する義務がある。

これは親側に一方的に課される義務である。

産んだら精一杯育てるのが当然の義務だと、どんなに反感を買っても言わせていただく。

したがって親はその義務を履行しても、見返りに子どもにどんな要求をする権利も生じない。

精神を健康に育てるためには子どもを愛して

とはいえ、子どもの身体を健康に育てることはともかく、精神を健康に育てるにはどうすればいいのか、改めて考えてみると難しい。そのために必要なことは後節で詳しく議論したい。

ただ一つ間違いなく言えるのは、そのためにはまず子どもを愛してほしいということである。

何を今さら当たり前のことをと思われるかもしれないが、この「愛」というのも何を以《もっ》て愛というのか、よく考えてみると難しい。

私は、子どもの幸せを願い、その思いに基づいて行動することが、子どもへの愛だと考えているが、その、何を子どもの幸せと考えるかも、これまた難しい。

だからそれについても追々《おいおい》述べていきたい。

虐待は親の義務に違反する

しかし一つだけここで先に言っておきたいのは、少なくとも親は絶対に子どもを心身両面で虐待してはならないということである。

何故なら、子どもを虐待することと、親の義務である子どもの心身を健康に育てることとは、正反対の相い容れない行為だからである。

だから子どもの心身を健康に育てる義務を負う親が子どもを虐めることは、世の中の他の誰がやるより絶対に許されない。

「産んで育ててやった恩に免じて、少々虐められるくらいは我慢しろ」などと子どもに要求することは、通常の見返りを求めることをはるかに超えて、言語道断である。

親を甘やかす社会通念に警戒せよ

然るに世の中には「親は理屈抜きで尊く、感謝すべき存在」「親ほど欲得抜きで子どもを愛する人間は居ない」という、しばしば事実に反し、根拠の薄弱な通念が太古から根強く存在し、これが親に虐待を非常にやりやすくさせている。

つまり子どもの幸せや成長を願う意図などまったくない、純粋に子どもを傷つける目的しかない暴力や暴言でも、親はこの通念の御蔭で「親が子を思う『愛のムチ』」だと言い訳しやすい。社会もその言い訳を受け容れてしまいやすい。

しかし「世の中は親に味方してくれる」とタカを括って、抑制なく子どもに暴力や暴言を振るい続けていると、長い時間を経た後に高率に子どもが精神を病み、親子関係も破綻し、子どもだけでなく親自身も不幸を招く。

だから親は「親は尊い」という社会通念にあぐらをかいて自分を甘やかさないように、自ら厳しく戒めてほしい。

子どもに険しい態度で臨む時、それは本当に子どもの幸せや成長のためにやるのか、単に自分が他でうまくいかない八つ当たりや、子どもが自分の思い通りにならない不満からやっていないかと、親は自分自身を厳しく見詰めて、不適切な暴力暴言にブレーキをかけてほしい。

その2　親は子どもの存在そのものを無条件で肯定的に受け容れよ
親の「あなたが居てくれて嬉しい」は子どもの生きる力の源

人間は皆、社会の中でたくさんの他人と関わって生きていく。

そして子どもが生まれて初めて出会う他者は親であり、子どもが人生最初の時期に最も長い時間を共に過ごし、最も深く関わる他者も、多くの場合、親である。

したがって、その人生最初の時期に親にどう受け容れられるかが、その後の親子関係が幸せなものになるかだけでなく、子どもの精神が健康に育つか、子どもが社会の中で幸せに生きていけるようになるかをも決定づける、最大の決め手になる。

だから本当に親の責任は重大である。


そして今述べたすべてをうまくいかせるために、親に最初に最もしてほしいことは「子どもを無条件で受け容れる」ということである。

これが子どもを幸せにするための第一歩、子どもを愛する第一歩である。

もう少し具体的にわかりやすく言うと、子どもが生まれた直後から「あなたが居てくれて嬉しい」「あなたが居てくれるだけで私は本当に幸せ」という思いを、言葉でも表情でも動作でも行動でも、あらゆる伝達法を駆使して、毎日繰り返し子どもに伝えてほしい。

特に、そういう思いに溢れる笑顔を、毎日子どもに向けてほしい。

一体何が気に入らないというのか大泣きし続ける子どもにも、そうしろと言われるのは非常に酷だろう。それでも「○○ちゃんは何が嫌なのかな？　お母さん、泣かれると辛いなぁ」と冗談っぽく言いながらでも、頑張って笑いかけ続けてほしい。

敢《あ》えてそうお願いするのは、そうする効用が想像をはるかに超えて絶大だからである。

生まれて初めて出会い、人生最初の時期に最も長く密に関わる親が、自分が生きるために必要な世話を手厚く与えてくれながら、いつも自分に「あなたが居てくれて嬉しい」という気持ちを込めて笑いかけてくれれば、子どもは自ずと「自分はこの世に立派に生きていい人間だ」という、自分の存在価値についての最も基本的な自信を獲得することができる。

またそれに加え「親が自分を喜んで受け容れてくれた」という幸福な体験から、子どもの心に「世の中の他の人たちもきっと自分を喜んで受け容れてくれるに違いない」という、他者に対する基本的な信頼感も生まれる。

そしてこの二つの基礎が子どもの中にしっかり形成されると、子どもの情緒は穏やかに安定し、社会の中に安心して存在しながら、自分の目標を積極的に追求していきやすくなる。

つまり幸福で充実した人生を、子ども自身の力で切り拓いていくことが非常に容易になる。

だから子どもにその最高の福音を与えるのは「私はあなたが居てくれて本当に嬉しい」という、人生最初に見る親のあけっぴろげの笑顔だと、私は、それが貰えなくて病んだ私自身の経験から断言する。

子どもを無条件で受け容れれば躾《しつけ》もしやすくなる

この「子どもの存在をまるごと無条件で受け容れる」ことは、子どもを甘やかすことではまったくない。

また子どもが「自分はこの世に立派に生きていい人間」という基本的な自信を獲得させることは、子どもを慢心に陥らせることとはまったく違う。


存在を無条件で肯定することは、子どもに人として最低限守るべき大事な道を教える「躾《しつけ》」と相反することではない。

「すべての躾《しつけ》は子どもに対する虐待であり、有害で不要」という極端な考えを取られる方も居るが、私はまったくそうは考えない。

人として社会で生きていくのに誰でも必要な、最も基本の心の持ち方だけは、親、もしくは子どもの人生最初の時期に子どもと密に関わる大人がしっかり身に着けさせることが、子どもが将来幸せに生きていくのに絶対に必要だと考える。ゆえにその躾《しつけ》を行わない方が、逆に虐待であると考える。


そしてそういう躾《しつけ》を行なうにも、まず子どもの存在そのものをまるごと肯定的に受け容れることが、その妨げになるどころか、逆に大事な基礎になると感じる。

それは何故か。

子どもに人として守るべき道を教えるには、例えば「他人の気持ちを思いやりなさい」などと観念的に説くだけでは足りず、日常生活の様々な場面で子どもがそれに反することをした時に「それは駄目」と、その都度具体的にたしなめなければならない。

このようにたしなめられることは、子どもにとって不快で辛いことである。

しかし親をはじめとする自分をたしなめてくる人間が、それまで一貫して「あなたが居てくれて嬉しい」と自分を無条件で受け容れてくれてきていれば、子ども自ずと「この人は純粋に私を良くするために言ってくれている」と無理なく理解することができる。

その結果、子どもは教えられることを素直に受け容れるので、躾《しつけ》がとてもしやすくなる。

普段、無条件で受け容れることをせずに、怒鳴ったり叩いたりして力で叩き込むより、普段「お前は本当に可愛い」と言い暮らしていて、「それは駄目だ」とひと言厳《おごそ》かに言う方が、ずっとよく子どもの身に着く。

以上が、子どもの存在を無条件で受け容れることが如何に大事であるかの理由である。

是非それをよく理解していただき、自分の子どもをまるごと受け容れていただきたい。

そして何が子どもにどうしても身に着けさせるべき大事なことであるかについては、後の項でお話ししたい。

その3　親は子どもに「存在否定」をはじめとする精神的暴力を振るうな
「無条件の受け容れ」と対極をなす「存在否定」の酷《むご》さ

これは前項と同じことを反対から言った主張とも言える。

子どもの存在を無条件で受け容れることは非常に大事だが、反対に子どもの存在そのものを否定することは非常に罪深いので、絶対にやめてほしいということだ。

主張の根は同じでも、この存在否定などの精神的暴力が子どもの精神に及ぼす害は想像をはるかに超えて深刻なので、この反対の悪についても改めてしっかり述べておきたい。

例えば具体的にどんなものが「存在否定」かと言えば、第Ⅰ部に書いた私の体験の中では、父に小学生の頃言われた「人間の屑」「切っても赤い血が出ない」「腐った根性」などの言葉が、典型的なそれに当たる。

また幼児期から母に繰り返し言われた「詰まらない子」「情けない子」「協調性がない子」「お友達に嫌われる子」等々の、能力も人間性もことごとく否定する言葉や、やることなすこと「何でこんなこともできないの！　どうしてこんなことしかできないの！　ああじれったい、忌々しい、本当嫌んなっちゃうわねえ」と罵る言葉もそれに当たる。

これらの言葉とともに、父については憎悪と嘲りをいっぱいぎらつかせ、ギロリと剝いた目を、母については眉間に縦皺を寄せ目を吊り上げ、「我慢ならない」という思いを満面に溢れさせた表情を思い出す。

言葉や表情、態度で、子どもに対してこうした評価や感情を繰り返し伝えることは、子どもの精神に著しく破壊的に作用する。

必要のない罵りは「愛のムチ」に非ず

両親をこういう酷《むご》い挙に出させた最大の原因は、彼らの奥深くに巣喰った強い劣等感だったと感じる。即ち彼らは私を激しく罵って打ちのめすことで、自分たちの力と優越を実感し、それにより劣等感を紛らわせていたのだと。しかしその他に、母は「褒めること＝褒め殺し」という考えの持ち主であり、父は、他人を面と向かって褒めるのは非常識という考えの持ち主だったことも原因の一つだっただろうと想像できる。これらの考えを、私は両親から直接聞いた。

母の考えは即ち「他人を褒めれば相手に必ず慢心を起こさせ堕落させるから、子どもを愛している親は決して子どもを褒めたりしない」というもので、その考え自体、著しくひねくれて偏ったものだったと感じる。

しかし両親の場合は褒めないだけに留まらず、私を積極的にけなし、罵りまくった。

しかも、前項に述べた「子どもの存在をまるごと喜んで受け容れる」という段階はほとんど踏まずに、これをやった。

両親と同じ流儀の親の多くは、自分たちの行為を「愛のムチ」だと説明する。

しかしこのやり方は子どもの心を挫くだけで、子どもの進歩や成長、そして幸せにはまったくつながらないから、結果だけを見ても「愛」にはならない。

そして、そういう酷《むご》い言葉や態度を子どもに向ける動機や目的を、親の心の奥深くに尋ねても、子どもの進歩や成長、幸せを願う気持ちはほとんど見出せない。少なくとも両親についてはそう感じられた。

親の強い否定は何故、子どもを高率にうつ病や境界性人格障害に導くのか

親からこういう全否定を幼少期から繰り返し絶え間なく受けた子どもは、運が良ければ謙虚に自分を戒める努力家になるかもしれないが、その努力はしばしば強迫的になり、持てるエネルギーをすべて使い果たして、健康を損なう危険を伴う。

またほとんどの場合、全否定は謙虚というレベルをはるかに超え、子どもを極端な自信欠如に陥らせる。

つまり子どもは「自分はこの世に生きていてもいい人間である」という、自分の存在価値についての最低限の自信さえ獲得し損なう。

そしてそこまでの自信欠如は、自信過剰をはるかに超えて子どもの精神を損ない、人生を不幸に導く害がある。

その理由の一つはまず、人生で最初に出会う他者で、人格形成上最も大切な時期に、自分の生命維持に必要な世話を与えてくれながら最も長時間、最も密に関わる生みの親から、能力面で「何をやっても駄目」と毎日言われ続ければ、子どもは自分は本当に無能だと信じざるをえなくなることだ。「親が言うのだから間違いない」と。

その働きかけに抗して「そんなことはない」と考えることは、すべての幼い子どもにとって絶対に不可能である。

そしてそういう自己認識が定着した子どもは、家の中であれ外であれ、日常生活上のどんな簡単な課題を命じられても「自分がやったら必ず失敗する」という不安を感じて、恐怖から手が出せなくなってしまう。失敗して恥を掻くのが怖いだけでなく、「失敗したらみんなに迷惑をかける」と大真面目に心配するからだ。

斯《か》くして子どもは社会生活面だけでなく、すべての領域で、当然伸ばせる能力を非常に伸ばしにくくなる。

そして不幸に導かれる二つ目の理由は、先述の通り自分の生命線を握る親に、幼少期から人間性の面でも繰り返し「お前は嘆かわしく唾棄《だき》すべき存在」とばかり伝えられれば、子どもはこれまたその通りと信じ込んでしまうことだ。

親が価値を認めない自分に、子どもは自分で価値を認めることができず、また親が忌み嫌う自分を自分で好きになることができず、子どもの精神の土台は真っ暗な色に塗り潰される。

そして幼児期から幼稚園などの外の社会集団に入っても、「親でさえ嫌う自分を、他の誰も好きになってくれる筈《はず》がない」という強固な思い込みから、子どもは絶えずハリネズミのようにコチコチに身構えるようになる。これが子どもの心をくたくたに疲弊させて、将来うつ病になりやすくさせる。

またこういう子どもの多くは、初めは他人、特に好きな相手に好かれよう、所属集団に受け容れられようと、死にもの狂いで過剰適応するが、これも子どもに極度の緊張を強いて、激しく消耗させる。その結果、ある時努力に限界が来て、子どもはしばしば「えい、もうどうにでもなれ！」と、わざと自分を嫌わせる破壊的行動に出るようになる。こうして極端から極端に激しく揺れ動く、「境界性人格障害」独特の不安定な対人関係様式が現出しやすくなる。

さらに自分を「この世に生きていてもいい存在」とさえ思えない子どもは、その状態があまりにも耐えがたいため、多くの場合何とかして最低限の自信を獲得し、その状態から脱しようと血眼になる。そのために何が何でも親に気に入られようと、自分を殺して捨てて、命がけで全面的に親に絶対服従することを選ぶ。この「主体性の放棄」を長期にわたって続けることが、子どもにもともと自分が何をどう感じる人間だったのかを見失わせ、これも子どもを「境界性人格障害」の主要な徴候の一つである「自己同一性障害」に導く。

このように、親による幼少期からの強烈かつ継続的な存在否定は、ありとあらゆる機序を通じて、子どもに将来うつ病や境界性人格障害を発症させる準備を整えさせる。

様々な種類の親の虐待は、子どもの脳に機能的障害のみならず器質的障害をも残し、恐らくはそのために、虐待が因《もと》で子どもにひと度発症した精神疾患は、虐待が終わった後も数十年にわたって続くことが、今世紀に入った頃からの研究でわかり始め、既にそのことは『いやされない傷　児童虐待と傷ついていく脳』（友田明美）などの多くの本に書かれている。

これはほぼ暴言のみの虐待の場合も例外ではなく、たとえ思春期以降、子ども本人が問題を自覚し、回復に向けての努力を精一杯しても、何十年も完治させるのが難しい場合が多いようだと、私自身と私が身近に知りうる事例から強く確信する。

したがって、子どもに将来こうした重篤な精神疾患を発症させて、一度きりの子どもの人生を台無しにさせたくないと願って下さる親御さんには、絶対に子どもの存在そのものを否定しないでいただきたい。

そしてすべての親にはそう願う義務があると、強く申し上げたい。

先ほど、親が子どもの存在そのものを否定する動機や目的は、子どもの進歩や成長、幸せを願う「愛」ではないと書いた。

最大の動機は親自身の劣等感を紛らわせるためだと書いたばかりだが、その他に親自身が自分の親への恨みを抑圧したり、外の生活でのうっ憤を溜め込んだりなどの様々な原因で自身の中に宿らせた「攻撃欲求」も動機であり、目的の方は正に、それらの欲求を満足させるために「子どもを傷つけること」自体にあると、私は見ている。

つまり子どもの存在そのものを否定する親は、「愛のムチ」でも何でもなく、ただ子どもを傷つけるために傷つけているだけだと言いたい。

親の暴言で子どもが打たれ強くなることはない

しかし、親には親の言い分があるだろう。

例えば「親がどれほど子どもの魂を傷つけぬよう細心の注意を払っても、社会に出れば子どもを傷つける人間はゴマンと居て、そういう人間を一掃することは不可能である。だから子どもが社会に出る前に、親は子どもに耐性を着けてやる必要がある。そのためには少々罵るのが『愛のムチ』だ」と主張する親も居るに違いない。

だが親が幼い子どもに「このバカが！」「この碌《ろく》でなしが！」と存在否定の罵りをしても、先述の通り、大抵の子どもは「自分はこの世に生きていていい」とさえ思えないところまで自信を挫かれる結果、わずかな試練にもすぐにへこたれる脆弱な人間に育つだけである。

たとえそれで一見子どもが強くなったように見えても、それは自信に裏打ちされた真の強さではなく、ただの強がり、虚勢でしかない。そしてそういう子どもは挫かれた自信を取り戻すために、他人を力で押さえつけ虐める、意地の悪い人間に育ちやすい。そうなると、子どもは他人と愛を交わすことが難しくなる。

子どもが脆弱になっても意地悪くなっても、いずれも子どもを幸せな人生から遠ざける。

したがって、親が子どもの存在否定をする大義名分に「打たれ強くするため」をいくら掲げても、それは通らない。

また世間の人たちの多くは気分次第で他人に辛く当たるから、それに子どもを慣らすために、親は外で嫌なことがあったら子どもに八つ当たりしてうっ憤を晴らすくらいがちょうどいいと言う人も居るかもしれないが、これもまったく正しくない。

親が子どもにそんなことをしても、子どもは「敬愛する親でさえこれなのだから」と人間不信に陥り、身構えと敵意から社会に適応しづらくなるだけである。

誤ったら謝ることこそ子どもを打たれ強くする

だから親は子どもに八つ当たりしないよう、可能な限り自分をコントロールする努力をして、どうしても努力が及ばず子どもに辛く当たってしまった時には、「他で辛いことがあった苛立ちを、ついお前にぶつけてしまって悪かった」と子どもに素直に謝るのが、私は絶対に正しい在り方だと信じる。

そうすれば子どもの傷はすぐに癒え、子どもは「悪いことをしていない相手を攻撃してはならない」「誤って他人を傷つけたら、きちんと相手に謝らなければならない」という人としての正しい在り方を、親の言行から学び取ることができる。

またその経験があれば、子どもは社会に出て他人に八つ当たりされても「ああ、あの人もあの時のお母さん（またはお父さん）と同じで、他で何か辛いことがあったんだろう」と考えて、自分はあまり傷つかずに相手を許すことができるようになる。

つまり親がそのように正しく在ることこそ、子どもを真に打たれ強くする。

以上に述べてきたすべての理由から、親は子どもを愛し、その幸せを願って、子どもの存在そのものを否定する言動をはじめとする酷《むご》い働きかけを、絶対に子どもにしてはならない。

その4　親は子どもが幼い内に、人として生きるのに不可欠な姿勢をしっかり身に着けさせよ

これが「無条件の受容」に続く、子どもの幸せを願う愛の第二段階である。

すべての人間に共通に大事なことがある

これは次の項で述べようと思っていることだが、ものの感じ方や考え方は人それぞれであり、子どもの精神の自由は最大限尊重されなければならない。

しかし個々人の自由の領域以前に、人間に生まれ、社会で他の人たちと関わりながら生きていかなければならない以上、自分も周りも幸せに生きていくために、誰でも最低限これだけは守らなければならない心の姿勢というのが、どうしてもある。

その数少ない、最低限の基本の姿勢だけは、子どもが二、三歳から学童期までの間にしっかり身に着けさせたい。

学童期の終わりまで子どもを野放しにしておいて、子どもが野獣のようになってしまってから慌てて教え込むのは非常に困難だからだ。

その姿勢とは何か。

「共感性」と「前向きさ」の二つに集約されると、私は考えている。

①共感性

これはわかりやすく言えば「他人の痛みがわかる心」である。

人が幸せに生きていくためには誰にでも不可欠のものであるから、親はこの心を是非、子どもが物心着いたばかりの頃から繰り返し教え込んでほしい。

私の父はこれを「自分がやられて嫌なことは他人にやるな」という言い方で、私が六歳の頃に教えてくれた。

「お前、ぶたれたら痛いだろう？　だから他人をぶってはいけない」と端的にわかりやすく教えてくれた。

何をされたら辛いと感じるかは一人ひとり違うところもあるが、「ぶたれたら痛い」というくらいの大筋のところは誰でも同じである。

したがって「自分がやられて嫌なことは他人にやるな」という教え方で、大きな誤りはないと感じる。

他の人たちと共に幸せに生きていくためには、余程正当な理由がない限り、他人の心や身体を故意に傷つけてはならないのは当然である。

そんなことをすれば、自分も相手から傷つけられても文句が言えない。

人間関係は「お互い様」で、他人を不幸にすれば大抵自分も不幸になる。

そうならぬよう、他人を傷つけぬために守るべき心得が「自分がやられて嫌なことは他人にやるな」だと思う。

この「他人の痛みがわかる心」だけでも確実に身に着けば、子どもは他人に死ぬまで暴力を振るったり、他人を自殺するまで精神的に追い詰めたりは、とてもできなくなるだろう。

反対に「他人の痛みがわかる心」がしっかり身に着いて、子どもがまわりの人たちの気持ちを大切にし、相手の幸せを願って行動できるようになれば、相手も同じやり方を返してくれる可能性が高くなる。即ち自分も幸せになれる可能性が高くなるという道理である。

残念ながら父は、自身はその言葉と裏腹に、自分がやられたら嫌に違いないことばかり、私や他の人たちに対してした人だったが、六歳の私には幸いまだそれが見抜けなかったので、父の言葉を聞いて「本当にその通り」と胸を打たれ、心に深く沁《し》み込ませた。

だから私は、先に向こうから著しく意地の悪いことを言われたりされたりした時に一部反撃した以外は、ほぼ完全に父の言葉を守ってきた。

そしてそうすることで、多少の例外はあったが、概ね幸せに生きてこられたと感じる。

だからその大切な心を、すべての親は子どもが幼い内に身に着けさせてほしい。

②前向きさ

これは進歩や成長を志向する姿勢、自分なりの目標を立て、その達成を目指して努力する姿勢のことだ。そして私はできる限り達成するまで頑張り抜くのが望ましいと考える。

この本の最初の方にも書いたように、人間は皆「価値」という感覚で物事を測る物差しを持ち、自分という存在とその人生に価値を見出したい、断ちがたい欲求を持っている。

だからその願いが叶えられれば、当然幸福感を強く感じることができる。

目標を立てて努力する生き方は、その願いを叶えるのに非常に有効な手段である。

だからこの生き方の姿勢も、子どもに早い内に身に着けさせることを勧めたい。


また自分で立てた目標はそれ自体が生き甲斐になり、それに向かって努力することで、多くの場合、日々少しずつ進歩が感じられ、それが生きている実感や充実感になる。

昨日よりも今日、自分が向上できることは、誰にとっても喜びだろう。

進歩がなかなか目に見えない時も、徒労感があまり長期に亘らなければ、努力の苦しみさえ生きている実感になる。

目標に向かって苦しい努力に耐えている自分を愛おしむことができる。

長く耐え続けた末に、ある日突然進歩が見えれば当然大きな喜びになるし、最終的に目標を達成できれば、それが自分の価値を強く実感させてくれるのは言うまでもない。


つまり目標に向かって努力する生き方は、人間に、その過程でも結果によっても、生き甲斐や張り合いや充実感、自分の価値を強く実感させてくれ、人間を幸せにしてくれる。

来る日も来る日も終日無為に過ごすのが心底幸せという人は極めて少ないだろう。

これもほぼ万人に共通の心情だと思うので、「目標に向かって努力する姿勢」も、是非すべての子どもに身に着けさせてほしい。

目標が達成できなくても自分を否定するには及ばず

世の中には自ら目標を設定する生き方に反対される方も居るようだ。

例えば「それでは目標が達成できなかった時に自己肯定感が下がるから良くない」と、私に意見を下さった方が居た。

しかしその考えは本末転倒、筋違いだと言いたい。

目標が達成できなかった時、その人が自己肯定感の下がった状態にいつまでも留まるなら、それは目標を立てることや、それに向かって努力する姿勢が悪いのではなく、達成できなかったという結果の受け止め方が悪いのである。

受け止め方さえ修正すれば解決する問題である。

そもそも「目標を達成できなかった＝自分には価値がない」と考えるのが間違いだ。

目標が達成できなくても、それで自己肯定感を下げる必要はもともとないのである。

確かに死にもの狂いで努力しても目標が達成できなかったことは、達成に必要な適性や能力が自分になかったことを意味するが、それだけで自分全体の価値が決まる訳ではない。

適性や能力の限界は誰にでもあり、その口惜しさは誰もが乗り越えなければならない試練である。試練を乗り越えることも大事な成長の機会であり、その人の値打を上げる。

長い人生の時間を充実させて生きるためには、自分には何がどのくらいできるのか、自身の適性や能力を客観的に正しく認識することが不可欠である。

その機会も、目標を立ててそれに向かって努力することにより、初めて与えられる。

「達成できなかったら、打ちのめされそうで怖い」などと言って最初からチャレンジしなければ、死ぬまで自分を正しく知ることはできない。それでは人として生きたと言えるような人生は、最後まで生きられない。


確かに自分の限界を思い知らされれば、誰でも当座は辛い。

しかし、打ちのめされてこそ次の段階に進める。

前の目標が達成できなかった原因を冷静に考えてみて、目標が自分の適性や能力の高さに見合わなかったとわかれば、今度はそれらに合うように目標を設定し直せばいい。

そして新たな目標に向かって、活きいき邁進すればいいのだ。

目標を修正したり下げたりするのは口惜しいに違いない。

しかし実現不可能な目標にいつまでもしがみついているより、自分にできることを正しく知り、その中で自分が一番やり甲斐を感じられることは何かをよく考えて、新たに適切な目標を設定した方が、はるかに充実した人生を送れる。

最終的に大事なのは、自分にできることを精一杯やって生きている自分に正しく価値を認めることである。

最初に立てた目標が達成できなかったからといって、それで自己肯定感を延々下げ続けている必要はない。

失敗を正しく受け止め、軌道修正すれば、その後いくらでも自分を肯定できる。

また人間はそうやって挫折を経験し、自分の弱さや限界をしっかり認めることで、他人の弱さも思いやれるようになる。

つまり挫折も貴重な財産であり、その挫折も、目標に向かってチャレンジしてこそ、初めて経験できるものだ。

以上述べてきたようなたくさんの理由から、子どもに自分自身で目標を立て、その達成を目指してできる限り努力する姿勢を身に着けさせれば、子どもの将来の幸せに必ず役に立つ。

だから是非、身に着けさせてほしい。


親が子どもに教えることはたった二つでいい

子どもが将来幸せに生きていけるようにするために親が子どもに教え込むことは、以上に述べた二つだけで十分だと、私は考える。即ち、
①自分がやられて嫌なことは他人に決してやらない（共感性）
②自分なりの目標を立てて、その達成を目指してできる限り努力する（前向きさ）
の二つである。
①は「人を愛する心」、②は「建設的な生き方」と言い換えてもいい。
これらさえ身に着けば、子どもは自分にできることの中から、自分が一番やりたくて、かつ何らかの形で

他人の幸せや社会の向上に役立つ仕事を、人生の目標に選べるようになる。

そして社会の中で自分も他人も幸せにしながら、活きいきと生きていけるようになる。

人間は他人だけでなく、自分の心と身体も大切にしなければならないが、今述べた二つを身に着け、生き甲斐や充実感を持って毎日を送ることができれば、自ずとそういう自分に価値が感じられ、大事にしたいと思えるようになるだろう。

そうすれば簡単に自ら命を絶つことや、違法薬物や援助交際など自分で自分を損なう行為も、自ずとしたくなくなるだろう。

したがって、親が子どもに教える生き方の姿勢はやはり上の二つだけでいいと考える。

その5　親は子どもが子ども自身の魂を持ち、それに正直に従って生きることを妨げるな
子どもの「精神の自由」を奪うことは「人間であること」を奪うこと

最初にも述べたが、人間は魂の生き物であり、自分自身の魂を持つ権利と、その魂に従って生きる権利を持つ。

その権利を社会から認められてこそ、人は真に人間として生きられる。

この「精神の自由」は、人間にとって最も大事な基本的人権の一つであるから、たとえ生みの親であっても、その権利を侵害してはならない。

だから親は、子どもの精神を健康に育て、将来子どもに幸せな人生を送らせるために、前項に述べた必要最小限のことを除き、子どもの「精神の自由」を最大限尊重しなければならない。

護るべき権利とやってはならない侵害について、もう少し詳しく説明したい。

①人間はその人自身の心で自由にものを感じ、欲求し、その人自身の頭でものを考え、価値判断する権利を持つ。

それが、人間が「自分の魂を持つ権利」であり、その権利をたとえ実の親といえども侵してはならない。

即ち親は子どもに対して、自分が望む通りに、つまり自分と同じように物事を感じろ、考えろ、価値判断しろ、意志を持ち欲求しろと、決して求めてはならない。

②また人間は、その人自身の意志と判断で、自分の生き方と行動を決める権利を持つ。

それが、人間が「自分の魂に従って生きる権利」であり、この権利もたとえ実の親であっても侵してはならない。

つまり親は子どもに対して自分の指示通りに、あるいは自分を満足させるように生きろ、行動しろと要求しては、絶対にならないということである。

人は、今述べた二つの自由と権利が認められて、初めて社会的に人間として存在しうる。

この二つが認められなければ生物学的に「ヒト」ではあっても、社会的に「人間」の名に値する存在とは言えない。

もし親が、子どもからそれらの自由と権利を奪うなら、それは即ち子どもから「人間であること」を奪うことに他ならない。

これは深刻で罪深い「人権侵害」であり、「愛」とは正反対の行為である。

大袈裟な、と思われるかもしれないが、「人間であること」を奪われて、幸せに生きられる人間は居ない。

親は自らの一存で子どもをこの世に産み落とした以上、子どもの幸せを願う義務がある。

それが子どもを愛するということである。

そのためには、子どもが「人間であること」を妨げてはならない。

即ち、子どもから「自分の魂を持つ権利」と「自分の魂に従って生きる権利」を絶対に奪ってはならないのである。

子どもは親と同じ重さのまったく別の人間であることを知れ

親が最も犯しやすい重大な誤ちは、自分と自分の子どもとがまったく別の人間であることを、正しく、厳しく認識しないことであると感じる。

親は子どもを自分の一部か、分身であるかのように錯覚しやすい。

特に母親の場合、子どもが自分の体内から出てくるために、そういう錯覚や誤解を持ちやすいに違いない。

だからしばしば、子どもは当然自分と同じようにものの感じたり考えたりするものと決めてかかったり、自分が「こうなれば幸せ」と思える生き方を子どもにさせれば、子どもは必ず幸せになると信じて疑わなかったりするのだろう。

だがこれは完全に誤りである。

しかもその、親にしてみれば「何の気なし」で「悪気のない」誤り、逆にしばしば「子どものためを思って」「いいことをしている」積もりの誤りが、即、子どもから「人間であること」を奪う「精神的暴力」になる。だから親は、その誤解が「子どもの魂と人生を損なう」という事実を深刻に受け止め、誤りを誤りとはっきり認めて正す必要がある。


子どもは親の一部でも分身でもない。

子どもは親とはまったく別の、独立した人格であり、その人格の重さは親とまったく同じである。

子どもは親とは別の、子ども自身の心でものを感じ、欲求し、子ども自身の頭で考え、価値判断する。

親にそうする権利が当然あるように、子どもにも当然そうする権利がある。

親は子どものその権利を、絶対に侵害してはならない。


親が行なっていいのは「子ども自身の魂」が真っ直ぐ育つよう助けることだけ

生まれ落ちたばかりの子どもは完全に無力で無色だが、親が子どもを正しく養育する内に、子どもの中に次第に先述のように「子ども自身の魂」がたくましく育ってくる。

「正しい養育」とは、子どもの身体が健康に成長するのに必要な衣食と世話を与えながら、子どもの精神も同じく健康に成長するように、前項で述べた、①自分がやられて嫌なことは他人に決してやらない（他人の痛みをわかる）、②自分なりの目標を立てて、その達成を目指してできる限り努力するという、社会の中で人間として幸せに生きていくために絶対に必要な最小限のことだけをしっかり教え込み、それ以外の事柄については子どもの「精神の自由」を最大限尊重するべき領域と認識して、子どもが非常に幼い内から子ども自身に自由にのびのび感じ、考え、価値判断させ、子ども自身の欲求と状況判断に従って自由に行動を決めさせる育て方であると、私は考える。

そういう正しい養育を行なえば、子どもは年とともに、自分の意志と判断で自身の生き方と行動を的確に決められる人間へと、着実に育っていく。

ところがその反対に親が、子どもが非常に幼い内から、ことごとく親と同じように感じたり考えたり価値判断したりするように、また親が望む意志や欲求だけを持ち、親が容認する行動だけを取るように強制し続けて、子どもが子ども自身の魂を育てて持つことを許さないやり方を取ると、子どもは著者の私と同じように、自分の意思がどこにあるのかを見失っていき、将来精神を深刻に病む危険が高くなる。

したがって親は、前項の①と②の基本姿勢以外の、親個人の個別的な感じ方や考え方を、絶対に子どもに押しつけてはならない。

常識をわきまえた人間は誰も、通りすがりの他人を捕まえて「あなた、私と同じようにものを感じたり考えたりしなさい」と命じたりはしない。それが如何に非常識で許されないことか、改めて教えられるまでもなくわかるからだ。

相手が自分の子どもであっても、それはまったく同じなのである。何故なら通りすがりの他人が自分とは別の人間であるのと同様、自分の子どもも自分とはまったく別の人間だからだ。

そのことがなかなか理解できない親御さんが多いようだが、これを正しく理解して子どもと向かい合うことが、子どもの精神を健やかに発達させ、長期にわたって親子関係を幸せに営んでいくために非常に大事であるから、是非それを理解していただきたい。

子どもに特定の生き方を要求する権利は親にはない

これまで述べてきたのとまったく同じ理由で、親は子どもに自分が望む生き方をするよう、要求してはならない。

特に親の気に入る特定の職業に就くことを、子どもに要求してはならない。

どういう仕事をして生きるかは、その人の人生の中身を決める最も大事な要素だからだ。

それを自身の意志と判断で決められてこそ子どもは本当の意味で人間であると言え、たった一度の人生を本当に悔いなく生きることができる。

再三言うように、親には子どもの幸せを願う義務がある。

だから自分の職業を自分で決める権利を、親は子どもから奪ってはならない。

くどいようだが通りすがりの他人と同様、子どもは親とはまったく別の独立した人格であり、その人格の重さは親とまったく同じである。だから通りすがりの他人を捕まえて「あなたにはこういう生き方がいいと思いますから、私が勧める通りの生き方をしなさい」と求めてはならないように、自分の子どもにもそんなことを求めてはならないのである。

親は子どもにとって特別な存在であるから、子どもに特定の生き方を要求する権利が当然あると考える人が多いようだが、それは大きな間違いである。

確かに親は、自分の遺伝子を半分受け継がせて子どもをこの世に産み落とし、子どもの生直後から他人より圧倒的に長い時間、子どもの生命維持に不可欠な世話を与えつつ、子どもと最も密に関わる存在である。

しかしそれでも尚、子どもが親とはまったく別の、親とまったく同じ重さを持つ独立した人格であることに変わりはない。

また先述の通り、親は自分の一存で子どもという新しい一人の人間をこの世に産み落とした以上、子どもが将来社会の中で十分幸せに生きていけるように、子どもの心身を健康に育てる努力を最大限する義務を負うが、それは親側が一方的に課される義務であって、義務を果たすことで親に何か見返りを求める権利が生じるということは一切ない。

以上二つの理由から、親が如何に他の他者とは異なり、子どもにとって特別な存在であろうとも、だからといって子どもに対して特定の生き方を要求する権利があるなどということはまったくないのだということを、是非わかっていただきたい。

極めてわかりやすく言えば、親が「産んで育ててもらった御礼に親の期待に応えろ」などと子どもに要求するのはまったく筋違いだから、してはならないということである。

「子どものことは親が一番よくわかる」に現れる独善

しかしそう説明してもまだ、親が自分の子どもに対して特定の生き方や職業を勧めるのは、子どもの幸せを願う親の愛からだという主張を引っ込めない方が多いに違いない。

例えば「親が子どもに『この職業に就くように』と勧めるのは、子どもの能力や適性をよく見極めた上で、この仕事をやれば喜びが感じられるに違いない、あるいはこの職業に就けば生涯生活に不安を感じることなく生きられるだろうと、子どものためを思って勧めるのだから、それは愛に根ざした正しい行為だ」といった主張をである。

しかし私はそれに対しても「NO」と申し上げたい。

そう主張するのはやはり、子どもが親とは別の人間であることが正しく認識できていないからに他ならないからだと。

そういう親の口からよく出る「親の言う通りにしていれば間違いない」「子どものことは親の私が一番よくわかっている」などの言葉に、その認識の欠如がよく現れていると感じる。

子どもを自分の欲の道具にする「ステージママ」

次に、親が子どもに特定の職業に就くよう勧めてはならない理由を、もう少し具体的な事例ごとに説明してみたい。

例えば芸能人やプロスポーツ選手など、衆人の注目を浴びやすい職業に子どもを就かせたがる親の中には、自分の自己顕示欲や名誉欲や金銭欲を満足させることが目的の人たちが、相当な割合含まれていると感じる。

これが愛ではないというのは、比較的わかりやすい話だろう。

子どもは親の一部や分身でない以前に、親の欲を満足させる道具ではさらにないからだ。道具にするということは、子どもの人格を無視し、踏み躙《にじ》ることに他ならない。

子どもが自分の目で社会を見渡して、そうした職業に惹かれて「自分も」と希望を表明すれば、チャレンジさせていいと思うが、所謂《いわゆる》「ステージママ」と呼ばれる人たちのように、親側から膳立てしてレールを敷くのは、子どもの人格を正しく認めていない行為である。

子どもを高い社会的地位に就けさせたがる動機の大半も親の名誉欲

そう言うと、それとは違い、親が子どもの幼い内から子どもの学力を伸ばす働きかけを積極的に行ない、学力面でランクの高い学校に進ませ、将来医者や弁護士や一流企業の社員など、社会的地位も名誉も収入も高い職業に就けるように膳立てしてやるのは、これこそ間違いなく子どもの幸せを願う親の愛に他ならないと主張される方が多いに違いない。

また親が会社や病院の経営者で、子どもに後を継がせようとする場合にも「少ない苦労で社会の中でいい思いができるのだから」という理由で、同じ主張をする人が多いだろう。

『子どもを全員東大に入れた親の教育法』の類《たぐい》の本がもてはやされる昨今の風潮を見ても、「それは当然親の愛」という考える人が社会の多数派だろうと、想像に難くない。

しかし私はこれにも、はっきり反対する。

それは一つには、親が子どもを社会的地位や名誉の高い職業に就かせたがるのも、親自身の名誉欲や金銭欲の満足が動機になっている場合が多いからだ。例えば普通のサラリーマンの子どもが医者になった時、他人が親に向かって「これで御両親も鼻が高いですね」とお世辞を言い、親も満悦の体でそれに頷く、といった絵が世の中のそこここに溢れているのが、そのいい証拠である。これは愛とは別のものだ。

こう言うと極論に聞こえて反感を買うかもしれないが、自身の名誉欲の満足が真の目的で子どもを医者などの社会的地位の高い職業に就かせたがる親は、昔、生活費を得るために娘を女衒《ぜげん》に売った親と本質的に大差がないと、私は考える。多少の違いはあっても、平気で子どもを己の欲の満足の道具にできるという本質的な誤りに於いては、昔、娘を女衒《ぜげん》に売った親の「自分の子どもなんだから、煮て食おうが焼いて食おうが構わない」という感覚と大きく違わないと思うからだ。

親が想う幸せと子どもにとっての幸せが必ずしも一致しないことを認めよ

だが親自身の欲はまったく抜きで、心底大真面目に、医者になりさえすれば子どもは必ず幸せになれると信じ切って、医者にしてやることこそ親の愛だとばかり、子どもにその目標を繰り返し吹き込み叱咤激励する親も、確かに一部居るに違いない。

しかしその場合も、残念ながら愛ではない。

子どもの幸せを願っている積もりが、願い切れていないからだ。

「医者になれば子どもは幸せになれるだろう」というのは、親の勝手な想像にすぎない。くどいようだが、親と子どもは別の人間だから、親が「こうなれば子どもは幸せだろう」と考える人生と、子ども本人が実際に幸せと感じる人生が一致する保証はまったくない。

それを「一致する」と独り決めして、「医者になれ」とためらうことなく親の意志を押しつけていくことは、子どもに本人の意志があることを完全に忘れて無視した行為で、即ち子どもに一個の人格を認めない行為に他ならない。それが愛ではないことは、言うまでもない。

「医者になれば幸せ」というのは親の価値観に基づいた考えで、その場合、親はまず間違いなく「社会の中で高い地位に着くことができれば幸せ」「一生経済的に不安なく暮らせることが幸せの第一条件」という世俗的価値観を強く取り込んでいる。

多数派の感覚に一致することこそ「世俗的」価値観と呼ばれる所以《ゆえん》だが、それでも子どもがそれよりも強い子ども自身の価値観と、それに基く将来の希望を持つことは大いにありうる。例えば文章を書く、芝居や音楽をやるといった創作や表現の仕事に高い価値を見出し、そうした活動に取り組みたい意欲の方が、社会的に高い地位や経済的安定を求める欲求を大きく上回るといった場合もしばしば出てくるだろう。

子どもがそういう希望を表明した時に、自分が気に入らないからという理由で、親が潰すことは絶対にしてはならない。

実力で阻止したり、「そんなものはやめろ」とストレートに禁じたりしないだけでなく、例えば「俳優になりたい」という意志を表明した子どもに対して、私の母がやったように「役者なんて瓦乞食《かわら》」「どうせ一生水商売のアルバイトをして通行人で終わるのがオチ」などと、彼が憧れる道を卑しめる言動を取ることも厳に慎んでいただきたい。

そういう言い方をされると、子どもは自分自身が卑しめられ否定されたように感じて、親の想像をはるかに超えて、深く傷つく場合が多いからである。

その上、そういう言い方を躊躇なくできる親は、過去にも頻繁に子どもに対して否定的言動を取ってきた可能性が高く、そうであれば特に、既にある傷を格段に深めることによって影響が著しく深刻になりうる。

そういう経過を持つ子どもは親に対して自分の意志を主張し通す自我が育っていないため、親に反抗したり反社会的行動に出たりするよりは、一人精神を病んでいきやすい。「たかが言葉」という認識は大きな誤りで、言葉の暴力の罪がどれほど重いかを真剣に認識し直してほしい。

親の「膳立て」「レール敷き」は無用で有害

とにかく親がどれほど「豊富な人生経験」から「失敗の少ない道」を勧めても、子ども本人が望まない仕事は、望まないという理由だけで子どもにとっては「悪い仕事」なのである。

他人や社会に害を及ぼす仕事でもない限り、たった一度の人生、本当に自分がやりたい仕事をやって生きなければ、少なくともその仕事ができるかどうか挑戦してみなければ、子どもは人間に生まれてきた甲斐がない。

子どもに自分の気に入る特定の職業を勧める親は、自分自身、親にそういう膳立てをしてほしかったか、あるいは膳立てされて嬉しかったかを考えてみてほしい。

答は「NO」の場合が多いと思う。そうであれば自身のその経験を活かし、子どもに余計な膳立てをするのはやめてもらいたい。

たとえ自身は親の膳立てに感謝する、親に膳立てしてほしかったという場合でも、子どもはそうでない可能性もあるということを、きちんと頭に置いてほしい。

親は子どもの将来について自身の希望を提示にないこと

したがって言うまでもなく、親は、子どもが自分の気に入らない将来の希望を表明してきた時にそれを潰さないのはもちろん、子どもが子ども自身の希望を表明してくる前に、親の特定の希望を提示することもしないでいただきたい。

子どもは親の期待に縛られるからである。

ほとんどすべての子どもは親を愛しているから、親が自分にどういう生き方を期待しているかをわかっていながら、それに逆らうのは非常に辛い。

それでもそれまでに親子間に信頼関係がしっかり築けている子どもは、親の期待に逆らう辛さを乗り越えて、自分の意志を表明し貫けるが、親に自分そのものを受け容れられていると信じられず、その安心感が持てない子どもほど、親の期待に強く縛られてしまう。

これは大方の想像に反するだろうが、親に自分の存在を受け容れられている自信のない子どもは、それが原因で自分の存在価値に自信が欠如しているため、その自信を獲得したい一心で、親に反発するどころか、親に認められること、親に気に入られることに激しく執着するからである。

したがってそういう子どもは、それ以前の「自信欠如」の段階で、既に将来精神の病を発病する準備が相当整っている上に、そこへ親に特定の希望を表明されると、それに背くまいと自分の意志を強烈に圧《お》し殺すことによって、格段に発病への準備が進んでしまう。だから親に受け容れられなかった子どもほど、不本意な親の期待の悪影響がはるかに深刻だということも、是非すべての親に知ってほしい。

そしてここで再度、親が幼い時期に子どもの存在そのものを受け容れないと、どんなに嫌でも親に嫌と言えない子どもを育ててしまい、それが将来高率に精神の病の発病につながることを強調しておきたい。

親が期待していいのは子どもが子ども自身の希望を叶えることだけ

極論に聞こえると思うが、総括すると、親は子どもに対して何一つ期待してはならないと、私は強く主張したい。

その理由は、繰り返しになるが、子どもの人生は子どものものだからである。

人間は皆、自身の意志と判断に従って、自身の生き方や行動を決める権利を持つ。その権利が認められて、初めて本当に人間として生きられる。ところが親が子どもに特定の生き方を期待すると、偶然その期待が子ども本人の希望と一致する場合を除いて、親の心理的圧力で子どものその一番大事な権利を奪ってしまいやすい。だから親は決してそれをやらないでほしい。

親が子どもに期待するのは唯一、「子どもが子ども自身の希望を叶えて幸せになること」だけにしていただきたい。

〈総括〉子どもの魂を健康に育て、幸せな親子関係を築くために親がやるべきこと

第Ⅱ部のここまでをもう一度総括すると、親が子どもの魂を健康に育て、子どもが人生を幸せに生きていけるよう準備し、幸せな親子関係を築くためにやるべきことは次のようになる。

・「お前が居てくれて嬉しい」と、子どもの存在を無条件で喜んで受け容れる思いを、言葉でも表情でも態度でも行動でも、あらゆる伝達手段を駆使して全力で伝える。
・「共感性」と「前向きさ」という、人間が社会の中で幸せに生きていくために誰にでも必要で大切な、最小限の基本姿勢だけをしっかり教え込む。
・それ以外は、子どもが自分で自由に感じ、考え、子ども自身の意志と判断に従って一つひとつ行動を選択し、やがては自身の生き方も自分で選択していくのを静かに見守る。

「自分がやられて嫌なことは他人にもやるんじゃないぞ」「自分なりの目標を立てて、達成目指してできる限り努力するんだぞ」という基本中の基本だけを教えたら、あとは毎日の子どもの生活を見守り、基本原則から外れた行為を目にした時には「ここがこういう理由で良くない」と、その行為だけを具体的にたしなめる。そして「それさえ守ればあとはお前の人生だ。自分に与えられた命と時間を残らず使って、思いきり好きなように生きてみろ。楽しみに見せてもらうからな」とエールを送る。

そうやって親子の時間を過ごす内に、子どもは成長するにしたがいだんだんと、自分自身と自分の置かれた社会を正しく見られるようになり、わざわざ親がああしろこうしろと指図しなくても、「自分にできることの中で最も自分がやりたくて、充実感が感じられて、まわりも幸せにできる生き方は何か」と考えて、自分で自分の生き方を的確に選べるようになる。

さらにもう一つ子どもに言ってやれるなら、「もし何か困ったことができた時には、良かったら言ってくれ。親に助けてやれることで、助けてやった方がいいと思うことは助けてやるからな」と言っておくといいと思う。

そこまでしっかりやれば、子どもが健康に幸せに育つ可能性は非常に高くなる。

そして成人した子どものほとんどは、いくら「産んだ以上、一生懸命育てるのが親の義務」だと言っても、そこまで溢れんばかりの愛情を注いで精一杯育ててくれた親には、何も言わなくてもこよなく感謝し、恩を返そうとする。

その結果、最後まで温かく幸せな親子関係が続く可能性も、非常に高くなる。

だから私はこの子育てのやり方を強く勧めたい。

その6　親は自身の親に対する負の感情に適切に対処せよ

子どもを虐待したくなければまず、自身が親に虐待されたことを否認するのをやめよ

どんな種類の虐待であれ、親の虐待は子どもの精神を病ませ、子どもの人生の可能性を大きく殺《そ》いでしまう。

だから親は子どもを虐待してはならない。

そのためには、親の中にある子どもを虐待する原因を取り除かなければならない。

子どもを虐待してしまう親は、親自身がその親から虐待を蒙《こうむ》っていながら、虐待された事実も、それゆえ自分が親を恨んでいるということも、強固に否認している場合が非常に多い。

この「否認」が因《もと》で、子どもに虐待を連鎖させやすいことは既に定説になっており、私の両親の場合も完全にそれに当てはまっている。そして私の母のケースについては第Ⅰ部・第2章・第15節に詳述した。

したがって当然、心ならずも子どもを虐待しないためには、その否認をやめることが不可欠である。

- 何故、否認すると子どもに虐待を連鎖させやすくなるのか。
- 何故、否認したくなるのか。
- どうすれば否認をやめられるのか。

これは、本書全体の目的である「親子が殺し合わない」を実現するために非常に大事なことなので、繰り返しになるものの、ここで第Ⅰ部・第2章・第15節で述べたことの要点をおさらいし、他に必要なことも適宜付け足して書いていきたい。

「虐待否認」の三つの段階

「親の虐待」に関する否認は三つの段階から構成されており、子どもに虐待を連鎖させたくなければ、その三段階の否認をすべてやめる必要がある。

①親に虐待されたという事実の否認
②虐待されて辛かった、傷ついたという過去の感情体験の否認
③虐待した親を恨んでいるという今の正直な感情の否認

何故これらの否認が自分の子どもに虐待を連鎖させる原因になるのかを、もう一度簡単に述べたい。

虐待を否認すると虐待を連鎖させやすくなる理由

まず①が連鎖の原因になるのは、親が自分の親から、第三者の目で見て明らかに「虐待」に当たる行為をされながら、それを「虐待」、即ち悪い行為とはっきり認識しないと、それと同質の酷《むご》い行為を、自分の子どもに対して抵抗なくやれるようになってしまうからだ。

例えば自分が特に悪いことをしていない時に、親が自分を「碌《ろく》でなし」と繰り返し罵ったり、「不器量」「大根足」などといくら努力しても改善しきれない欠点をしつこくけなしたりしたことについて、それをはっきり「虐待された」と認識しなければ、自分も子どもに対して同じような暴言を平気で吐けるようになってしまうからである。

次に②が良くないのは、親に虐待された時、例えば自分に何も落度がないのに「碌《ろく》でなし」「ごくつぶし」「役立たず」など、繰り返し存在を否定する言葉を吐かれたような時に、どうしようもなく悲しく打ちのめされる思いを自分で正直に感じて認めないことには、「こんなことを他人に言うものではない」と深く肝に銘じようと思えないからだ。

したがって①に加え②によっても、子どもに同質の虐待をしやすくなってしまう。

余談だが、母は海援隊の『贈る言葉』の中の「人は悲しみが多いほど／人には優しくできる」という詞が甚《いた》く嫌いで、「あれは大嘘ね。痛い目に遭えば遭うほど、人間は意地悪くなるわ」と何度も皮肉な口調でけなした。

母は確かに祖母などまわりの大人たちから頻回に虐待を受けた結果、誰に対しても意地悪くなり、私にも虐待を連鎖させた。

だがそれは『贈る言葉』の先ほどの詞の直前にある「悲しみ堪えて微笑むよりも／涙涸れるまで泣く方がいい」という所を、母がやらなかったためだと感じる。第I部で書いた通り、母が「これしきのこと何でもない」と強がってばかりいて、虐められた辛さ、悲しみを自分で味わい尽くして、正直に認めなかったからだと。

母が何故人に優しくできないかを言い当てる『贈る言葉』の歌詞は、母の罪悪感を強く刺激したようだ。そのことも「虐められて辛かった」という自分の本当の気持ちを自分で正直に認めることが非常に大事であることの、一つのいい証明だと感じる。

最後に③の、親への恨みを否認すると何故、子どもを虐待しやすくなるのかについて説明したい。

その主な理由は、実の親から長期にわたって数えきれない回数傷つけられたことに対する恨みの感情は非常に激しく根強いもので、どれほど「恨んでなどいない」と懸命に意識の下に抑え込んでも、絶対になくなりはしないからだ。

反対に抑え込めば抑え込むほど、恨みは意識下でふつふつと燃えたぎり、心の中に不快な内圧がどんどん高まり、捌け口を求めずにいられなくなってくる。その捌け口に最もされやすいのが、いつも身近に居て、自分に一番抵抗できない自分の子どもということになる。

幼い子どもは力関係に於いて親より圧倒的に弱いだけでなく、「親に不満を言うなど言語道断」という社会通念を、物心つくと同時に周囲から強く植えつけられているために、ますます親に抵抗できない。さらに子どもに何も落度がない時に、親が子どもを理不尽に苦しめるだけの虐めを行なっても、親は「これは躾」「子虐待する結果になってしまいやすいのである。

を思う親の愛」という言い訳を、自身にも社会にも簡単に通せる。だから意識下に抑え込んだ自分を虐めた親への恨みが、心の中で高まるだけ高まった後、激しい攻撃欲求に変わり、見当違いに噴出して、子どもを虐待する結果になってしまいやすいのである。

そして恨みの否認が虐待の連鎖につながる次の理由は、実の親への激しい恨みなどという、自己の人格の根幹に関わる最も重要な感情から頑なに目を背けてしまうと、それにより自分の行動の本当の動機も、能力も人間性も、全体に自分で自分を正しく見られなくなってしまうためだと感じる。

これは私の母を長年見てきて感じたことだが、この内省心の欠如が原因で、自分が子どもの向上など少しも願わずに、純粋に子どもを苦しめるのが目的で苦しめていても、自分のその行為を虐待だと正しく認識できなくなるようだ。また同じ原因から、自分について実際と著しくかけ離れて美化された自己像を懐《いだ》くようになり、そのために当の子どもや周囲の他人から非を指摘されても尚、それを認めることができず、虐待を延々と継続しやすくなるように見える。

そしてもう一つ、恨みを否認したままの人が子どもを虐待しやすくなる大きな理由は、そういう人たちは親に植えつけられた根強い劣等感から解放されておらず、この劣等感が虐待の原因になりやすいからだ。

「親を恨むこと」と「劣等感からの解放」との関係について、もう少し詳しく説明したい。

「親を恨む」ということは、親が自分の人間性も能力もことごとく否定したことを不当だったと断定してこそ、堂々とできる。

そして親の否定を不当だったと断定してこそ、親の評価をきっぱり斥《しりぞ》け、劣等感から解放されることができる。

つまり自分を否定した親を未だにきちんと恨めていない人は、親の否定を不当だったと断定できていないために、未だに親の評価に縛られたままで、根強い劣等感から解放されていないのである。

私の両親にしても、彼らの親が彼らをボロ糞にけなしたことを不当だったと断定できていれば、親の評価を斥《しりぞ》け、劣等感から解放されていただろうし、かつ正々堂々と親を恨めていただろう。

しかし親を恨めていなかった両親は、親の否定を不当と断定できておらず、親の評価を斥《しりぞ》けられていなかったから、表面こそ著しく虚勢を張り自信家を装っていたが、中身は猛烈な劣等感の塊のままだった。

だから常に呆れるくらい、常に他人との比較が気になり、少しでも相手が自分より恵まれて見えると心穏やかではいられず、聞くに堪えないこきおろしをした。

そしてその「比較が気になる」心理はわが子に対しても同じだったようで、両親は私のこともことごとくライバル視した。それで私の方が自分たちより少しでも良く見える所があるとあからさまに妬み、ほとんど褒めず、強い憎しみを込めてけなしてきた。これが私にとっては非常に辛い虐待になった。

つまり親への恨みを否認すると、子どもを素直に愛せなくなることにもつながり、影響は非常に深刻である。

以上のように、自分が親に虐待されたことを否認すると、それにより何重にも子どもに虐待を連鎖させやすくなって良くない。

だから親に虐待されて、それを否認したまま親になった人には、是非それに気付いて、三段階の否認すべてを自分から進んでやめてほしい。

虐待を否認したくなる理由とその誤り

では次に、何故、親に虐待された人間はそれを否認したくなるのか。

その理由が理に適っていないことを説明し、納得してもらうことができれば、否認をやめようと決意する助けになると思うので、私が推察する理由をこれから述べていきたい。

結論の概略を先に言ってしまうと、私は、誤った社会通念の圧力が、三段階の否認すべての大きな原因になっていると感じる。

まず①の、親に虐待された事実そのものを否認したくなる最大の理由は、社会に「世界中で生みの親ほど子どもを欲得抜きに深く愛する人間はいない」という通念が、非常に根強く存在するためだと感じる。そしてその通念を、すべての子どもが物心つく前後の極めて幼い頃から、親をはじめ周囲の大人たちにしっかり植え付けられるためである。

この通念を正しいと信じ込んだ子どもは、親にどれほど辛い仕打ちをされても酷《むご》い言葉を吐かれても、それを虐待であるとは絶対に思いたくない。

何故なら世界で一番自分を愛してくれるはずの親が自分を虐待し、愛さないということは、よほど自分が悪くて駄目な人間の証拠に思え、子どもにとってこれ以上自信と自尊心を挫かれる事実はないからだ。自分が惨めで悲しくてどうにも耐えられなくなってしまう。

だから実際には親がうっ憤晴らしのためや、子どもの性質が個人的に気に入らないなどの勝手な理由で子どもを虐めているのであっても、つまり親の行為が純然たる虐待であっても、子どもの方から進んで「これは愛のムチだ。私のために叱ってくれているんだ」と、親のために社会通念通りの言い訳を用意してしまうのである。ほとんどの場合、子ども自身そこまでの心理機制は意識していないが、子どもが自分の自尊心を必死に防衛するために犯してしまう過ちであると、私は見る。

しかし、社会の現実を広く冷静に見渡せば、この通念が事実無根であるのは明白である。細かく繰り返さないが、親が自分の子どもを愛さない事例は古今東西少しも珍しくなく存在する。だからその誤った通念から早く自分を解放した方がいい。

子どもに落度がなくても虐める親はたくさん居て、それはひとえに親に非がある。だから親に虐められたことは少しも恥ではない。そう正しく認識して、親に虐待された事実を否認するのを、できる限り早くやめることが望ましい。

次に②の、親に虐待されて辛かったという過去の気持ちを否認したくなるのも、やはり「辛いと感じたり、傷ついたりすることは弱いこと。弱いことは恥ずかしいこと」という社会通念の支配の影響が非常に大きいと感じる。

この通念もすべての子どもが非常に幼い内から親や周囲にしっかり叩き込まれ、虐待された子どももその例外ではないからだ。それが子どもの自尊心に強力に圧力をかけ、「私は弱虫なんかじゃない。他人にも弱虫なんて思われたくない」と思わせて、傷ついた感情体験を頑なに否認させ続けてしまうように見える。

しかしこの通念も誤りであるから、早くそれから自分を解放した方がいい。

何故誤りかと言えば、それは虐められて辛いと感じ、傷つくのは極く当たり前のことであり、ひどい虐めを頻回に受ければ、容易に乗り越えられないくらい打ちのめされても全然恥ずかしいことではないからだ。

逆に相手が傷つくとわかって虐める人間の方が、ずっと卑しくて恥ずかしい。

そう正しく認識して、親の虐待が辛かった、傷ついたという感情を否認することも、できる限り早くやめるのが望ましい。

最後に③の、虐待した親を恨んでいるという今の正直な気持ちを否認させる、最も大きな力もやはり誤った社会通念で、「他人を憎むことは悪いこと」と「親は無条件で尊く、感謝すべき存在」の二つだと感じる。

これらは二つとも、正しいかどうかは「時と場合によりけり」なので、後者のように「無条件で」とするのは誤りである。「時と場合によりけり」だという理由を説明したい。

まず「他人を憎むことは悪いこと」の方だが、私は、例えば相手が正当な理由なく自分に暴力暴言を振るうというように間違いなく悪い場合、憎むのは少しも悪くないと考える。

特に、非を指摘しても相手がそれを認めず、謝りも改めもしないのであれば、簡単に許したりせず、憎み続けるべきだと考える。何故なら、悪は決して許すことなく憎み続けるという姿勢を世の中の多くの人たちが取るようにならなければ、いつまで経っても社会から悪が減らず、虐待という悪もその例外ではないからだ。

また自分一人のことだけを考えても、虐待した親が憎いという本当の気持ちを無理に抑圧して、何の罪もないわが子に虐待を連鎖させる方が余程罪深いからである。

次に「親は無条件で尊く、感謝すべき存在」という通念も、古今東西どう見てもそれに当てはまらない親の事例が溢れている事実だけからも、正しくないのは明白である。

今、暴力や育児放棄で子どもを死に至らしめている親たちもそうなら、今昔問わず、自分の生活のためや、果ては違法薬物を買うために子どもを売る親達も然りだ。

だからこんな通念に支配されて、「産んで育ててくれた親を恨んではならない」などと自分の心を縛ることは、まったく必要のない、愚かな行為である。

通念が正しくない理由の説明を、もう少し続けたい。

まず「無条件で尊く」が根本的に無理である理由を述べたい。

その一番の理由は、やや突飛に聞こえるかもしれないが、「親」というのは特別良くできた人間だけがなるものではなく、世の中の大多数の人間がなるものだからということだ。話をわかりやすくするために思い切って単純化すると、仮に世の中の半分が寧《むし》ろいい部類の人間で、残り半分が寧《むし》ろ悪い部類の人間であるとすれば、自分の親がいい部類の人間である確率は、わずか五〇％ということになる。これだけでもすべての子どもに「親を尊敬しろ」と求めるのが無理なのがすぐにわかる。

とはいえ、たとえ親が社会の客観的な基準に照らしていい部類の人間でなくても、親が子どもである自分の幸せを願い、自分の心身を健康に育てる努力を一生懸命してくれれば、自然に感謝や尊敬の念が湧いて当然だが。

ではここからは「無条件で感謝」が正しくない理由の説明に移る。

それは、親が今述べた努力を初めから十分せず、子どもの心身をわかっていて傷つける言行を取ることは、決して許されないことだからだ。したがって、その許されないことをした親にまで感謝しろと子どもに求めるのは、まったく理不尽で筋が通らないからである。

これは本書全体の中でも最も大事な主張なので敢えて繰り返すが、親が他の誰より子どもの心身をわざと傷つけてはならない最大の理由は、すべての子どもは親の一存で生まれてくるということである。

人間は誰一人、自分から希望して生まれてくることはできない。獣的性欲、男女の恋愛、純粋に自分の子どもを持ちたい欲求など、欲求の種類は様々だが、子どもが親側の一方的な欲求達成の結果生まれてくることは、すべての子どもに共通である。

したがってすべての親は、自分の一方的な意志決定で子どもをこの世に産み落とした以上、子どもが将来社会の中で幸せに生きていけるように、その基礎として子どもの心身を健康に育てる努力を最大限する義務を、一切の見返り抜きで負わされる。結果が常に完璧でないのは仕方がないとしても。

だから子どもに対してそういう義務を負う親が、その義務に反して子どもの心身をわざと、あるいはわかっていて傷つけることは、世の中の他の誰がやるよりずっと許されない。

何をやっても世の中が「愛のムチ」と見てくれる「親」という特権的地位にあぐらをかき、「愛のムチ」を錦の御旗に子どもを故意に傷つけることは最も人道に反する行為である。

したがって子どもの誤りを正し、向上を願うといった、誰もが納得できる理由なしに、親でありながら自分のうっ憤晴らしなどの勝手な理由で、子どもをわざと傷つけ苦しめてくるような人間に、子どもは「踏まれても蹴られても」感謝する必要などない。

反対に、そういう親と、そういう親に壊される子どもを何としても減らさなければならないという、社会全体の改善を目指す見地から考えて、私は正直な気持ち、子どもはそんな親に絶対に感謝してはならないし、逆に親が改めるまで糾弾し続けてほしいとまで言いたい。

以上のように、「他人を憎むことは悪いこと」「親は無条件で尊く、感謝すべき存在」という社会通念は誤りだということを、冷静に筋道立てて理解し認識すれば、それらの通念の呪縛から自分を解き放ちやすくなると思う。

だから是非ともそうやって自分の魂を解き放ち、まずは虐めた親を正直に憎んでほしい。自分の本当の気持ちを歪めず、抑え込まないでほしい。

憎しみに長く翻弄され続けるのはエネルギーのロスだとしても、一旦はしっかり憎み、その憎しみを直視し、自覚し、容認してほしい。

そして抗議しても非を認めず、改めない親は、許さずに憎み続けてほしい。

そうすることによって、自分で自分を客観的に正しく見られる人間になり、その結果、自分の子どもを含め他人を虐待しない人間になれるからだ。

つまり悪い親を正しく憎むことは悪いことどころか、逆に現実をいい方向に変える、いいことである。そう、社会の人たち全員に認識を改めてほしい。

その7　親は自身の劣等感に適切に対処せよ
劣等感は虐待につながるので自覚し制御せよ

親自身が劣等感を抱えていると子どもを虐待しやすいことは、前項でも少し触れた。

その理由も、一つは既に前項で挙げた。それは即ち

①ライバル視と嫉妬

劣等感の強い人間は常に他人との比較が非常に気になり、わが子まで比較の対象にしてしまい、子どもに少しでも自分より恵まれている所を見つけると、妬ましくなり攻撃せずにいられなくなってしまうから、と

いうことである。

しかしこれは親の劣等感が子どもの虐待を生む機序の一つにすぎない。

他にも様々な機序を通じて、親の劣等感は子どもの虐待につながりやすい。

それゆえすべての人たちに、できれば親になる前に自分自身の劣等感に適切に対処してほしい。


劣等感をすべて克服・解消できればそれに越したことはないが、それはほとんど不可能だと感じる。何一つ劣等感を抱えずに済む人間など居ないだろう。

だがたとえ克服が不可能でも、自身の劣等感を正しく自覚するだけでも、虐待の予防に非常に役に立つ。それは「私はこういう原因で、こういう面に劣等感を抱えている」と冷静に認識できれば、それにより、劣等感が勝手に暴れて子どもを虐待したり、他人を不当に攻撃したりしないように、相当自分で制御できるようになるからだ。

だからこの「自分の劣等感を自覚し、制御する」ことを、すべての親になる人たちにお願いしたいと思う。


親の劣等感が子どもの虐待につながる、その他の機序

劣等感の自覚と制御が本当に大事だということを納得していただくために、親の劣等感が子どもの虐待につながる機序として、他にどんなものがあるかを挙げていきたい。

②僻みと被害妄想

まず劣等感の強い人間は、他人のあらゆる行動に自分をバカにする意図があると僻《ひが》んで解釈しやすい。つまり劣等感が生む「僻み」や「被害妄想」が、虐待の原因になるという機序である。

例えば乳幼児期のわが子が親の希望を理解できず、それに反する行動を取ったり、一生懸命世話を焼いても泣くのをやめなかったりするのは、冷静な目で見れば当然で仕方のないことなのに、劣等感の強い親ではしばしば、その冷静な判断が働かなくなり、わが子のそれらの行動まで自分をバカにしてのことのように映ってしまう。

その結果「お前まで親の私を舐めるのか！」とカッと頭に血が上り、激しく怒鳴りつけたり身体的暴力を振るったりせずにいられなくなる。そして最悪の場合、子どもを死に至らしめたり、子どもに一生回復しない重度の障害を負わせてしまう。

こういう最も顕著で典型的な虐待は、親が劣等感が強いことに加えて、忍耐力や自制心を十分養えないまま親になってしまった場合に起こりやすいと思われる。

③自分の存在価値を実感するために子どもを利用する

そして次なる機序は、「劣等感の強い人間は、子どもの自分の存在価値を実感するための道具にしやすい」というものである。

それは「劣等感が強い」ということは即ち「自分の存在価値に自信がない」ということだからだ。だから劣等感の強い人間はそれを解消するために、何とかして自分の存在価値を強く実感しよう、ひと度存在価値を手にしたら決して手放すまいと躍起になる。そしてわが子をそのための道具に最もしやすい。

そしてそうやって道具にされることが、子どもには確実に精神的虐待になる。私と母の事例がその典型であるが、親がわが子を道具にして存在価値を得るやり方だけでも何通りもある。それらが互いに補強し合って効果を盤石《ばんじゃく》にすることは、第I部で既に説明した通りだが、もう一度簡単にさらってみたい。

手法その1　専制支配

まず存在価値を渇望する親が、わが子に対して一番やりやすいのが「専制支配」だ。誰か自分以外の人間を一〇〇%自分の思い通りにできることくらい、自分の力、ひいては存在価値を鮮烈に実感できる方法はない。

しかも相手がわが子であれば、非常に手っ取り早く簡単に実行できる。誰でも幼いわが子に対してだけは全能の「神」のような存在になることが可能だ。だから著しく自信が欠如した人たちの中にはそれが目当てで親になりたがる人さえかなり居るように見える。

だがこの専制支配は、どの子どもにとっても間違いなく精神的虐待になる。

何故なら親にすべてを思い通りにされるということは、自分の主体性を奪われることに他ならないからだ。「主体性」とは「自分の意志と判断で、自分の生き方や行動を決めること」と言い換えられる。その主体性が持てることこそ、人が真に人間として生きうるための絶対必要条件であるから、親の専制支配で主体性を奪われれば、子どもは「人間であること」を奪われてしまう。それだけで十分、精神的虐待である。

例えば親が自分の名誉欲や金銭欲を満たすために、子ども本人の意志を完全に無視して、子どもを社会的地位や名誉、あるいは報酬の高い職業に就くことを強制するのもその一環である。

御蔭で子どもはたった一度の人生なのに自分の本当にやりたいことができなくなる。

これを虐待と言わずして何が虐待かと言いたい。

手法その2　傀儡化《かいらい》

次に、自分の存在価値を渇望する親がそのためにわが子を利用する手法は、「傀儡化《かいらい》」だ。これは専制支配をさらに高度化したもので、「魂の乗っ取り」「植民地化」とも言える。傀儡《かいらい》化は確実に子どもの精神を病ませる。つまり虐待としても格段に高度である。

単なる専制支配は、子どもの表に現われる言葉や行動だけを親の思い通りにするものだが、自分の存在価値に徹底して自信が欠如した親は、それだけでは満足も安心もできない。

子どもが何でも自分と同じようにものを感じるように、考え、価値判断するように、果ては子どもが自分の望み通りの意志や欲求を持つように、子どもの頭や心の中にまで入り込んで、検閲し、強要する。

これが傀儡《かいらい》化である。

これをやられた子どもは、自分の心で感じ、自分の頭で考え、価値判断し、自分の魂で意志を持ち、欲求することができなくなる。

自分の魂を圧殺、放棄させられる。

つまり単なる専制支配の内は、子どもは自分の魂に従って生きることを許されないだけで済むが、傀儡《かいらい》化になると、子どもは自分の魂を持つことからして許されなくなる。

代わりに親の魂で生きることを要求されるようになる。

ここまでやられて精神を病まずに済む子どもが居たらお目にかかりたい。

手法その3　存在否定

そして三つ目に、自分の存在価値に汲々とした親が、それを得るために子どもを利用するやり方は、徹底した子どもの「存在否定」である。

彼らが「存在否定」に走る理由は主に、子どもの能力も性質もことごとくけなしまくって、子どもをすっかり打ちのめすと、征服感とともに、自分の絶大な力を実感できるからのようだ。

こう言うと、人をことさら悪意で見ようとしているように思われそうで気が退《ひ》けるが、この残忍な想像は間違いなく当たっていると感じる。私の母の事例だけでは証拠が足りないかもしれないが、実際に私の母は、私が打ちのめされてしょげ返ると、いつも勝ち誇ったように笑った。冷笑に歪んだ口で「どう？　口惜しい？」と言葉にすることまで度々あった。それゆえ劣等感は、中でも抑圧した激しい劣等感はどこまで人間を意地悪くさせるのかと、心底心を寒くさせられた。

この存在否定は、その瞬間瞬間子どもを著しく苦しめるだけでも十分虐待だが、前の専制支配や傀儡《かいらい》化と同様、長期的影響も深刻な虐待である。

何故なら、それは子どもを親同様に著しく自信が欠如した劣等感の強い人間にしてしまい、生きることを非常に困難にさせるからだ。

そしてその結果、子どもを高い確率で次の虐待者にしてしまうからだ。

またこの存在否定は、専制支配や傀儡《かいらい》化や次に述べる「共依存」など、親が存在価値を実感するための他の手法を成功させやすくする効果も持つ。

例えば専制支配や傀儡化がやりやすくなるのは、親に徹底して存在否定された子どもは「自分はこの世に生きていてもいい人間」という、生存に必要な最小限の自信さえ獲得し損なうため、何とかその自信を獲得したい一心で、親の笑顔や承認を勝ち取るべく、自分から死にもの狂いで親の言いなりに、さらには親の複製になろうとするからである。

それゆえ実際の存在否定は、他の手法の下準備を兼ねてセットで行なわれることが多い。

手法その4　共依存

そして最後四つ目に、欠如した存在価値についての自信を子どもから得ようとして親がやる虐待で、成就すれば最も満足度が高いものが「共依存」である。

これは「あなたは私なしには生きていけないのよ」と子どもに完全に信じ込ませ、生きている限り子どもが自分を必要とし続けてくれるようにし、子どもが絶対に自分から離れていけないようにするものである。

たとえ一人でも「あなたなしには生きられない」というほど絶対的に、自分を死ぬまで必要としてくれる人間をつくれれば、それだけで生涯自分の存在価値が保証される。だから「共依存」は非常に満足度が高い。

子どもと共依存を形成するための具体的な方法はいろいろあると思うが、私がやられたのは「貸してごらんなさい。やってあげるから」と、母に日常生活行動のほとんどを代行されて、学業以外は社会的に無能力者に仕立て上げられるというやり方だった。

この一般に「過保護」と呼ばれる手法が、共依存を形成するために最も多く用いられるのではないか。

そうやって他のことはすべて自分が代行し、子どもには高い社会的地位を得るための活動だけに全力を注がせれば、自分が欲しい名誉も獲得しやすくなり、一挙両得だろう。

そして「やってあげるから」の前に、ほぼ確実に親が言う言葉は、これも私の母と同じく「あなたじゃ駄目」「あなたは何をやらせても駄目」であろう。それが先ほど、共依存も高率に存在否定とセットで行なわれると述べた所以《ゆえん》である。

先に子どもに「自分は完全に無能」と信じ込ませておけば、「私は親なしには生きられない」と思い込ませることがずっと容易になり、共依存を格段に成立させやすくなるからだ。

さらにもう一つ、私の母は「あんたはお友達みんなから嫌われる協調性のない子」という人格面での存在否定も、共依存を成功させる手段として用いた。その後で、共依存を仕掛けるために母が私に言った言葉は、「しょうがないわねえ」だった。

つまり母は「あんたはそういうどうしようもなく駄目な人だけど、私は親で仕方がないから、そんなあんたでも見捨てないであげるのよ」と、つまりは言葉や態度で繰り返し「恩を着せて」きた。それで私は母の計算通り、母に見捨てられたら自分は完全に一人ぼっちになってしまうと素直に思い込み、ますます母から離れられなくなった。

生活能力については、親に無能と思い込まされていただけだったと気付けば、後から身に着けることは十分可能だが、「見捨てられたら心細くて耐えられない」という不安の方は、「他の人たちはみんなあんたを嫌う」というのが親の嘘だとわかった後もなかなか消えてくれず、これが共依存を長引かせるケースが多いと推測できる。

この共依存については、子ども当人が苦痛と感じなければ虐待には当たらないのではないか、と考える方も居るかもしれない。だが私は全例虐待だと考える。

物理的にせよ精神的にせよ特定の他者が常に傍《そば》に居ないと生きられず、死ぬまでその人間に縛りつけられた状態が続くことは、第三者の冷静な目から見れば、どう見ても憐れだ。

それに、実際にやってみさえすれば簡単に習得できる様々な社会生活能力を、「私には無理」と思い込まされたまま、一生身に着けずに終わるだけでも、人生を著しく貧しくさせられる。

また大抵は親が子どもより先に死ぬため、完全に共依存の形成に成功してしまっていると、親が死んだ後、子どもは本当に生活できなくなってしまう。精神的に不安で頼りなく腑抜けになってしまうのも困るだろうが、親に共依存させられてきた子どもは自分でできないことを親以外の他人に頼む頼み方もわからないだろうから、物理的にも真底困窮するのは間違いない。

本当は自分は何がどれだけできるのか、自分という人間を一生正しく知らないまま終わることも、自立した社会生活を営めるようにならないまま一生終わることも、ともに惨めだ。

したがって共依存を子ども当人が苦痛と感じていない場合の方が、客観的にはより不幸であり、虐待としてより深刻であると、私は考える。

劣等感の原因を知って解消することがベスト

以上述べてきたように、自分の存在価値に自信が持てず、劣等感の強い人間が、その状態のまま親になると、様々な理由と機序で子どもを虐待しやすい。

したがってそういう人は、できる限り自信欠如や劣等感を解消してから親になるのが望ましい。

解消するためにまず必要なのは、何故自分が自信欠如に陥り、強い劣等感を持ってしまったのか、はっきり原因を知ることだ。

そして例えば原因が親の虐待、即ち親に繰り返し激しく存在否定されたことにあるなら、否定は親の側に問題があって行なった誤った行為であり、自分はそこまで否定される必要はまったくなかったということを冷静に客観的にはっきりと認識し、そこから自分が自信欠如に陥ったことや強い劣等感を持ったこと自体がそもそも誤りだったことを認識する必要がある。

然る後に、その認識に基いて自分を自信欠如や劣等感から解放する努力を開始し、継続することが肝要である。

しかし最初に述べたように、強い劣等感を短期間の内に完全に解消することはほとんど不可能である。

だがその代わりに自分が強い劣等感を持っていることと、それを誤って持ってしまった原因とを明確に認識することで、「自分は他人の行動を僻《ひが》んで捉えやすいから、子どもの行動も僻《ひが》んで捉えて、怒りを爆発させないようにしよう」、あるいは「自分は存在価値に自信がなく、子どもを思い通りにすることで存在価値を実感したい誘惑に駆られやすいから、厳にそれは慎もう」と常に自分に言い聞かせて、虐待にブレーキをかけることは相当程度可能であると感じる。

だから自分自身のためにも子どものためにも、その努力を精一杯してほしい。

以上が、私がこれまでに考えた「親子関係関連障害」を予防するために親側に取ってほしい対策である。

III

親との関係が原因の心の病から脱却するために、子どもの立場の方に勧めたいこと

病まなかったよりは幸せ

第Ⅲ部では、不幸にして「親子関係関連障害」を病んでしまった子どもの立場の方たちに向けて、そこから脱却し回復するために必要で役に立つ対策を、私自身の経験に基いて書かせていただきたい。

だが具体的な対策を書く前に、一つ指摘しておきたいことがある。

それは、病は苦しく、貴重な人生の時間を長く無駄にさせられたという点では、確かに病を得たことは不幸だったが、それでも私には、同じ境遇に置かれて病まなかった人よりはずっと幸せだったと思えるということだ。

何故なら病んだのは、親の強力な精神支配、即ち自分自身の魂に従って生きることを阻む「主体性の抑圧(＝専制支配)」や、自分の魂を持つことからして許さない「主体性の剝奪(＝傀儡化《かいらい》)」を、苦痛で不当と感じられるだけ、親の支配に打ち克って自分自身の魂が育った証だからである。自分の魂が育たなければ、病むこともできないからだ。

世の中には、長じてからまで親に一から十まで生き方を指図されても、それで世の中を無事に渡っていけるなら大して苦痛に感じず、最後まで親の言いなりになって一生を終える人たちも数多く居る。

そういう人たちは、とうとう親から独立した自身の魂を持てぬまま死ぬ訳だから、たとえ当人が不幸に感じなくても、私には病気になって苦しむよりはるかに不幸に見える。

その、あまりにも親に支配されきって、支配されていることに気付いてさえいなかったり、それを苦痛に感じなかったりする人たちに較べれば、支配が因《もと》で病んだ人たちは「被支配度」が間違いなく軽いと言っていい。

親の支配から魂を解放するための七カ条

しかし「心のままに生きられない」苦しみを感じている間は、まだ魂が非常に重度に親に縛られたままの状態が続いており、その支配から魂を解放しない限り、病を軽快させることも、本当の自分をのびのび生きられるようになることも叶わない。

だからそれらを可能にするために、親の支配から自分の魂を解放していく具体的なやり方を、これから私自身の経験に基づいてお話ししたい。

まず概略を箇条書きすると、次のようになる。

①自分が病んだ原因は親にあると、はっきり認識せよ
②親の期待に逆らうことに罪悪感を感じるのをやめよ
③親に嘆かれることを苦にするのをやめよ
④自信を獲得するために、親に認められようとすることをやめよ
⑤いくら抗議しても親が支配や罵りをやめない時には、勇気を奮って親と縁を切れ
⑥ひと度親と縁を切ったら、そのことに罪悪感を感じるのをやめ、途中で決意を翻すな
⑦自分は親と同じ人間になるな＝虐待を連鎖させるな

それまでの親子関係の厳しい現実を正しく見据えれば、可能な中で最善の結果を最も出しやすいやり方は

これらであると、私は考える。

その1　自分が病んだ原因は親にあると、はっきり認識せよ

生きづらさの根本原因は自信欠如にあり

心を病んだ子どもの立場の人たちのほぼ全員に共通するのは、自分に著しく自信が欠如していることだろう。自分の能力にも性格にも、そして当然存在価値にもである。

だからこそ社会に出て他人に混じって生活する時、いつ失敗するか、いつ他人に不快感を与えて嫌われるかと四六時中びくびく、ハリネズミのように緊張して、すぐにげっそりくたびれ果ててしまう。だから組織や集団に入っても、そこで適応して長続きするのが難しく、その結果ますます自信を失い、うつ病などの心の病に陥りやすいのだと、自身で原因を自覚できている人もかなり居ると思う。

したがって、その人たちが病から回復し、社会の中で自分の目標を追求し、生き甲斐の感じられる人生を送れるようになるために最も不可欠なことは、自分自身についての適切な自信を獲得することだと感じる。

今、自信を「回復」と書かずに「獲得」すると書いたのは、その人たちの多くが「このくらいは持っていて当然」という程度の自信を、生まれてこのかた一度も持ったことがないに違いないと想像できるからだ。おそらくかつての私同様に、「自分はこの世に生きていてもいい」という、生存に必要な最低限の自信さえ獲得できていない人がほとんどだろう。それでは生きている瞬間瞬間が不安と緊張に満ち、苦してたまらなくて当然である。

自信欠如の原因は親の全否定にあり

ではせめて今からでも持つべき自信を獲得しなければ、と考えた時、何故今までにそれを獲得できなかったのかを明らかにする必要が出てくる。

これからそれを獲得するためには、今まで獲得することを妨げていた原因を排除する必要があるからである。

多くの場合、そう考えて浮かんでくるのは、自分を見てさも嘆かわしそう、忌々《いまいま》しそうに歪んだ親の表情、毎日何をやっても親に繰り返しけなされ罵られた言葉の数々だろう。

そこから自分の精神の土台をコンクリートのように固めている「自分なんかこの世に居ない方がいい。生きていては申し訳ない。さっさと死んでしまった方がいい」という根強い否定的自己認識は、人生最初の時期からの親の全否定が原因で形成されたことがはっきり見えてくる。

人生最初に出会う他者であり、その人生最初の精神の土台がつくられる時期に最も長い時間、密に関わる他者である親から「あなたが居てくれて嬉しい」と存在を喜んで受け容れられることなく、やることなすことすべてけなされ、能力も性質もことごとく否定されたら、子どもは自分の存在価値に自信など微塵も獲得できなくて当然である。

幼い子どもにとって、親は「全世界」であり「神」だからだ。

親を神と受け止めるのは子どもの落度ではない。どんなに優秀な子どもでも、親なしには生きられない乳幼児にそれ以外の受け止め方は不可能である。

その「神」である親に自分をすべて否定された時に、幼い子どもが「親はああ言っているけれども自分には価値がある」と批判的に考えることは絶対に無理で、親の全否定を全面的に素直に受け容れ、自分自身でも自分をすべて否定するしかなくなってしまう。

その、まったく当人の罪ではない過ちこそ、親との関係で病んだ人たちが「自分はこの世に生きていていい」という最低限の自信さえ獲得できなかった原因である。

親の全否定が不適切だったとはっきり認識して斥けよ

したがって、今から必要な自信を獲得するためには、過去に無批判的に受け容れてしまった、親の自分に対する「全否定」という評価をきっぱり捨て去らなければならない。それこそが、自信獲得の妨げになっていた原因の排除に当たる。

ためらうことなく捨て去るためには、まず過去に親から受けた「全否定」という評価が「不適切」だったと、自信を持って断定する必要がある。

そのために必要なのは、自分自身で自分という人間を冷静に、そしてできる限り客観的に評価し直すことである。


今病んでいる子どもの立場の人たちは、少なくとも思春期以降の年齢に達しているだろう。

それであれば、自分で意識して努力すれば、親が「全世界」であり「神」であるという状況から、大抵は脱け出せるだろう。是非その努力をしなければならない。

あなたたちは既にいろいろな外の集団に入り、世の中には親とは違う様々な見方や考え方をする人たちがたくさん居ることを、見て、知っている筈《はず》である。

だから今まで絶対に正しいと信じ込んでいた親の見方をひとまず脇に置き、自身の冷静な目で、自分を能力面でも人格面でもまわりの人たちと比較して、よく見直してみてほしい。

するとどうだろう。これまでまわりの他人は皆、誰も彼も自分とはまるきり違って羨ましいくらい自信に満ち溢れて見えていたのに、よく見たら容姿にしろ様々な能力にしろ性格にしろ、全部ひっくるめて考えたら、自分と大して違わない人がほとんどに見えてこないだろうか。例えば英語はあの人の方ができるけれど、料理は私の方が上手い、あの人は華やかで社交的なのが羨ましいけれど、地道に努力して成果を挙げることなら私の方が上、という具合に。

その結果、これまで親から与えられてきた、自分が周囲の誰彼と較べて何から何まで全部駄目という評価は、客観的に見て正しくなかったことがはっきり見えてくる。

そのことが、これまで盲信してきた親の「全否定」を捨てていい、れっきとした根拠になる。


そうやって親の「全否定」を誤りと断定して捨て去ることにより、やっとめでたく必要で適切な自信を獲得することが可能になる。

「私も他の多くの人たち同様、この世に立派に生きていていい人間である」という自信をである。

その適切な自信を獲得することで初めて、病から回復するためのスタートラインに立つことができる。

だからこそ病から回復するためには「自分が病気になったのは、親の対応が誤っていたからだ」と、はっきり認識する必要があるのである。

そう認識することは、世の中でよく言われるような「責任転嫁」でも「他罰的」なことでもない。

したがって誤った罪悪感に囚われることなく、堂々と淡々と事実を認識してほしい。

その2　親の期待に逆らうことに罪悪感を感じるのをやめよ親に媚びることの誤りを悟れ

親との関係で病んだ子どもの多くに共通したもう一つの特徴は、「すべて親の思い通りにならなければならない」と自分で自分の心を縛り、自分本来の欲求を強力に抑圧したこと。そして全力で親の期待に応えようとして親に際限なく要求をエスカレートされ、応えきれなくなった末に病んだこと。そして病むとさらに親の意向に完全に沿うよう強いられて、何十年も病を長引かせたという経緯である。

したがって、彼らが拗《こじ》れた病から回復するためには、そのように自分で自分を縛るのをやめ、親の強い支配から脱け出さなければならない。

そのためにはまず「親の思い通りになれ」と自分で自分を縛ってしまった原因を解消することが急務だが、その最大原因も、多くは「その1」で詳述した、親に陥らされた深刻な「自信欠如」にある。

何故なら「私はこの世に生きていていい」とさえ思えないほどの自信欠如に陥った彼らは、これ以上親の要求に逆らって不興を買おうものなら、その先一秒も生きていけなくなりそうな恐怖に駆られるため、その恐怖から是が非でも逃れたくて親に隷属してきたからだ。

それに加え「子どもは産んで育ててくれた親の恩に報いるために、親の期待に応える義務がある」という社会通念を、幼い頃から当の親からも周囲の大人たちからも強く吹き込まれ、それをすんなり取り込んでしまったことも、もう一つの大きな原因に違いないが。

したがってこの「すべて親の思い通りにならなければならない」という呪縛から自分を解き放ち、親の支配から脱するためにもまず、彼らは深刻な自信欠如から脱け出さなければならない。即ち「私はこの世に生きていてもいい」という最低限の自信をしっかり獲得しなければならない。そしてそのためには、その最低限の自信の獲得さえ妨げた親の「全否定」という評価が誤りで、それが親の「罪悪」だったとはっきり認識する必要がある。

全否定が罪悪である理由は、再三述べてきた通り、それが子どもの精神の健康な成長を確実に妨げるからで、親が誰より何より絶対にしてはならない行為だからである。

全否定が誤りであり悪だったと断定して斥ければ、それでやっとめでたく「私はこの世に生きていていい」という自信が獲得でき、親に不興を買わないために隷属する必要も感じなくて済むようになり、自分を親の支配から解放する大きな助けになるに違いない。

親は子どもに期待する権利などない

次に親の期待に逆らうことへの罪悪感から自分を解放するために認識すべきは、もともと親には子どもに特定の生き方を期待する権利などまったくなく、したがって子どもには親の期待に応えなければならない義務などまったくないということである。

つまり幼い頃、心に強固に植えつけられた、親の期待に応えることを良しとする社会通念を、残らず引っこ抜いて捨て去る必要がある。

その理由もこれまで再三述べた通り、子どもは親の所有物でも、親の夢を叶えるための道具でもないからだ。子どもは親とは別の、独立した人格を持つ人間で、その人格の重さは親と同等である。

したがって、親に自分の意志と判断に従って生きる権利があるように、子どもにも当然その権利がある。人間は魂の生き物であるから、自分自身の意志と判断で自分の生き方や行動が決められて、はじめて本当に人間として生きていると言える。

だから親が子どものその権利を奪い、親の希望通りの生き方をするよう子どもに強制することは、実は、子どもの「人間であること」を奪う深刻な人権侵害であり、魂への虐待である。

親は通りすがりの他人に対して「私が指示する通りに生きなさい」と要求してはならないのとまったく同じように、子どもに対しても本来そんな要求をしてはならないのである。

さらに、先述の「親には育ててもらった恩があるのだから、その恩返しに親の期待に応えよ」と圧力をかけてくる社会通念が不当である理由の説明を続けたい。

親は自分の一存で子どもをこの世に産み落とした以上、子どもが幸せに生きていけるように、子どもの心身を健康に育てる最大限の努力をする義務を、最初から必然的に負っている。これは親側が一方的に負わされる義務であって、義務を果たしたからといって、その見返りに子どもに自分が望む生き方をするよう要求する権利が生ずるなどということはまったくないからである。

また義務の権利のと味気ないことを言う以前に、本当に子どもを愛している親、即ち子どもが幸せに生きることを願う親であれば、はじめから子どもが親の希望を叶えることではなく、子ども自身の希望を叶えることを願ってくれる筈《はず》だ。だからもし親が「私の期待に応えないならお前は人でなしだ」と脅してくるようなら、そういう親は本当に子どもを愛してはいない。その理由からも、ますます親の期待を斥けることに罪悪感を感じる必要はないのである。

自分を粗末にする方がれっきとした罪悪

親が自分の期待で子どもを縛ることについて「人権侵害」「魂への虐待」という言い方をすると大袈裟《おおげさ》だと言う人も多いだろうが、親との関係が因《もと》で病んだ人たち、あるいは病気までいかなくても親との関係に長く深刻な悩みを抱える人たちは決して大袈裟と考えなくていい。

つまり親の要求が自分自身の希望と異なっているなら、それ以上自分を抑え込んで親に従い続ける必要はない。逆に従ってはならない。

親に従い続けることは、自分が真に一個の自立した人間として生きることを放棄することであり、これほど自分を粗末にする行為はない。

人間が粗末にしてはならない人間は、他人だけではない。自分もである。自分も世の中の他のすべての人たちと同じように、この世にたった一人きりのかけがえのない人間である以上、自分を粗末にすることも、他人を粗末にするのと同様、重い罪悪であると認識する必要がある。

ゆえに自分の希望する生き方がはじめから他人を傷つけることを目的としていたり、結果的に他人が無視できぬほど傷つくことが予見できるものだったりしない限りは、これまで自分は親の期待に縛られてきたと自覚できた人たちは、そこで親の要求をはっきり斥け、以後は自分が真に望む生き方を追求することが、人間として正しい道である。

そうしっかり筋道立てて考えて、「親の期待に背いて申し訳ないなどと考える必要はない」と繰り返し自身に言い聞かせ、二度と情に流されて親の要求に折れぬよう、生涯努力し続けていってほしい。情に流されるのをやめない限り、親の支配からの解放も、病からの回復も決して叶わず、貴重な人生の時間を無駄にすることを終結させられないからだ。

その3　親に嘆かれることを苦にするのをやめよ 嘆くのは親のわがまま

これが必要な理由、正しい理由も、「その2」に述べたこととほぼ同じである。

例えば他人の心身を傷つけるなど、誰の目から見ても悪いことをした場合は別として、単に自分が親の希望に合わない振る舞いをした、親好みでない性質を持つなどの理由で親が嘆いても、それを一々済まないと感じる必要はない。

そんなことを嘆くのは、子どもが子ども自身の意志に従って生きる権利を認めない、ただの親のわがままでしかない。

もし嘆かれるのを苦にするのを完全にやめることが無理なら最低限、嘆かれる辛さに負けて親に折れ続けることだけは絶対にやめないと、永久に親の支配から脱することは不可能、即ち病から回復することも永久に不可能である。

社会生活も、いつまで経ってもうまく営めるようにならない。

幸せになりたければ自分が自分の主人になれ

今述べた「社会生活をうまく営めるようになるために」という視点から、もう一つ、私の体験を紹介して説明したい。

前に説明した通り、一七歳で精神疾患を発症した私は、いくつもの幸運が重なった御蔭で三八歳の時に病状が大きく改善し、ようやく安定して医師の仕事が続けられるようになった。

それでも病気の大きな原因の一つになった両親の干渉（支配）は一向に止まなかった。

改善したとはいえ、相当重いうつ病が残った私は、健康な人に較べると著しく疲れやすく、疲れるとうつが悪化して、あわや仕事に行けなくなりそうになるという、中途半端な回復に留まってしまったため、三八歳以降も常勤で就職することは避け、仕事は週三、四日の非常勤に留め続けた。

そこへ両親が「健康保険に入れて、退職金も貰えるように、常勤で就職しろ」と、矢の催促をしてきた。

しかし病状の改善と同時に、両親に不興を買っても持ち堪えられる自我の強さも獲得できた私は、彼らの要求を躊躇なく斥けた。即ち「いくら健康保険に入れても、くたびれて潰れて二、三カ月で辞めてしまったのでは、退職金など貰えず、何のメリットもない」と説明して。

私のこの返答に対して、幸い両親は直後に激しく罵ってくるようなことはなかったものの、数カ月経つとまた同じ要求をしてきた。その度に私も同じ回答をして斥けた。

そうやって仕事の時間を制限することで、非常勤であっても安定して仕事を続けてこられて、生活にも不安を抱えずに済んだ。

私がようやくかなり楽な条件の職場で週四日の常勤待遇になったのは、五九歳の時だった。五五歳で両親と完全に絶縁し、精神的ストレスを大幅に減らしえてから四年後のことである。それまでは、自分にできる工夫や努力を残らずやっても、私の健康状態はどうしても常勤で長期に安定して仕事が続けられるところまで改善しなかった。そのことは私自身の身体の感覚でしかわからないことだった。

私が一見完全な健康人に見えたから、両親は常勤での就職を強く求めたのかもしれないが、その要求に負けて就職していたら、間違いなく短期間で潰れていた。それにそうして挫折を繰り返す度に、心に新たな傷と深い疲れが残っただろう。それが因《もと》で精神の病が大きくぶり返す危険もあった。

それが避けられたのは、私が両親に嘆かれる苦に負けず、彼らの要求をきっぱり斥けられたからで、そうできたことを、今、自分で心底良かったと感じている。

またたとえ、私の健康状態がぎりぎり常勤就職に堪えられるところまで回復していたとしても、医者の仕事だけで疲れ果てて、他のことは何もできない生活状態が続くことを、私は望んでいなかった。

病気がひどかった二六歳から三七歳までの一二年間、私は生きる時間の優に八割は無駄にしてしまったから、中途半端にでも回復できた後はせめて、一秒でも多く自分が生き甲斐や喜びを感じられるように時間を過ごしたかった。

そうした時間の使い途には、例えばこうやって、社会の人たちに広く訴えたいテーマを文章に書くこともあったし、毎日の家での食事や弟の弁当を自分で作ることもあった。手芸や旅行や観劇もあった。

そうやって、たった一度の人生の時間の使い方を自分の判断で選んだり、創意工夫したりすることも、親に嘆かれることを恐れなくなって、はじめて叶った。

このように、心の健康をより大きく回復させるためにも、残された人生の時間を少しでも悔いの少ないものにするためにも、「親に嘆かれることを苦にしない」覚悟を決めることが非常に大事である。

窮した親の「人でなし」呼ばわりに負けるな

然《しか》るにこれまで何十年も子どもを一から十まで自分の思い通りにしてきて、それが当然と心得てきた親は、ある日突然子どもに「ＮＯ」という意志表示をされると、まず間違いなく恐慌を来たす。子どもを支配することで自分の力と存在価値を実感してきた親にとって、それは「存在の危機」を意味するからだ。

そうなった親は失われかけた支配力を何が何でも取り戻すべく、最早身も世もなく嘆くだけでは事足りず、多くの場合激しいモラルハラスメントに打って出る。

つまり「薄情者」「恩知らず」「親不孝者」「自分勝手」など可能な限りの「人でなし呼ばわり（＝人間性を非難する言動）」を駆使して、子どもの道徳心に集中攻撃をかけて、何が何でも子どもの「ＮＯ」を翻させようとする。その執念たるや正になりふり構わずである。

だがそこで絶対に負けてはならない。本当に「人でなし」だったのは、それまで子どもから「自分の魂に従って生きる」という当然の権利を奪い続けてきた親の方なのだから。

子どもが自分の希望に反する行動を取ることを親が心の中で嘆くところまでは自由だが、その感情を激しく表出して子どもに圧力をかけるとなれば、それは幼稚な精神的暴力であり、決して許されない。

したがって子ども側は決して怯むことなく情に打ち克ち、「もう人でなし呼ばわりには屈しない」「どれだけ泣こうが叫ぼうが、もうあなたの思い通りにはならない」と宣言し、ひと度《たび》宣言したら最後までそれを貫かなければならない。

その4　自信を獲得するために、親に認められようとすることをやめよ

自信獲得を妨げる誤った思い込み

病から回復し、これからの人生を実りあるものにしていくためには、自分の能力や性質、存在価値について適切な自信を獲得することが不可欠であることは、これまでに再三述べた。

一方、「病から回復するため」という明確な目的意識までは持たなくても、病んだ子どもの多くは、何とかして自信を獲得しようと長年努力し、藻掻《もが》いてきたに違いない。それは「自分はこの世に生きていてもいい人間」という最低限の自信さえ持たぬまま社会の中で生きていくことは、時々刻々苦痛に満ちているからだ。そんな状況からは、誰だって一刻も早く脱け出したくて当然だ。

しかし、その長年の努力が実らなかった人がほとんどだろう。

何故実らなかったのか？――ほとんどの人に共通する原因は、自分の中にある一つの誤った強い思い込みにしがみ着き続けてしまったことだと想像する。

私自身の体験からの想像するに、それは「親から認められることなしには、決して自信は獲得できない」という思い込みである。

そう思い込んでしまったのは、そもそも自信が獲得できなかった原因が親にあったからである。

これはほとんどの病んだ子どもに当てはまると思うが、私の場合も生まれて間もない時期に「お前が居てくれて嬉しい」と、自分にとって「全世界」で「神」だった親から自分の存在をまるごと受け容れてもらうことができず、その後もやることなすこと、能力も性質もことごとくけなされたことで、著しく自信の欠如した人間に育ってしまったという経緯があった。

だからこそ、原因である「親の全否定」が解消されなければ「自信欠如」から脱却するのは絶対に不可能だと思い込んでしまったのは、ある意味当然の成り行きだった。

しかし今思えば、これこそが最大の勘違いだったと、後悔頻りである。

自信が欠如した親は死ぬまで子どもを認めない

あまりにも子どもを認めなさすぎる親は、親自身が深く病んでいる。

親自身が自信欠如の塊である。

そういう親は、自分の自信欠如を解消するために、意地でも子どもを認めない。

わが子さえ見下して優越感を得る、子どもをボロボロにけなし打ちのめして自分の力を実感する、子どもの自信を完全に打ち砕いて自分に隷属させるなど、ありとあらゆるやり方で子どもを利用して、自身が自信を得ようとする。

しかしそういう姑息なやり方では本当の自信を得ることは永久に不可能であるから、親の子どもを打ちのめしたい欲求は死ぬまで続く。

そういう親の自信欠如の原因も、ほとんどは親の親から傷めつけられたことにあるが、彼らは親への恨みを強固に否認したまま中高年まで生きてきて、今後も否認をやめる見込みはほとんどない。だから彼らが子どもを打ちのめすのをやめることもまずありえない。

したがって、そういう親の子どもはどれほど努力して能力や人間性を磨いても、親に認められることは死ぬまで不可能である。努力するのはいいが、親に認められようという無駄な期待は一日も早く捨てることだ。

親が認めないのは子どもが悪かったり劣っていたりするからではなく、親自身が病んでいるからであり、その親の病は死ぬまで治る見込みがないからだ。

病んだ親を子どもが治すことは不可能

だからといって病んだ子どもは、自分を認めてもらうために親の病を治そうなどという考えにも決して執着してはならない。

親の病を治す道は、親がそのまた親に対する恨みを否認しているのをやめさせることにあるが、親はどんな他人がその働きかけをしても恐ろしく頑強に抵抗するため、その仕事はとても子どもの手に負えるものではないからだ。

親は「私は産んで育ててくれた恩のある親を恨むような人間ではない」という否認にしがみつくことで、自分自身にも世間にも自分をいい人間であると思わせ、これまで社会の中に居心地のいい居場所を確保してきたから、それこそ死んでも否認を捨てる気などない。

だから親に否認を捨てさせ、親の病気を治して、自分を認めてもらおうなどという考えに囚われたら、これまた子どもは間違いなく一生棒に振る羽目になる。そういう親にとって、子どもは死んでも下手に出たくない相手であるため、他の誰がやるより成功の見込みはゼロだからだ。敗北主義のようでも、早く諦めた方がいい。

自信を獲得するのに病んだ親の評価は要らない

したがって、病から確実に回復するために残された道は、「親に認められなければ自信を獲得することは絶対に不可能」という誤った思い込みを捨て去り、「自信を獲得するために親に認められる必要はまったくない」「親の評価は自分の価値を正しく表さず、自分の価値の証明にならない」と正しく認識し直して、新しい認識を自分の中に定着させることしかない。

自分に自信を持つためには自分の価値が信じられるようになる必要がある、というところまでは誰が聞いても頷けるが、その自分の価値を信じるために病んで歪んだ親の評価が要るだろうか。ちょっと冷静に考えれば、少しも要らないことがすぐにわかる。

これ以上、親に認められるための不毛の努力にしがみついてはならない。

残された人生の時間を一秒でも多く有効に活かすためにはまず「親に認められなければ絶対に自信は獲得できない」という誤った思い込みを一刻も早く捨てるのが最も大事だ。

その誤った思い込みでこれ以上貴重な時間を一秒でも無駄にするのは愚かしい。

その代わりに、社会の一角に自分の位置を確保し、そこで自分の役目を毎日根気よく果たしていく。人に喜ばれ、社会の役に立ち、成果を積み上げていくことを通じて、自分自身の価値を確認し、自信を獲得し、健康を回復し、残りの人生を充実させる。

そのように見方、考え方、生き方を早急に転換することをお勧めしたい。

その5　いくら抗議しても親が支配や罵りをやめない時には、勇気を奮って親と縁を切れ
一度は言葉ではっきり抗議を

これまで述べてきたように、子どもが過去の苦しかった過程を見直し、考え方を改めて、自分の生き方や行動は自分自身の意志と判断に従って決めるという、自立した大人の本来あるべき生き方をし始めても、それまで何十年も情にほだされやすい子どもに心理的圧力をかけて思い通りにしてきた親は、「その3」で述べた通り、そう簡単に引き下がらない。

ああしろこうしろという干渉や指図をなかなかやめないし、それを子どもが毅然として拒否すれば、また身も世もなく嘆いたり「人でなし呼ばわり」したりを執拗に繰り返す。

それに対して子ども側は、残りの人生を自分の手に取り戻すためには「親に何を言われても決して譲歩しない」という決意を最後まで貫くしかない。

しかし子どもも自然な人の情で、嘆かれれば嫌でも罪悪感を喚起されるし、罵られれば口惜しくて冷静でいられなくなる。

そうした感情の動揺を完全になくすのは不可能であるから、こうした親の働きかけに毎日曝され続けていたら、その間中、子どもは莫大な精神的エネルギーを消耗させられ続ける。

これでは心はいつまでも疲弊したままになり、下手をすれば再び仕事や社会生活を立ち行かなくさせられてしまう。

最悪とうとう根負けして再び親の要求に折れたりしたら、それまでの努力がすべて水泡に帰してしまう。

それだけは何としても避けなければならない。

そのためにはまず、少なくとも一度は親に対して「私は、今後は自分自身の意志と判断に基いて自分の生き方を決める。それは人として当然のことであり、あなたがそれを妨げるのは間違っているので、今後はやらないでもらいたい。そうすることであなたからどれほど罵られても、私はもう屈しない。またあなたの長年の罵りは、私の実態にそぐわない、言われる必要のない不適切なものであり、非常に精神的苦痛を覚えるので、これ以上言わないでもらいたい」と、きちんと理由を筋道立てて説明して、要求する必要がある。

「隔離」で支配からの完全離脱を目指せ

しかし一度と言わず二度三度説明と要求を繰り返しても、それでも尚、親が支配や罵りをやめない時には、私自身の経験からは、勇気を奮って親と絶縁する以外、もう子どもに助かる道は残されていない。

一緒に暮らさない、会わないだけでなく、電話も手紙も一切の関わりを断つ必要がある。

その後、親からの働きかけがどんなに止まなくても、絶対に反応してはならない。

うっかり反応すれば、親はまた子どもの精神を翻弄《ほんろう》しにかかってくる。

だから親から何を言われても心が動じない、または動じても自分の意志を貫き通せるという絶対の自信を確立できない限り、ひと度そのように対応の原則を決めたら、一切例外を設けてはならない。

親に言われたことで心が動じる間は、まだ親の精神支配から脱することができていない証拠である。

したがってその先、支配からの離脱を完全なものにするためには、向こうに何を言われても動じなくなるまで自分を親から「隔離」し続けることが不可欠だからである。

その6　ひと度親と縁を切ったら、そのことに罪悪感を感じるのをやめ、途中で決意を翻すなほだされる情との闘い

これも粘り強く心を鬼にし続けなければならない、非常に苦しみを伴う過程である。

私自身そうだが、どれほど苦しめ抜かれた親であっても、長い年月親と子としてともに生活してくれば、楽しく懐かしい思い出も多少はある。

だから親に対する感情の大半が恨みであっても、それにいくばくかの思慕の情が混じることは止められない。

それで絶縁後、向こうから何も言ってこない期間がしばらく続くと、どうしているだろうかと気になりだす。親が高齢になっていれば、その親を遠ざけ、放置し続けていることに罪悪感も出てくる。

それに伴い、毎日胸が絞めつけられたり、胃が破れそうに痛んだりといった、強い身体の症状に悩まされることも珍しくない。

その辛さから、年中傷つけ合いながらも合い間に少しは笑って話もした昔に戻れないものかという誘惑にも、しばしば駆られ出す。

それでも残された人生の時間を手放したくなければ、罪悪感や思慕の情に負けることなく絶縁し続けなければならない。

親は絶対に変わらないことを認識せよ

それは熟年、老年に達した親が、しばらく会わないでいる間に大きく変わる見込みなど、限りなくゼロに近いからだ。

当人に「変わりたい」という強い意志があれば別だが、それがないのだから。

私の両親を例に取れば、何百回言葉の暴力をやめてほしい、主体性を侵害しないでほしいと繰り返し訴えても、悔いも謝りも改めも一切しなかった。

私は言葉で謝ってくれなくてもいいから、ただ改めてほしかった。精神的暴力をやめてほしかった。本気で悪かったと思えばそうしてくれた筈《はず》だった。

しかし私の親の場合、口では何回か謝ってくれたが、その後も精神的暴力を変わることなく振るい続けた。それこそが本気で悪かったとは少しも思っていなかった何よりの証拠と考え、結果とうとう絶縁に至ったという経緯がある。

その親が、子どもに絶縁された寂しさから、何年か会わない間に本気で後悔したかもしれないなどと期待するのはあまりにお人好し過ぎる。

反対に、縁を切られたことで胸に逆恨みの念を沸々とたぎらせている可能性の方がずっと高い。

実際、私の母の場合、縁を切った後も数カ月の間、私の自尊心を打ち砕く言葉にますます磨きをかけ、電話、手紙、FAXを使って繰り返し投げてきたし、私の周囲の人たちに、私の人格を卑しめる根も葉もない中傷を何度も吹き込んでくれた。

それまでに五十余年もの苦難の積み重ねがあったから、母が寂しさ悲しさのあまり血迷ってやったのだろうなどと好意的に解釈することはとてもできず、逆にその仕打ちの御蔭で、母が会わない間に本気で悪かったと思うかもしれないという甘い期待は完全に消滅した。

絶縁を貫いて残りの人生を救え

　したがって、情に負けてうっかり親と関係を再開させたりしたら、再び絶え間なく自尊心を打ち砕かれ、傍若無人に主体性を侵害される生き地獄に完全に逆戻りするのは、火を見るより明らかである。

　だから私はその愚を犯していない。その愚なら三八から五五歳までの間に数えきれないくらい繰り返してきたから、いい加減で懲りなければ救いようのないバカである。

　私以外の、私と同じように親との関係で病み、絶縁に踏み切らざるをえない状況に追い込まれた人たちは、今述べたような、絶縁を途中で絶対に中止してはならない事情も、ほぼ共通に抱えていると思う。

　その人たちも私同様、もう親には十分過ぎるくらい奉仕してきたのではないか。

　親側がいつまでも満足しないのは、向こうの欲に際限がないのが悪いのである。

　本当にもう、残された時間くらい自分の納得のいくように生きさせてもらっても、罰は当たらない。

　逆に、自分の魂を完全に圧《お》し殺し、本当の自分を少しも生きることなく一生を終えることは、親と同等にかけがえのない一人の人間である自分を著しく粗末にすることであり、その方がよほど罰が当たる。

　だから他の病んだ人たちも私と同じように、毎日繰り返し「自分を粗末にしてはならない」と自分に言い聞かせて、辛抱強く親との絶縁を続けてほしい。

「親子が殺し合わないために」

　そしてもう一つ、絶縁を最後まで貫いた方がいい理由に「その方が親のためにもなる」ということがある。

　やや書くのに勇気が要ることだが、それは正に本書のタイトルである「親子が殺し合わないために」である。

はっきり言ってしまえば、親側も子どもに殺されるよりは、死ぬまで子どもに会わずに暮らした方がまだましだろうという考えからである。


再三書いているように、子どもの幼少期から何十年も子どもに精神的暴力を振るい続けてきた親が、今さら本気で反省してそれをやめる可能性は皆無であるため、しばらく振りに親と関われば、子どもは再び必ず以前と同じ暴力に遭い、その時、子どもが冷静さを保てなくなる危険性が極めて高い。

その際には、不快な刺激を受けるのがしばらくぶりのために子どもの耐性が低下していることや、「ひょっとしたら」という期待が見事に裏切られて「ああまたか！　何一つ変わっていない！」と子どもが絶望を覚えることなどがマイナス要因として加わることで、子どもが頭にカーッと血を上らせ、暴発する危険が著しく高まることが予想されるからだ。

実際、私も絶縁から数カ月後に、母親から強引にかけてこられた電話で、前に述べたように非常勤で仕事をしていたことについて「あんたみたいに定職にも就かない人間に社会的信用なんかない」「そんな流れ者みたいな生活して」と思いっきり詰《なじ》られたことがある。それが電話だったからよかったものの、もし母と直接対面した場で同じことを言われたらと想像すると、私には絶対に自分を冷静に保てるという自信が今でも持てない。

頻々と後を絶たない「親殺し」の事例に於いて、詳細に事情が報じられることはほとんどないから断言はできないが、そういう事例の何割かは今述べたような状況で起きるのではないかと、私自身の経験から想像する。

もちろん親子の関係をずっと継続している間に、精神的暴力に対する憤懣《まん》が積もりに積もって、ある時とうとう忍耐の限界を超えてという場合も多いだろうが、しばらく縁を切っていた親子が再び関わった場合の方が、もっと危険が高くなると感じる。

どれほど子どもを傷つける親であっても、親子双方のために、絶対に流血の惨事だけは避けたい。その最大の理由は、どんな親であっても人として生きる権利があることに変わりはないから、そして子どもには親を殺した刑罰を課せられて人生を棒に振るのを何としても避けてほしいからだ。

完全に離ればなれであっても、親子がそれぞれに与えられた命を無駄にせずまっとうできた方がはるかにいい。

そういう厳しい現実認識に立つ見地から、私は、親との関係の悪さが原因で長年病を深刻に拗《こじ》らせ、今後も関係改善の見通しが立たない子どもの立場の人たちには、是非思い切って親子の関係を断ち、それを生涯継続することを勧めたい。

その7　自分は親と同じ人間になるな＝虐待を連鎖させるな 苦しみから余すところなく学び取れ

これは「病から脱却するため」というより、寧《むし》ろ一部でも脱却できた人たちに、是非もう一つ実現してほしいことである。

しかし「ついでに」という程度の軽い願いではなく、絶対に実行していただきたい。

それは、自分を苦しめ抜いた親を「反面教師」にして、自分はああいうことはやらない、こういうこともやらないと、学び取れることは残らず学び取ってほしいということだ。

非常に長い年月ここまで苦しんできたのだから、「転んでもただでは起きない」の心意気で、その体験を自分を豊かに成長させることにつなげなければ、何のために苦しんだのかわからず、あまりにも口惜しいではないか。


他の人を大切にしなければ自分を大切にはできない

最も実現するべきことはやはり、「自分は親のように子どもに精神的暴力を振るって、病ませる親にならない」ということだと思う。子どもの身体だけでなく心を精一杯大切に育てる親になってほしい。

自分が幼い頃、親に「お前が居てくれて嬉しい」と、自分の存在をまるごと喜んで受け容れてもらえたという実感がなく、心の土台が寂しさと不安で凝り固まってしまったのだから、その分、自分の子どもには繰り返し優しく笑いかけ、「お前が居てくれて本当に嬉しいよ」と心の底から何度も何度も伝えてほしい。

そしてそれに加えて実行してほしいのは、

- 親のように子どもを一から十までけなして、社会生活が困難になる程の自信欠如に陥らせたりは絶対にしないこと
- 子どもが子ども自身の魂を持つことを認めること
- 子どもが子ども自身の魂に従って生きる権利を認めること
- 子どもを自分が存在価値を得るための道具にしないこと
- 子どもが親の希望ではなく子ども自身の希望を叶えて、豊かな人生を生きてくれることを心から祈念すること

などである。

この他の、親として子どもにどうあってほしいかについての考えは、第II部に詳述したので繰り返さない。

また当然、他人に対しても親のように意地悪い人間にならないでほしい。

そのために例えば、次のような心得を挙げておきたい。

- 自分にない他人の長所は素直に認めて妬まないこと
- 自分の優越感を振りかざさず、他人の弱味を突かないこと
- 他人に何かをする時には自分の評価を上げることを目的にやらず、純粋に相手のためになることを願ってやること

などである。


損得勘定抜きで子どもも他人もこよなく大切にすれば、相手も自ずとこちらを大切にしてくれる可能性が高くなる。

他の人たちを大切にすることと自分自身を大切にすることとは一体である。

その、あなたの親にはどうしてもできなかった生き方を、あなたには是非してほしい。

以上、私自身が「親子関係関連障害」を長く病んだ経験から、同じく病んだ子どもの立場の方達に送りたいメッセージを書かせていただいた。

少しでも役に立ってくれれば、最高の幸せである。

解説

原田メンタルクリニック・東京認知行動療法研究所　原田誠一

人間～家族の真実の一面を伝えてくれる名著が、ここに誕生した。著者万感の想いがこもる本書はずっしりと重く、味わいはすこぶる苦く哀切だが、確かな勇気や希望を与えてくれる英知がしっかり紡ぎ出されている。

人間が悩み苦しむいきさつは千差万別、無限のバリエーションが存在するなか、最も根源的な原因のひとつに親子関係の複雑で深刻な軋轢がある。すべての生き物、なかでも動物、とりわけ哺乳類にとって親子関係がもつ意味合いは大きく、殊にヒトではその存在基盤そのものに親子関係が強力な影響を及ぼす。こうした親子の関係に顕著な葛藤～歪みがみられると、さまざまな波及効果が後年まで続く事情の理解は難しくないだろう。

本書では、親子の間で激しい摩擦～対立が継続的に続くタイプのひとつが、抜群の正確さと具体性、深さと広さをもって活写されている。著者が微に入り細にわたって描く「親子関係関連障害」においては、①親の専制支配のもと、②子どもが親に隷属して〝魂の植民地化〟状態に陥ってしまい、③子どもの生活全般に重大な悪影響が生じて精神障害発症に至る。著者自身の親子関係の描写は精緻なもので、家庭内で実際に起きたさまざまなシーンを彷彿とさせる喚起力がある。そのため、主体性を放棄せざるをえなくなった子どもが体験する深い苦悩とそこから生まれる悪循環が、本書を紐解く読者にしっかり伝わってくる。そしてその得難い読書経験が、人間にとっての親子関係～家庭～生育環境の意味について考えを巡らせる貴重な機会となる。

＊

こうした親子関係の在り様とそこから生じる好ましからぬ結果が、これまでも認識され記載されてきたことは言うまでもない。たとえば精神医学～臨床心理学の各種文献があり、古今東西の史実～文学作品にも枚挙に暇がない。

このようななか、本書には次の際立った特長が認められると思う。

1．著者自身が体験してきた、①親子間に強い葛藤が存在するなかで、②さまざまな悪影響が派生して、③子どもが精神障害を発症するプロセスに「親子関係関連障害」という名称を提唱し、その定義を明示した（本書二九七頁）。

2．子どもの立場からみた著者の親子関係～親子関係関連障害の歴史と経緯が、優れた臨場感をもって具体的に、そして客観性を保ちつつ記されている。

3. そのため本書の読者に、親子の相互作用〜親子双方における思考・感情・行動の連鎖の内実がくっきりと伝わってくる。

4. 〝親の態度〜振る舞い〟や〝親自身の歴史〟が詳述されているため、親自身もまた同様の親子関係〜親子関係関連障害を体験していた／いる事実を良く理解できる。[注1]

5. このような状態からの脱出を見事果たした著者の生き方とメッセージのなかに、こうした親子関係〜親子関係関連障害を抜け出す貴重なヒントがある。

6. 親子関係関連障害の発生を予防するための著者の提案内容に、親子関係関連障害出現を未然に防ぐ（あるいは、程度を軽減する）可能性が示されている。

7. 親子関係関連障害の当事者である親子双方のサポートに関して、現在の標準的な精神医療が十分役割を果たせていない事実がしっかりレポートされている。

8. あまつさえ精神医療と関わることで、当事者の回復がかえって妨げられてしまう場合も少なくない現実が描かれている。殊に、精神科医による不適切な対応〜ベンゾジアゼピン（BZ）系抗不安薬の依存形成に伴う回復阻害作用。[注2]

9. こうした現状のルポを通して、現在の精神医学〜精神医療〜精神医学教育が孕む構造的な問題点〜課題が示されている。

本書がこれらの類い稀な特長をもちえたのは、次の条件が重なったことによるのだろう。

①著者と両親の双方が体験してきた親子関係関連障害の程度が（不幸にして）重篤なものであり、その実

態を鮮烈に味わってきた。

②長年の苦難に満ちた生活を経て、著者が主体性の放棄～隷属状態から抜け出すことに成功し、親子関係関連障害の全体像を把握できるようになった。

③その過程のなかで精神医療と関わる数々の機会があり、現在の精神医療の実情と問題点を痛切に体験する一方で、精神医療に欠かせない最重要のエッセンスも〝最後の主治医〟との間で経験した。

④本書を著す作業に必要なさまざまな資質、〝抜群の記憶力と論理的思考力、優れた洞察力と表現力、信念を貫く意志と類い稀な粘り強さ〟に著者が恵まれている。

⑤親子関係関連障害のサバイバーとして、自らの体験～省察～信念を世間に伝えたいという強い使命感を抱いた。

⑥内科医である著者には医学～医療に関する豊富な知識・経験があるため、自らの経験・思索を医学～医療の観点から記載するという着想を抱き実践することができた。

＊

本書を手に取って著者との対話を試みる作業は、現代に生きるすべての人にとって大きな意義があると思う。つまり、

• 当事者（親子双方）や関係者（例 医療、看護、心理、福祉、作業療法士、教育スタッフ）にとっての、のっぴきならない意味はもとより、

・社会〜家庭生活における激しい変動のなか、有形無形の生きづらさを体験している現代人すべてにとっても、重要な意義をもつだろうと感じている。

当事者〜関係者にとっての切実な意味合いは、言わずもがなの自明のこと。ここでは一般の皆さまにも本書の精読をお薦めしたい理由を、もう少し記してみよう。

まずは、本書を通じて人間〜親子関係〜家庭について考える経験の意義がある。読み手の人間観が深まり広がること必定、と太鼓判を押す。

加えて、一般の方も親子関係関連障害のミニチュア版、プチ・親子関係関連障害をどこかで体験した／している可能性なしとはいえない現実がある。仮にプチ・親子関係関連障害に心当たりがある場合、その内実について思いを巡らせてみると、何がしかの整理と洞察、納得や工夫が生まれ、その成果に基づく日々の生活のちょっとした、しかしとても大事な変化が生じるかもしれない。

さらには、人生のどこかの局面において親子関係関連障害の影響を被った人と出会う確率が結構ある、という事情もある。たとえば、自分の配偶者、親族、友人、教師、職場の上司、近所の人が該当する場合。加えてマスメディアの報道を介して、本書の題名にある「親子が殺し合う」といった類の痛ましいニュースと遭遇する機会も避けることはできない。そうした際に親子関係関連障害にまつわる知識があると、直面している状況の理解が深まって（必要に応じて）対応の方略を考えるのに役立つ可能性がある。

＊

ここから、本書を読んだ筆者が精神科医として抱いた感想〜コメントを、自らの専門性を意識しつつ項目別に記してみる。各項目の表題は、次の通りである。

1．筆者のクリニックにおける親子関係関連障害の実態・簡易調査の結果

2．著者が体験してきた親子関係や親子関係関連障害は、精神医学〜臨床心理の世界で、従来どのように記載されてきたのだろうか？

2-1．アダルト・チルドレン、共依存、機能不全家族（斎藤学、信田さよ子）

2-2．多世代伝達モデル、融合〜個体化（ボーエン）

2-3．複雑性外傷後ストレス障害（ハーマン）

2-4．自己組織、安全保障操作、自分でないもの、解離、選択的非注意（サリヴァン）

2-5．外傷性記憶（中井久夫）、複雑性外傷記憶

2-6．早期不適応的スキーマ、スキーマ療法（ヤング）

3．精神科の診療では、どのようなやり取りが交わされるのだろうか？①――「今さら親がどうだったなんて言っても始まらない」について

4．精神科の診療では、どのようなやり取りが交わされるのだろうか？②――面接場面における「受容、共感、一致」以外の対話

5．精神科の診療では、どのようなやり取りが交わされるのだろうか？③――複雑性外傷記憶の扱い方

6．精神科の診療では、どのようなやり取りが交わされるのだろうか？④――家族の心理教育〜常識的家族療法

7．追補コメント①――「一七歳のときに発症したうつ病」の発病の経緯～病態理解に関する感想
8．追補コメント②――著者の親子関係～親子関係関連障害の社会的背景に関する感想

ちなみに、これから筆者が記す内容はこの領域を専門としていない一精神科医の私見であり、エビデンスに則った正統的なものではないことをご了解願いたい。

＊

1．筆者のクリニックにおける親子関係関連障害の実態・簡易調査の結果

親子関係関連障害について、著者は次のように記している。

［…］その定義は

「子どもの幼少期からの親子関係の不適切さが主原因で、子どもに発症する精神疾患の総称」とした い。［…］

私の場合の「親子関係の不適切さ」の本質は「親が子どもの主体性を完全に剝奪し、子どもの自尊心を徹底的に破壊する」と表現できる。

これは親の子どもに対する「精神的虐待」の内、最も典型的で数の多いタイプと思われる。

私はそれが原因で「境界性人格障害」と「うつ病」を発症したが、同じ原因からこれらの疾患以外にも、「全般性不安障害」「社交性不安障害」「パニック障害」「心的外傷後ストレス障害」「解離性障害」

「摂食障害」「物質使用障害」、そして「統合失調症」に至るまで、実に様々な精神疾患を発症する人たちが、世の中には多数居るようだ。

（本書二九七頁）

筆者はこの記載内容に同意しつつ、「自分のクリニックではどうだろう?」と予約簿をチェックして、確実に該当すると思われる患者さんの名前と病名を書き出してみた。すると一カ月分の予約簿のなかに、なんと八〇名を超える方がおられたのである。その診断名は著者が挙げているものすべてが揃っており、加えて双極性障害（I型、II型）、気分変調症、季節性感情障害、妄想性障害、強迫性障害、特異的恐怖症、身体表現性障害、転換性障害、抜毛症、発達障害が存在した。

この事実は、「（親子関係関連障害をベースにして）実にさまざまな精神疾患を発症する人たちが、世の中には多数いるようだ」という著者の推測を、（もちろんエビデンスにはなっていないが）ある程度裏づけているように感じる。その場合、すべての症例の発症に関して親子関係関連障害が決定的な主原因になっていると断定することはできないだろうが、発症に関与する重要なリスクファクターのひとつになっている、と推定することは可能ではあるまいか。

実際のところ、親子関係関連障害で「子どもの自尊心が徹底的に破壊される」ことによって生じやすい〝自分への否定的評価（自分へのダメ出し）〟と〝物事を悲観的に考える傾向（過度の悲観）〟は、抑うつを生み出す二大認知として治療上重視されているものだ。日頃から「自分へのダメ出し」や「過度の悲観」をしがちな当事者が抑うつ状態を呈しやすく、個性〜環境の相互作用のもとさまざまな精神障害の表現型をとるに至ることは、十分了解可能なところだろう。

なお、この八〇余名のグループの特徴のひとつに、「著者のクリニックが初診である方は皆無であり、全員に過去の治療歴がある」という事実があった。このことは、親子関係関連障害が背景にある症例の治療は、標準的な薬物療法と小精神療法だけではなかなか進まないことが少なくない事情を示唆していると思う。ちなみに親子関係関連障害に該当する症例の治療の困難さは、当然のことながら筆者自身も日々痛感しているところであり、紆余曲折～行きつ戻りつの経過のなかで試行錯誤を繰り返しているのが現実である。

＊

2．著者が体験してきた親子関係や親子関係関連障害は、精神医学～臨床心理の世界で、従来どのように記載されてきたのだろうか？

すでに記した通り著者の親子関係～親子関係関連障害は、従来から精神医学～臨床心理学の文献の中でさまざまな形で言及されている。この分野は筆者の専門外であるが、それでもこのテーマと関連のある論者や概念を思いつくまま挙げてみると、

- エリクソン「基本的信頼、不信」
- サリヴァン「自己組織、安全保障操作、自分でないもの、解離、選択的非注意」
- ウィニコット「抱えること、ホールディング、偽りの自己、本当の自己」
- バリント「基底欠損」
- ボーエン「多世代伝達モデル、融合、個体化」
- 渡辺久子「世代間伝達」

・マスターソン「見捨てられ抑うつ」
・斎藤学、信田さよ子「アダルト・チルドレン、共依存、機能不全家族」
・ハーマン、コルク「複雑性（複合型）外傷後ストレス障害」、中井久夫「外傷性記憶」
・ヤング「早期不適応的スキーマ、スキーマ療法」

などが頭に浮かんでくる。ここから、読者の皆さまに本書の理解を深める一助としていただくべく、キーワードを挙げながらこれらの著作の一部を引用してみる。

＊

2-1．アダルト・チルドレン、共依存、機能不全家族（斎藤学、信田さよ子）

著者が体験してきた親子関係〜親子関係関連障害の全体像を把握する際の有力なキーワードに、「アダルト・チルドレン、共依存、機能不全家族」がある。世間に広く知られた内容ではあるが、復習も兼ねて代表的な文献の一部を引用してみる。まず本書（五一、三五三頁）にも出てくる「共依存」に関して、斎藤（一九九六）が記す内容から。

自分がひとりになることに（あるいは、自分で自分を直視することに）耐えられないために、他人に頼られる必要を感じてしまうところに共依存者の問題があります。つまりこれは自尊心ないし自己確信の問題と関連しているのです。

「ありのままの自分には生きていく価値がない」「自分なんて取るに足りない存在で世間に迷惑をかけるだけだ」、あるいは「自分は女として（あるいは男として）どこか欠けている」などの自己に対する否定的な感情を持っている人が、人に頼られることでこうした否定的感情を感じないように、考えないようにするところに共依存の核があります。

自己というものをそのままでは評価できないから、あるいは自己の感情や行動に確信が持てないから、自分から人を愛し接近するなどという大胆なことはできない。そのかわり自分を頼ってくる者、すり寄ってくる者の世話をして、いよいよ自分を頼るように仕向けます。

第三者からみれば、それはあたかも「弱い女性」の生き方のように見えますが、実際のところ、共依存はパワー（権力）とコントロール（支配）の手段です。人を頼らせ、自分から離れないようにして、相手を支配し、ペット化するというわけです。［…］結果として相手の自立能力は削がれ、相手もまた自己を確信できなくなります。

（五二―五四頁）

共依存は根本的に「自尊心のなさ」がもとになっています。［…］共依存者は自己評価が低いため、本来の自分の判断を否定したり、隠してしまいます。［…］共依存者は自尊心に乏しいために「他人からの批判」を極度に恐れます。その結果、自分の判断を否認したり、隠そうとしたりしがちです。［…］

「他人からの批判」を配慮するあまり、居心地の悪い生活に耐えている女性たちは、周囲の人間にもこうしたかたちでの「他者への配慮」を求めます。

「自分の世話を受けている他人は自分の仕事・役割に感謝し、少々問題があってもそれを表面に出したりせずに自分の支配下にいなければならない」というわけです。とくに、親と子のような上位と下位の関係のなかでそれは露骨に現れてきます。共依存的人間関係は必ず、支配する者と支配される者とをつくります。［…］

［…］自分の愛する者が自分以外の者に魅かれるとき、彼らはそれを受け入れることができません。愛する者が自分以外の者を愛すると、もう自分を大事にしてくれないかのように感じてしまうのです。このことが共依存者の他人への支配を強めます。（五六―五八頁）

本書のなかで明記されているように、著者の親子関係にはここで描かれている共依存の特徴が色濃く認められる。そしてその背景に著者の両親自身の「自尊心のなさ」があること、さらにこの背後に〝著者の両親〟と〝その両親〟の関係性に重大な問題があることも、著者が認識し指摘している通りである。

一方アダルト・チルドレン～機能不全家族について、斎藤（一九九六）は次のように記す。

［…］アダルト・チルドレンACを「親との関係で何らかのトラウマを負ったと考えている成人」と定義することも可能です。［…］ACoD (adult children of dysfunctional family) という言い方もあります。［…］

子どもにとっての「安全な基地」であること、そのなかで子どもが自らの「自己」を充分に発達させることができること、これが健康な家族の機能です。ですから機能している家族では子どもを脅かしたり、子どもに責任を感じさせてしまったりする親や親代理がいません。［…］

機能不全家族は全体主義的国家や宗教的カルトのように個々の家族成員を拘束して、一定のルールのもとでの生活を強制し、個々人のプライバシーを軽視します。その被害をとくに受けるのが子どもたちで、親から有形無形に侵入され、家のルールに自ら進んで拘束される「良い子」になりがちです。彼らは窒息感を抱きながらも、家族から離れられず、家族の現状を躍起になって守ろうとします。この努力が重ねられるうちに、子どもたちは機能不全家族を維持し続けるための一定の役割にはまりこみ、それを演じ続けることになります。

（八一―八八頁）

ここで描かれているアダルト・チルドレン～機能不全家族は、著者自身～著者の家庭にもかなりの程度当てはまるだろう。加えて著者の〝両親〟と〝両親が育った家庭〟にも、アダルト・チルドレン～機能不全家族という術語が該当するのではないかと感じる。そしてこの事実を著者は正確に把握しており、本書の各所で記している。たとえば、次のように。

［…］両親も実の親から暴言に始まる様々な辛い仕打ちを受けたことで、私同様心が深く傷ついたし、さらに親が世間から非難される面を持っていたとばっちりで、周囲の他人からまで虐められ、そのせいで私以上に深い傷を負った。

（本書四四頁）

次に、信田による著作（二〇一二）から引用する。

［…］娘の意図とは無関係に絶えず娘の生活に干渉し、結婚してからも「あなたのためだ」と言いながら侵入する。このような愛情という衣をまとった巧妙で陰湿な操作は、支配そのものである。世話をしつづけて相手を弱者化すれば自分は強者の立場に立つことができる。おまけに愛情という無謬の言葉を

防御壁にしているので、抵抗は不能である。このような支配を、共依存と再定義することもできよう。［…］

ミソジニーとは、女性嫌悪もしくは女性蔑視とも訳される。もともとは男性たちが根深く抱くミソジニーだが、対象である女性たちもいつのまにかそれを内面化してしまっている。団塊の母たちの抱く漠然とした被害者感は、「女であることの嫌悪」「女に生まれて損をした」というミソジニーにつながっている。大正や明治に生まれた彼女たちの母世代よりも、戦後民主主義の洗礼を受け、男女平等を形式的にでも知ったからこそ生まれる感覚だろう。しかし、彼女たちがそれを自覚していないので、まるでDVにさらされた息子たちが弱者をいじめるように、ミソジニーは同じ性である娘に向かう。「ピンクの服なんて似合わない」「いやらしい胸をしている」といったわかりやすいものから、「結婚なんてどっちでもいいのよ」という偽装された自立推進まで、それこそアートな支配となって結実するのだ。

娘から重いと指摘され、時には会うことさえ拒絶される母たちに必要なことは何だろうか。それは、自らの被害者性の自覚に尽きる。被害者の自覚なくして被害者を脱することはできないのだ。被害者性を自覚すれば、加害者（それは個人とは限らない）に目を向けざるを得ない。そこから自分の傷つきや不幸への自覚が生まれ、加害者への怒りが生まれる。自分より弱者である同性の娘への、趣向を凝らした支配を行使することの醜さは、このようなプロセスを経なければ到底自覚することはできない。それほどまでに、自分の支配性や加害性を見つめることは困難である。

女性であること、結婚したがゆえに被らざるを得なかった数々の不幸に向き合うことを避けてはならない。それは後ろ向きなマイナス思考として批判されるべきではなく、どれほどみじめであろうと直面しなければならないのだ。安易に娘の人生に入り込み生き血を吸い取るような人生よりも、自分の不幸に向き合ってこそ、他者としての娘が浮かび上がる。娘が他者性をもつことが、母である自分を否定す

るわけではない。この一点が理解されないために、多くの母は娘を他者と認めない。（九九―一一〇頁）

ここで述べられているミソジニー（女性嫌悪）は、著者の母親にも認められるようだ。そしてこのなかに出てくる「被害者の自覚なくして被害者を脱することはできない」という内容は、著者が気づいて本書で述べている趣旨と重なるだろう。

＊

2-2．多世代伝達モデル、融合〜個体化（ボーエン）

次にボーエンの「多世代伝達モデル」を、中村（二〇一三）の論文を引用する形で紹介する。

多世代伝達モデルの基本にあるのは、融合（fusion：自他の区別が危うくなる状態、もしくは自我境界が不鮮明になること）と個体化という二つの概念である。［…］融合あるいは感情・認知的に身動きのできない一体感は、原家族からの個体化の欠落を意味する。それは激しい感情的な反応と理性の欠如とみなされる。このように原家族との関係の中にある病理性の由来を明確にしたのはボーエンであろう。［…］少なくとも以下に掲げる六つの相互に関係した概念がこのモデルの基礎にある。

（1）核家族における感情システム――原家族における感情（感情による身動きの取れない一体感）のレベルをいう。両親の自己の分化度が低いと、この核家族を原家族として生まれてくる子どもの分化度も低くなり、未分化な子どもとして成長することになる。

（2）三角関係（Triangles）――そもそも二者関係は不安定になりやすく、安定した二者関係を維持するのは不可能である。しかし、低い自己分化度を一方が持っていると、強い不安のために融合を希求し、それを避けるために第三者を巻き込むこと（三角関係化：triangulation）で安定化を目指そうとする。これは家族のもっとも小さな安定したユニットとなる。

（3）家族投影プロセス――両親の自己分化のレベルが子どもたちに伝わっていくプロセスをいう。こういった世代間伝承は何世代にもわたって続くとボーエンは考えた。両親の情緒的機能のあり方が子どもたちの分化の程度を決定づける。［…］

（4）多世代伝承プロセス――多世代を通して伝承される未分化度のプロセスである。その集積された結果が病理（例えば統合失調症）を生むとボーエンは考えた。集積された病理性（きわめて低い分化度）を子どもの一人が伝承すると、その同胞の中には、逆にその子の低い分化度を補完するかのように比較的高い分化度の兄弟・姉妹が存在したりする。治療者は、この比較的高い分化度の成人した同胞個人と安定した治療関係を築き、その原家族の中での高い分化度が維持されるように支持的な指導をする。これはコーチングと呼ばれ、ボーエン派の基本的な介入方法である。

（5）自己分化――原家族から個体化していくプロセス。理性と感情のバランスが成長の決め手になる。より感情的であることは未分化であることを示し、自己分化が低い状態であるといえる。

（6）感情的遮断――内的に取り込まれた両親像に対する未解決な愛着を解決しようとする試み（融合をむやみに減らそうとする非現実的な試み）。遠く離れて暮らすこと、会話を避けたり、ある特定の話題を避ける試みとしてあらわれる。

著者が育った家庭において、そして著者の親が育った家族（原家族）にも、上記の「融合〜家族投影プロセス〜多世代伝承プロセス」が存在した。そして著者自身は、「未分化な子ども」の状態から「自己分化」を実現したと言えるだろう。

＊

2–3．複雑性外傷後ストレス障害（ハーマン）

著者が体験してきた、そして著者の両親がかつて経験した親子関係と親子関係関連障害は、ハーマンのいう複雑性外傷後ストレス障害と重なるところが大きい。次に、ハーマンの記載（一九九六）を引用する。

> 大多数の人は、自由を剝奪されれば心の変化が起こるということに無知である。まして、これに理解のある人はいないも同然である。だから、慢性的な外傷に暴露されていた人に対する世間の眼は冷たい。慢性的に虐待されたことのある人は、途方に暮れ、人の言いなりになり、過去から抜け出せず、どうしようもなく憂鬱になり、身体のあれこれの不具合を訴え、怒りを陰に籠もらせたりするが、それに対して、身近な人たちはどうもしてやれなくてただいらいらするだけに終わる。[…]
>
> 極度の恐怖に長期間暴露された経験がなく、また人間を強制的に屈服させ操作する各種の方法の恐ろしさがわかっていない第三者は、自分ならば、そういう情況におかれようとも、彼女よりは勇気を示し、彼女よりはしっかりと抵抗できるといわれなく思い込む。
>
> （一八一頁）

［…］極限状況の生存者の執拗な不安、恐怖、恐慌は通常の不安障害と同じものではない。生存者の身体症状は通常の心身症と同じものではない。その抑鬱は通常の鬱病ではない。また、その同一性障害および対人関係障害は通常の人格障害と同じものではない。［…］

外傷後ストレス障害（ＰＴＳＤ）でさえも、現在の定義では、完全にぴったり合うわけではない。この障害に対する現行の診断基準は主に限局性外傷的事件の被害者から取られたものである。すなわち典型的な戦闘、自然災害、レイプにもとづいている。長期反復性外傷の生存者の症状像はしばしばはるかに複雑である。長期虐待の生存者は特徴的な人格変化を示し、そこには自己同一性および対人関係の歪みも含まれる。幼年期虐待の被害経験者も同一性と対人関係とに類似の問題を生み出す。さらに、彼らは特にくり返し傷害をこうむりやすい。他者の手にかかることもあるが、自分で自分に加えた傷害もある。現在のＰＴＳＤの叙述では長期反復性外傷のあらゆる表現型をとる症状発現を捉えることもできていないし、捕囚生活において起こる人格の深刻な歪みをも捉えそこなっている。

長期反復性外傷後の症候群にはそのための名が必要である。私の提案は、「複雑性外傷後ストレス障害（複雑性ＰＴＳＤ）」である。

（一八六－一八七頁）

（1）複雑性外傷後ストレス障害の概略、（2）複雑性外傷後ストレス障害と「身体化障害、境界性人格障害、多重人格障害」の関係については、ハーマンの著作（一九九六）にあたられたい。

2-4．自己組織、安全保障操作、自分でないもの、解離、選択的非注意（サリヴァン）

ここまで「アダルト・チルドレン、共依存、機能不全家族、多世代伝達モデル、融合〜個体化、複雑性外傷後ストレス障害」というキーワードを基にして、著者が体験してきた親子関係～親子関係関連障害の全体像・マクロ的図譜の粗描、ラフスケッチを行ってきた。ここからさらに、このタイプの親子関係で実際に生じる場面場面をミクロ的・具体的に解析して理解しようとする際に、筆者が参考にしている視座を紹介する。現在筆者が利用している主な準拠枠は、自己組織（self-system）、安全保障操作（security operations）、自分でないもの（not-me）、解離、選択的非注意（selective inattention）（サリヴァン）、外傷性記憶（中井久夫）である。初めに、サリヴァンの自己組織～安全保障操作から。

著者は親のさまざまな特徴を抽出して、その悪しき影響力を記している。著者が母親の特徴として挙げている項目を、いくつか書き出してみよう。

- 自分が一つ決めた通りに完全に物事を運ばないと気が済まない（二二頁）。
- 「これはこうするもの」という権威筋からの情報は、ひとたまりもなく刷り込まれる（二二頁）。
- 自分が能力的にも人格的にも類稀《たぐいまれ》に優れた人間であることを証明する事実や功績の話を、私の幼少期から数多くした（二五頁）。
- 母は間違いなく子どもの私をも比較の対象にして、自分よりも劣ったところを探して優越感を得たがっていた（四〇頁）。
- 虐めの結果、自らが背負った激しい自信欠如と劣等感からも頑として目を背けて否認し、猛烈に虚勢を張るとともに、それらを代償するためひたすら世間におもねり、高い評価を得ようと血道を上げ、それに成功した（四四－四五頁）。

著者が本書で記載している「①母親の特徴、②子どもへの悪影響、③その由来（例「激しい自信欠如と劣等感」）」の内容が正確なものであると、筆者は考えている。そしてこうした現象を説明する精神医学的視点のひとつに、サリヴァンの論がある。まずは、「自己組織、安全保障操作」に関するサリヴァンの記載（一九八六）を引用する。

われわれすべてにとって極め付きの重要性があるのは、現在味わっているユーフォリア（機嫌のよさ）のレベルを維持することである。われわれが、多数の過程より成る（自己という）一つの巨大なシステムを発達させたのも、さまざまの警戒的意識状態を発達させ、シンボルや警報を発達させたのも、これ皆すべて、現在持っている存在の心地よさwell-beingとでもいうべきものを守るためである。自己の起源は幼児と母親役の人との関係にあるが、しかし最初に明瞭に出現するのは小児期で、小児は「いけません」という身振りを回避する一般的技量を発達させる。小児期の後半になるとこの技量には磨きがかかって、困った状況で面子を多少でも建て直すための非常に多数の言語的対人操縦術ができあがる。対人操作、対人的予防措置、対人的アンテナ感覚などから成る壮大なこのシステムのことを「自己組織」と呼ぶのがよかろう。これは「人格」の一部分で、まったく、個人の「ユーフォリア」を左右する重要人物から生じたものである。［…］「自己組織」の対人作戦を「当人の自己評価を守るように計算された対人作戦ではないか」と思ってみると、なるほどとうなずかれることが少なくないだろう。［…］

幼児期のことをいう場合にも、もっと年長の人を語る場合にも、この「自己組織」防衛のための対人作戦を「安全保障作戦」ということにしよう。言いかえれば不安に対抗する対人作戦はすべて「安全保障作戦」である、おのれの自己評価を守ろうとする努力はすべて「安全保障作戦」である。［…］成人の

「安全保障作戦」も、幼児の、おのれの「相対的ユーフォリア状態」、すなわち居心地よさ、の防衛を起源とするからである。

（一三九―一四一頁）

著者の親は長年にわたってこうした諸特徴を保持しつづけて、著者がたしなめ修正を求めてもなかなか実現しなかった。客観的に見ると自他の利益につながりにくい非適応的な行動パターンが続く現象が広く人間一般に認められる事実を、サリヴァン（一九九〇）は次のように説明している。

［…］現存の文明社会の生活の中で現に機能している形の「自己組織」はしばしば不幸な「自己組織」である。しかし、さほど不安をこうむらずに必要な満足を確保することが「自己組織」の発生理由であり、目標といってもよいという事実を見のがさないようにしてほしい。そして「自己組織」の現れ方が多くの場面でいかに不幸であっても、非常に強度の不安に対する防御装置を持たない人は何一つできないはずだということを忘れないようにしてほしい。［…］

「自己組織」が人格の好ましい変化をくじけさせる主な障害物であるのはほんとうで、［…］だからといって、「自己組織」が人格の好ましくない変化を遮る主な影響力でもあるという事実は変わらない。
（一九三頁）

少し前から始まっている「自己組織」の発達をさらに追ってみたい。今は私の定式「逃走の定理」を採り上げよう。対人関係の知識を組織するものとされている他の力動態勢すべてと異なって、「自己組織」は体験の力による変化に非常に烈しく抵抗する。それを表したものが次の定理である。すなわち「自己組織」はその本性、すなわちその環境との交流という因子と、体制化されているという因子と、機能活動を営むという因子によって、現下の体制と機能活動とに矛盾する体験の影響を免れよう（それから逃走しよう）とする。

（二一五頁）

本書のなかで、著者の親が他者をけなす傾向があることが記されているが、その現象についてサリヴァン（一九九〇）は次のように記している。

［…］それ（他者をおとしめる術の学習）は両親の病的な安全保障操作であり、その結果、児童は他者をおとしめることを教わる。これはアメリカ社会ではありふれた現象である。おとしめは、家庭の重要人物が児童の「不幸」、たとえば「優」でなく「可」を取って帰った時に、これを扱う一法である（ために児童が学習した）のかもしれない。両親が、自分たちを不愉快な目に遇わせたすべての人物をいつもおとしめてきたために（児童がこれを学習するということが）起こったのかもしれない。両親かどちらかの片親が児童期のコミュニケーション特有の真相曝露性に脅威を感じて、教師をはじめとする、自分たちが（子どもによって）比較されていると思う人物をかたっぱしからおとしめて見せたのかもしれない。

［…］他人の位置をひきずり降ろさなければ自己評価が保てない人物は、いろいろな意味で不幸な人物である。自分の周囲の人間がいかに駄目かということに眼を向けなければ自分の個人的価値存在感を防衛できないのであるから、自分に個人としての価値があることを裏づける（積極的な）データには全然あずかれない。こうなると、徐々に「自分はあのブタよりましだわい」というふうになる。人間であることがすばらしい時期に最高のブタであるということは何を向上させるにしてもよい方法ではない。向上

するものはただ一つ、安全保障操作だけである。この方法で安全保障感を得たならば、人間性の本質――対人関係における死活的重要性を有するもの――の根が掘り崩される。

（二七二―二七三頁）

サリヴァン（一九九〇）は「自己組織」の萌芽型、すなわち「幼児の生存の継続に必要な対人的協業のうち、学習によらなければならない三つの面」（一八四頁）として、「よい自分（good me）」「悪い自分（bad me）」「自分でないもの（not me）」を挙げた。そして、この「自分でないもの」に関して、次のように述べている。

「自分でないもの」とは、読んで字の如しで（meに属さないものであるから）「（子どもが）重要人物と共にする体験のうちで非常に強烈な不安や非常に唐突に襲来する不安を起こしてきたものであって、しかも、その当時はまだあまり発達していなかった当の子どもには、この強烈な不安体験をもたらした、そのもとの特定の条件がどういうものであるかが見当もつかなかったり、理解する糸口さえつかめなかった体験」が編成されてできた構造体のことである。

先にも述べたが、周囲の重要人物の側からの不意の強烈な否定的な感情反応のために幕を切って落とされる不安の強烈さがどれほどのものか。それは、頭にガンと一発くらった時に非常に似ている。不安が起こる条件を正確に把握し具体的に掘り下げることなど、とうてい望めず、当の子どもが後になってかろうじて思い出せるものは、せいぜいが核心をいささか外れたところの出来事についての話であって、それもあちこちに風穴が空いた物語にすぎない。

（三五二―三五三頁）

［…］第三の萌芽的擬人存在「自分ではないもの」を採り上げるとなると、これはまったく別世界には

いる。［…］この第三の擬人存在は、きわめて徐々に発達する擬人存在で、必ず相当に原始的な性質である。［…］ふり返れば〝おっそろしい〟（dreadful）と思うだろう。また、後になれば、たくさんの事柄に分かれるが、いずれも畏怖（awe）、戦慄恐怖（horror）、嫌悪恐怖（loathing）、圧倒恐怖（dread）を伴う事柄である。

この「自分でないもの」という萌芽的擬人存在がきわめて徐々にしか成長しないのは、強烈な不安の体験——非常に下手な教育法だ——に由来するからである。現実と馴染みになる方法としては非常に複雑で効率の悪い方法であるから、体験の組織化に時間がかかるのは自然であろう。それだけではなく、こういう体験は大体が部分的・断片的なものであるから、ほんとうに何についての体験かもはっきりとはわからない。そこで、この体験組織には「不気味感」の標識が付く。この体験は、第三者から観察すれば、母親の側から烈しい禁止の身振りを招き、幼児の側の強度の不安を誘導したことのある体験である。だから、この体験組織は何についての明確で有用な導き手とならず、この点も他の二つと違っている。「不気味感」の標識の付いた体験は、「自分でないもの」の擬人存在として組織化されたものであり、原因や結果と明確な結び付きを示しえない。つまり、もっと成長してからのわれわれの対応づけの手続きをみごとに説明する方法（因果律のことである）では扱えないものであるが、生涯にわたって残存して、相当原始的な、粗雑な、パラタクシス的象徴となる。だが、このことは成人における「自分でないもの」的要素が幼児的だということを意味しない。ただ、「自分でないもの」的要素が、あらゆる（本質的な）点から見て、実際上伝達性のある言語のやりとりの彼方にあるという意味はある。（一八六–一八七頁）

筆者の理解では、著者の親子関係～親子関係関連障害において生じる多くの出来事が、「（子どもが）重要人物と共にする体験のうちで非常に強烈な不安や非常に唐突に襲来する不安を起こしてきたもの」（＝自分でないもの）の範疇に入り、「周囲の重要人物の側からの不意の強烈な否定的な感情反応のために幕を切って落とされる不安の強烈さが」「不気味感」を伴うという特徴がそのまま該当する。

そしてサリヴァン（一九九〇）は、この「不気味感」に対する自己組織の対応法のなかに解離〜選択的非注意がある事情を、以下のように記している。

> 不安を最小化し回避し、隠蔽するために拵えられて「自己組織」の中に組み込まれたものや過程はいろいろあるが、その上に、さらに加えて、「自己組織」には、まず例外なしに、あの「不気味感」と呼んでよいような、きわめて不愉快な生の状態に間違っても立ち入らないようにしておく目的——というと大変比喩的だが——に充てられている部分がある。［…］
>
> 解離とは、「不気味感」と覚醒中には決して出会わないようにしてくれる過程を意識の枠内に保持しつつ生きさせてくれる巧妙な仕掛けである。［…］
>
> 解離された機動力のシステムは、必ず、その効果のいずれに対しても「相対的意識化中止」(relative suspension of awareness) がある。この意識化中止には、ごく小規模なこともある。些細な意識障害がいたるところにみられるとか。私のいうところの選択的非注意のような場合もある。選択的非注意とは、一個人の日常生活の果てしない雑事（のある部分）を、たまたま注意しないというだけのことである。
>
> （三五五—三五八頁）

この選択的非注意に関してサリヴァン（一九九〇）が記載する次の内容は、さまざまな場面における著者の両親の態度〜振舞いで認められると筆者は感じる。

選択的非注意は、人生の他のいかなる不適切不充分な営為にもまさって、われわれの特に苦手な領域に起こる経験から得るところがないようにする古典的な手段である。われわれはその体験をそもそも持たないのである。得るところがあったのかもしれないのだが、体験が起こったといっても、その意味するはずのところに注意を全然向けなかったのだからしかたがない。実際、非常にたくさんのことが起こっていたのに、全然注意にはいっていないのである。精神療法でほんとうに困るのは選択的非注意であると私は思う。選択的非注意は、おのれの行為の、とうてい目をつむっておれない、ぎんぎらぎんの意味を見ずに押しとおす、ごく優雅な方法である。意味を看過するものには、他の人人の行為に対する自分の反応もある。これは、自分以外の人の行為として報告されがちなものである。さらに悲劇的なのは、(意味ばかりでなく)以上の事柄が起こったという事実そのものを看過することである。非常に不愉快な思いをした事件を全然覚えていないのである。（三五八頁）

著者の父親は、時折突発的に激しい憤怒状態に陥って暴力をふるったが、この現象と関連があるかもしれないサリヴァンの記載を引用してみよう。

［…］なぜこうなるのか、不安よりも怒りの方が楽しい体験だからだ。ずばりと言うが、立腹を覚えるほうが不安を感じるよりもずっと気持ちがいい。どちらも、嬉しくって仕方がないってほどでないのは認めるが、どこをとって見ても立腹の方がましだ。腹を立てたあとで、ぐったりすることはよくある。そ

ういうことはあるし、長い眼で見れば事態を悪化させることは実に多いが、立腹の最中には不思議な力量感がある。つまり、怒りの表現パターンにはいろんなものごとを厄介払いする力がある。またその結果として、不安をうまく回避できるし、それだけでなく、そもそもはじめには不安があったのだという証拠さえも薄れて見えなくなってゆく。当人はどうしてこうなったのかさっぱりわからずにめでたく一件落着となる。きみが不安になる場合のおおよそ九四パーセントにおいては、その不安によって呼び覚まさせる安全保障作戦はきみが先刻承知のものばかりである。急性の不安のほうはその間にうやむやになる。

（サリヴァン、一九八六、一四九頁）

重要なシステムが解離されると――いや解離された体験はすべてそうだと私は思うのだが――、行動の何らかの乱れに顕れる。おおっぴらな行為になることもある。こられに共通な特徴はただ一つ、それを示している当人が、その起こっているのを知っていないということ、少なくともその意味が空白なことである。

（サリヴァン、一九九〇、三六一頁）

最後に、もう一箇所引用する。次の一節は、著者の母のしつけ～教育の一側面と関連をもつ可能性があるのではなかろうか。

［…］この後すぐに典型的な歪みをいくつか取り上げるが、そのうちもっとも悪性なのは幼児期後期に、母親役が「幼児は意志を持っている、この意志というやつを指導し、支配し、破壊し、整形しなければならぬものだ」と思い込む結果である。［…］

幼児期後期になると、両親、それも主に母親役による社会化、というか最初期段階の社会化を完成させようという努力の増大がみられる。［…］（親の）教育努力の「健全性」と言う要素も考えに入れなければならない。「健全性」ということばの私なりの意味は幼児のその時点その時点での観察能力、分析能力、体験彫琢能力に合わせて両親が教育努力を修正してゆくことである。私がいわんとしていることを説明してくれるであろうから、欠如している例をいくつか挙げてみよう。

こういう例がある。「意志の臆説」とでもいうべき例である。意志の臆説というものは両親が間違った哲学を教わった結果であるが、この文明においては実に安易に受け入れられ、信奉しつづけられている。［…］一歳児が意志を用いて面倒を起こしているとして扱えばどんな有害な結果になるかを考えていただきたい。意志というものをわれわれの誰がどう考えていようと、「強力な意志」という観念を生後一歳の時にはすでにあるものというふうに遡らせることはできない。ところが両親の一部はそうするのである。「自己の意志を持った幼児」なるものを指導し、管理し、これに命令し、折檻しようとしてありとあらゆる試みを企てるのである。精神病すれすれとはいわないまでも何とも奇妙な企てではある。

（サリヴァン、一九九〇、一九五―一九七頁）

＊

2‐5．外傷性記憶（中井久夫）、複雑性外傷記憶

著者が体験してきた親子関係～親子関係関連障害を理解するために筆者が用いている準拠枠のひとつに、外傷性記憶に関する中井（二〇〇四）の論考がある。外傷性記憶の特徴、由来、問題点について、中井は次のよ

うに記している。

外傷性フラッシュバックと幼児型記憶との類似性は明白である。双方共に、主として鮮明な静止的視覚像である。文脈を持たない。時間がたっても、その内容も、意味や重要性も変動しない。鮮明であるにもかかわらず、言語で表現しにくく、絵にも描きにくい。夢のなかにも、そのまま出てくる。要するに、時間による変化も、夢作業による加工もない。したがって、語りとしての自己史に統合されない「異物」である。相違点は、そのインパクトである。外傷性記憶のインパクトは強烈である。幼児型記憶はほとんどすべてがささやかなことである。［…］

外傷性記憶とは、そもそもどういう意味があるのかを考え直してみよう。それは端的に警告の意味を持っているのではないか。

［…］警告として、それは不快を伴う必要がある。外傷性記憶の不快性にはそういう意味があると思う。

（五三—五五頁）

たとえば、オオカミに襲われて辛うじて逃れた個体に、オオカミのあんぐりと開いた大きな口の想起がしばしばフラッシュバックとして起こるならば、この個体は、そうでない個体にくらべて生存率が高いであろう。オオカミと遭遇した場所を自然に回避する傾向を持つ個体は、やはりそうでない個体に比して生存率が高いであろう。

外傷性障害の多くは、闘争か逃走か凍結かをはじめ、過剰覚醒と麻痺の交代など、哺乳類・鳥類などに共通なものが多いが、外傷性記憶もその例に漏れない。

人類が成人型記憶と成人型言語を獲得した後にも、外傷性記憶のほうが、さしせまった危機に際しては警告性が直接的、瞬間的で、効率において勝るために、外傷性記憶は適応的として現在まで生き残ったと私は考える。

（一七一頁）

成人文法性の成立は、世界の整合性と因果性とを前提としている。この文脈において危険を理解するものである。

もう一つの型の幼児の記憶は母親に抱かれている温かい記憶であるが、これは漠然とした共感覚であろう。

前者が個体保存に関するものだとすれば、後者は種族保存に関係していよう。チンパンジーの実験によれば、幼児の時にやわらかく温かいものに接しなかった個体は成体となって性交ができないのである。おそらく、生存がせいいっぱいであった初期の人類にあっては、記憶とは主として「目の前にないものに対する警告」の機能であったと私は考える。聴覚が視覚の盲点を補う警戒機能として出発し、言語的コミュニケーションの道具に転用されたのと同じく、記憶もやがて言語と密接な関連を持つようになり、文化を担うようになったと私は考える。

（一七三頁）

外傷性記憶に伴う恥、罪、自恃、屈辱の意識は常に防衛機制の動員を生命に求める。防衛機制は疲弊する。それも手伝って、防衛機制自身が新しい病態を作り出す。それは自己免疫に似ている。中でも、解離がそれ自身治療困難な病態であることは最近改めて留意されてきた。

（二一〇頁）

そして中井（二〇〇四）は「外傷性記憶の特性」を、次のようにまとめて示している。

外傷性記憶の特性は、次のように列挙される。

(1)静止的あるいはほぼ静止的映像で一般に異様に鮮明であるが、

(2)その文脈（前後関係、時間的・空間的定位）が不明であり、

(3)鮮明性と対照的に言語化が困難であり、

(4)時間に抵抗して変造加工がなく（生涯を通じてほとんど変わらず）、

(5)夢においても加工（置き換え、象徴化なく）されずそのまま出現し〔…〕、

(6)反復出現し、

(7)感覚性が強い。〔…〕

(8)視覚映像が多いが、一九九五年一月の払暁震災のように振動感覚の場合もあり、全感覚が記憶に参与しうる。〔…〕

(9)何年経っても何かのきっかけによって（よらないこともある）昨日のごとく再現され、かつしばしば当時の情動が鮮明に現れる。これを身体外傷と比較すれば、ヴァレリーのいうとおり、体の傷は癒えても心の傷は癒えないということになる。これは脳の一つの特性であろう。

(10)過去の追想につきものの「時間の霞」がかかるどころか、しばしば原記憶よりも映像の鮮明化や随伴情動の増強が見られる。

（一六一―一六二頁）

この中井の記載からも、ここで論じられている外傷性記憶はＰＴＳＤに伴う体験であることがわかるだろ

う。しかるに著者の親子関係～親子関係関連障害において認められる病態が、典型的なＰＴＳＤというよりも複雑性ＰＴＳＤに該当することは、すでに「2-3．複雑性外傷後ストレス障害（ハーマン）」で見た通りである。そして筆者の臨床経験によれば、複雑性ＰＴＳＤでも典型的なＰＴＳＤ同様に外傷性記憶が大きな役割を果たしているが、その外傷性記憶は典型的なＰＴＳＤで認められるものとはかなり性質を異にしている。こうした複雑性ＰＴＳＤでしばしばみられる外傷性記憶を、本解説では〝複雑性外傷記憶〟と仮称してみる。[注3]

筆者が認識している複雑性外傷記憶は、前節で紹介したサリヴァンの「自分でないもの、解離、選択的非注意」とかなりオーバーラップする内容になっている。つまり「親からの烈しい禁止の身振りを招き、幼児の側の強度の不安を誘導したことのある体験」、〝おっそろしい〟と感じられる「非常に下手な教育法による強烈な不安の体験」、畏怖、戦慄恐怖、嫌悪恐怖、圧倒恐怖、不気味感を伴う経験の記憶が、複雑性外傷記憶の主要な内実であると考えている。そして、普段は意識されていないこうした「自分でないもの」が何らかのきっかけで意識に上ってくると、先にも引用したサリヴァン（一九九〇）が記した次のような混乱が生じるのだろう。

> 重要なシステムが解離されると――いや解離された体験はすべてそうだと私は思うのだが――、行動の何らかの乱れに顕れる。おおっぴらな行為になることもある。これらに共通な特徴はただ一つ、それを示している当人が、その起こっているのを知っていないということ、少なくともその意味が空白なことである。
>
> （三六一頁）

複雑性外傷記憶に関しては、この後の「5．精神科の診療では、どのようなやり取りが交わされるのだろうか？③――複雑性外傷記憶の扱い方」でさらに触れる。

＊

2-6．早期不適応的スキーマ、スキーマ療法（ヤング）

最後に、近年注目を浴びている認知行動療法と著者が体験した親子関係～親子関係関連障害の関連について言及する。認知行動療法の新しい流れのひとつ〝スキーマ療法〟は、著者の親子関係～親子関係関連障害との関係が深い。そのため、ここでスキーマ療法における議論の概要を伊藤の著書（二〇一五）をもとに紹介してみよう。スキーマ療法が標的とする内容に、著者が体験した親子関係～親子関係関連障害で現れる特徴の多様な表現型がみられることをご理解いただけると思う。

スキーマ療法では、子どもが養育者に対して持って当然のごく正当な欲求を「中核的感情欲求」として重視し、次の五パターンにまとめている。

- 愛してもらいたい。守ってもらいたい。理解してもらいたい。
- 有能な人間になりたい。いろんなことが、うまくできるようになりたい。
- 自分の感情や思いを自由に表現したい。自分の意志を大切にしたい。
- 自由にのびのびと動きたい。楽しく遊びたい。生き生きと楽しみたい。
- 自律性のある人間になりたい。ある程度、自分をコントロールできるようになりたい。

この「中核的感情欲求」が満たされず、大きな傷つき体験や傷つき体験の繰り返しから、五領域・一八種類の「早期不適応的スキーマ」が形成される。

●第一領域――人との関りが断絶されること
・見捨てられスキーマ
・不信、虐待スキーマ
・「愛されない」「わかってもらえない」スキーマ
・欠陥、恥スキーマ
・孤立スキーマ
●第二領域――「できない自分」にしかなれないこと
・無能、依存スキーマ
・「この世には何があるかわからないし、自分はそれらにいとも簡単にやられてしまう」スキーマ
・巻き込まれスキーマ
・失敗スキーマ
●第三領域――他者を優先し、自分を抑えること
・服従スキーマ
・自己犠牲スキーマ
・「ほめられたい」「評価されたい」スキーマ

●第四領域——物事を悲観し、自分や他人を追い詰めること
・否定、悲観スキーマ
・感情抑制スキーマ
・完璧主義的「べき」スキーマ
・「できなければ罰せらるべき」スキーマ
●第五領域——自分勝手になりすぎること
・「オレ様、女王様」スキーマ
・「自分をコントロールできない」スキーマ

（伊藤（二〇一五）の七－二四頁の内容をもとに筆者が作成）

ここで示されている、①「中核的感情欲求」は（すべての子どもと同様に）親子関係関連障害の子どもが熱望するが、なかなか得られないものであり、②「五領域・一八種類の早期不適応的スキーマ」は、親子関係関連障害でみられる各種の問題点～課題と重なっているだろう。

＊

3．精神科の診療では、どのようなやり取りが交わされるのだろうか？①
——「今さら親がどうだったなんて言っても始まらない」について

本書を手にした一般読者の方は、「どうやら現在の精神医療は、著者のような経緯で苦しむ人のサポートが

うまくできない場合が少なくない」という事実を知るとともに、「それでは、どのような対応の方法論があるのだろうか？　適切な方策はないのか？」といった疑問をおもちになるかもしれない。こうしたことも踏まえて、ここから精神科における対応について具体的に紹介してみようと思う。

まずは多くの精神科医が著者に口にしたという、「今さら親がどうだったなんて言っても始まらない」という発言を考えることから始めてみる。著者は自らの精神科受診経験に関連して、次のように記している。

> 私は二六歳から三九歳までの間に、合計一〇余人の精神科医にかかったが、最後の一人を除いて全員、「今さら親がどうだったなんて言っても始まらない」と私の話を遮り、最後まで聞いてくれなかった。ところが三七歳の時に出会った最後の医師だけがそれまでとはまったく違い、私に幼少期から当時に至るまで両親の言葉や仕打ちがいかに辛かったかを残らず吐き出させてくれ、「それはひどい。本当に辛かっただろう」と、心底そう思っている調子で相槌《あいづち》を打ってくれた。
>
> 長年両親に自分たちが精神的暴力を振るったことを否認され続けて、のた打つような口惜しさを抱えていた私は、誰か一人でも自分の病気の原因が親にあることを本気で認めてくれる人は居ないかと探しあぐねていた。その願いが叶わない限り、自分は一歩も前に進めない気がしていた。そこへこの先生に出会えたことで、私は急速に心の落ち着きを取り戻した。（本書二八七頁）

「最後の医師」の対応は見事なもので、著者がこの精神科医と出会えた僥倖《ぎょうこう》を、多くの読者は（筆者と同じように）祝福したい気分になったであろう。実際のところ「最後の医師」の対応は、カウンセリングの基本～ロジャーズの中核三条件「受容――無条件の積極的関心、共感的理解、一致」[注4]に合致しており、改めて「受容、共感、一致」の重要性を痛感させる内容になっている。

ここから、「『今さら親がどうだったなんて言っても始まらない』と私の話を遮り、最後まで聞いてくれなかった」という対応がなされたことの背景事情に関する、筆者なりの推測を記してみよう。ここでは、①このようなニーズに対して、原則通り受容・共感・一致で対応する必要性と重要性を理解している精神科医の場合と、②理解していない医師に分けて考えてみることにする。

後者の「理解していない医師」に関しては、比較的事態は単純なように思われる。我が国の精神科医の養成システムにおいて精神療法の教育が十分整備されていないこともあり、親子間の歴史を語ることを患者が希望する場合、受容・共感・一致の原則に基づいてしっかり傾聴する必要がある事実を理解しておらず、その効用も経験していない医師が少なくない。加えて、ある精神療法の流派（たとえば認知行動療法）を詳しく知っていて実践も行っているが、成育史の詳しい聴取の必要性と重要性を認識していない治療者も一部存在する。

一方、前者の「(頭では）理解している医師」が、このような対応をした背景事情はどうか。当然のことながらまったくの憶測になってしまうが、筆者の頭をよぎった内容を記してみる。

第一に考えられるのは、家族への非難・恨みを詳しく丁寧に聴取することを通して、著者のなかにある葛藤が改めて明確に意識されて精神状態が不安定になり、収拾困難な事態が出現することへの危惧がある。確かに、こうしたやり取りを通して外傷体験が想起されて感情が動揺し、家庭内の葛藤が増して当事者・家族・治療者の三者ともども困った状況に陥る可能性は否定できない。これは「面接の副作用」と呼ばれる事態であり、このことを治療者が懸念したのかもしれない。

また限られた面接の時間が、過去の親子関係にまつわる話で終わってしまうことを心配した可能性もありうる。加えて、ここで語られる親子の軋轢というテーマ、そしてそれを話す著者の姿勢・態度・語気（たとえば、憤り）と接した治療者が感情的に反応してしまい、不適切な対応を行ったのかもしれない。さらには、こうした親子間の激しい葛藤の話を聴取するにしても、それをもとにして面接をどう進めたらよいかわからずとまどう治療者がいた可能性もある。

そして以上の諸因子を、境界性人格障害という病名がさらに強化した可能性があると感じる。精神科医ならば誰しも境界性人格障害の診療で苦労した経験があるもので、その外傷的な記憶が余裕の乏しい一方的な精神科医の態度を生むのに一役買った可能性。しかるに、「『今さら親がどうだったなんて言っても始まらない』と私の話を遮り、最後まで聞いてくれなかった」対応が望ましいものではなかった事実が、本書を通して明らかになっている。

初めの「面接の副作用」の問題、つまり面接を通して外傷体験が改めて強く意識されることで本人の精神状態〜家庭内環境が不安定さを増すリスクは、治療者が十分意識しておくべき内容である。しかしながら、『今さら親がどうだったなんて言っても始まらない』と私の話を遮る」類いの一方的なやり方が適切ということには、当然ながらならない。治療者が本人に「面接の副作用」に関する情報を伝えたうえで、「面接の副作用」が大きくなりすぎないよう適宜話し合いながら面接を進める、というやり方が望ましいだろう。「面接の副作用」に関するインフォームド・コンセント（説明と同意）を踏まえたうえで、親子の関係性〜葛藤を少しずつ整理していく方法である。実際のところ、親子関係の歴史を丁寧に扱った「最後の一人」の精神科医の診療においても「面接の副作用」がさほど甚大とならず治療が進んだ経緯が本書に記されており、「私の話を遮り、最後まで聞いてくれなかった」対応が不適切であったとわかる。

次の「限られた面接の時間が、過去の親子関係にまつわる話で終わってしまう心配」がある場合には、たとえば「今日の面接時間の残りを、この話に費やしていいですか。それとも、今後このテーマを少しずつ伺っていくことにして、今日は違う話もしますか?」といった対応が望ましいだろう。

続く、「語られる親子の軋轢というテーマ、そしてそれを話す著者の姿勢・態度・語気と接した治療者が感情的に反応し」た可能性は、治療者の逆転移（および逆転移に基づく行動化）と呼ばれる事態にあたる。こうした状況を避けるために、精神科医は日頃から自己認識を深め、必要に応じて訓練（例 教育分析）を受ける必要があるとされている。また、境界性人格障害にまつわる精神科医側の外傷的な経験～記憶が診療に影響を与える可能性も、治療者の逆転移に含まれる内容である。

次の、「親子間の激しい葛藤の話を聴取するにしても、それをもとにして面接をどう進めたらよいかわからない」については、その具体的なやり方について、この後の「精神科の診療では、どのようなやり取りが交わされるのだろうか?――②～④」で触れることにする。

いずれにしても、こうした精神医療の残念な現状を指摘してそれを変えていく必要性を明示している点に、本書の優れた特長のひとつがある。筆者自身、何かの折に「最後の一人を除いた全員」と同じような対応をしてしまう可能性があり、改めて自戒すべき貴重な指摘内容と思っている。

＊

4. 精神科の診療では、どのようなやり取りが交わされるのだろうか?②
――面接場面における「受容、共感、一致」以外の対話

前節で記したように、受容・共感・一致の三条件を満たした「最後の医師」の対応は卓越しており、著者

のその後の回復に大きく寄与した。しかるにこうした局面における精神科面接では、「親子関係」にまつわる内容を〝受容・共感・一致〟以外の形でも扱うことになる。ここから、この〝受容・共感・一致以外のやり取り〟に関して、実際のあらましを次の三項目に分けて紹介する。

①親子関係が、当事者の「自己評価、他者認識、対人関係のもち方、各種作業の進め方」にどのような影響を与えているかを検討する。
②親子関係が、当事者の「自然回復力を促す活動状況」にどのような影響を与えているかを検討する。
③親子関係関連障害に併存する病態と、その治療に関する情報提供（心理教育）を行う。

以下、各事項に関して簡単に説明する。

①親子関係が、当事者の「自己評価、他者認識、対人関係のもち方、各種作業の進め方」にどのような影響を与えているかを検討する

面接で次のような質問をして、一緒に検討する。

こうした家族との歴史があると、一般的には当事者の自己評価が不安定になって自信を持ちづらく、他人が危険で敵対的な存在に見えがちとなり、対人関係～コミュニケーションで萎縮したり傷つきやすくなったり、折り合いをつけるのが難しくなったりします。また各種作業を進める際に、過度に不安を覚えて悲観しやすくなりがちです。あなたの場合いかがですか、思い当たるところはありますか？

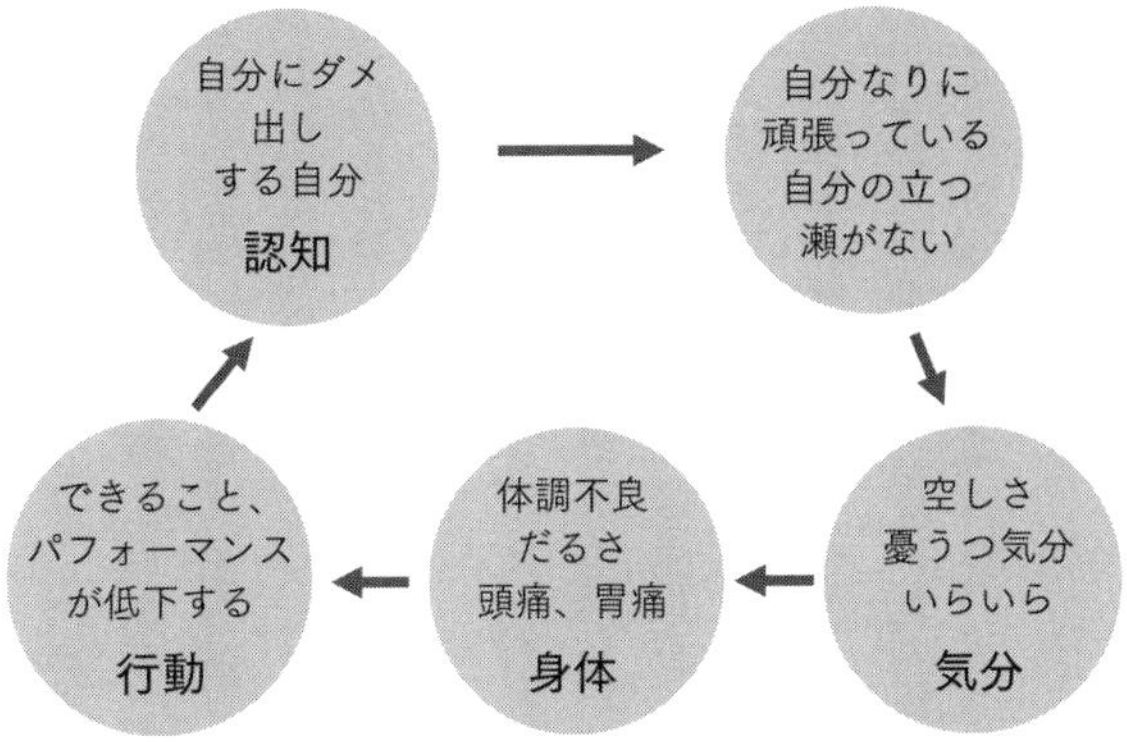

図1：「自分へのダメ出し」が生む悪循環
——思考（ダメ出し）・気分・体調・行動の連関

「思い当たるところがある」という答えが返ってきたら、そのことがもたらしうる悪影響と治療法を伝える。たとえば、抑うつを生み出す二大認知（原田、二〇一七a）である「自分へのダメ出し」と「過度の悲観」から派生する好ましくない結果について情報提供を行い（図1・2）、その修正方法（例 対話型思考記録を利用した認知療法）を伝える（図3・表1−4）。

②親子関係が、当事者の「自然回復力を促す活動状況」にどのような影響を与えているかを検討する

面接で次のような質問をして、一緒に検討する。

一般的に、人間の自然回復力を促してくれる活動に、「①からだを動かす、②自然を楽しむ、③良い人間関係を味わう（相手が動物でも可）、④遊ぶ」があります（原田、二〇一七b、二〇一七c）。親子関係の歴史が影響して、こうした活動も実行しづらくなり回復が一層困難になる場合があります。あなたの場合どうですか、思い当たるところはありますか？

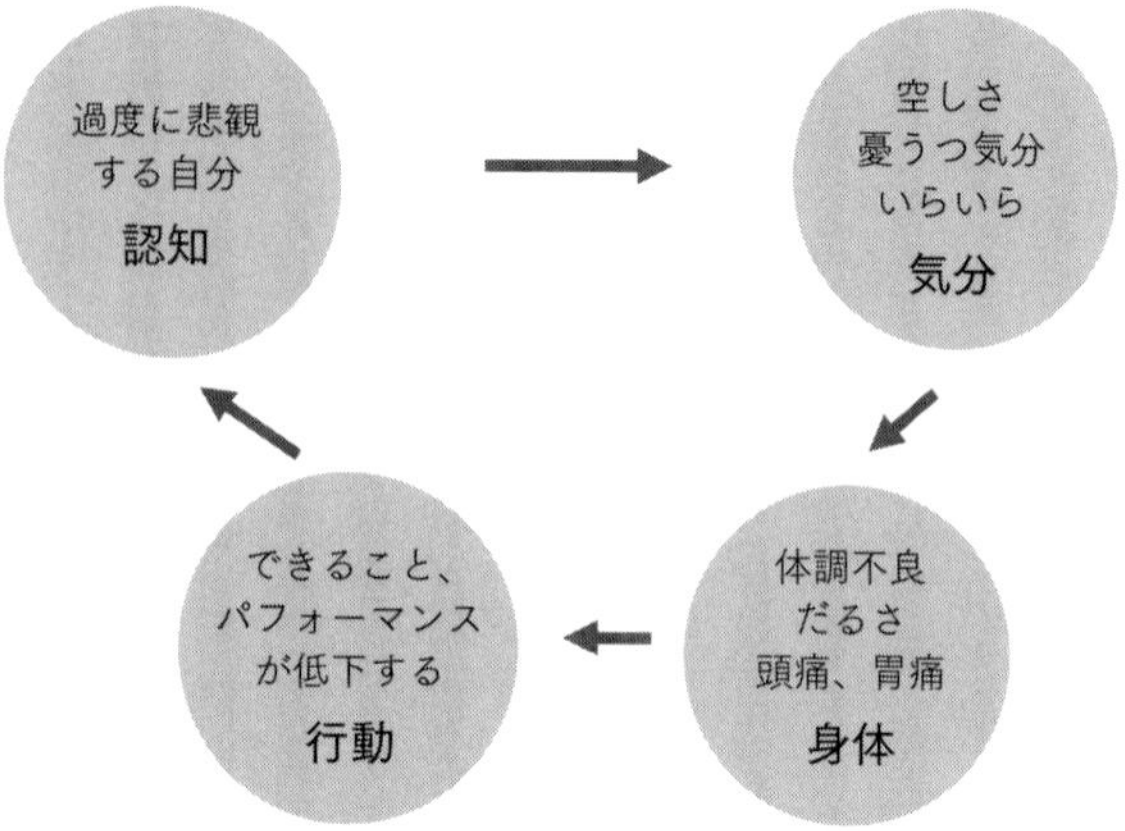

図2：「過度の悲観」が生む悪循
――思考（過度の悲観）・気分・体調・行動の連関

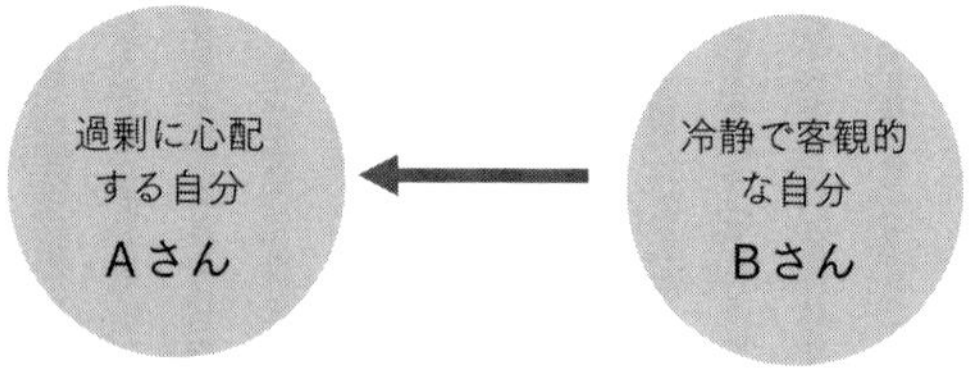

①過剰に心配する自分　Aさん　＝自動思考
②冷静で客観的な自分　Bさん　＝適応的・合理的思考
*思考記録に「事実」「Aさんの考え方」「Bさんの考え方」を書いて、
特に「Bさんの考え方」を繰り返し読んでもらう

図3：認知療法の実際――「冷静で客観的な自分」を育成するプロセス

*「精神療法の現状に「活」を入れる」『精神療法』40-1（2014）

表1：「Bさん」を育てる対話型・思考記録

「Bさん」を育てる作業で、「対話型・思考記録」(別名：「Aさん～Bさん」欲張り・思考記録) が有効な場合がある。

• 気持ちの整理が難しい際、患者に3項目を記してもらう。
①出来事
② 「Aさん」の受け止め方
③ 「Bさん」の受け止め方
　1. 共感、ねぎらい
　2. 別の受け止め方 (＝従来の「合理的・適応的思考」)
　3. 悪循環の指摘 (＝「Aさんも損ですよ」)
　4. 提案 (＝当面とる方針の提案)

*「精神療法の現状に「活」を入れる」『精神療法』40-1 (2014)

表2：対話型・思考記録①——「簡単なミス」

• 事実：仕事で簡単なミスをしてしまった。
• 「Aさん」の受け止め方：こんなミスをするとは、我ながらひどい。こんな有様では、とてもこれから仕事をやっていけない。
• 「Bさん」の受け止め方
　①**共感、ねぎらい**：ミスをすれば誰でも落ち込むもの。大変だったね。
　②**別の考え方**：久しぶりに出勤して、まだ慣れていないところが出た。大したミスではなく、上司と相談してカバーできたので、職場に迷惑はかかっていない。自分なりに再発予防策を考えたのは、今後のことを考えるとプラスだったのではないか。
　③**悪循環の指摘**：「我ながらひどい」「仕事をやっていけない」とダメ出しして悲観しすぎると、悪循環にはまってAさんもつらくなる。
　④**提案**：実害がなかったのだし、あまり大げさに考えすぎずに流してしまい、「今後に生かしていこう」くらいに考えてはどうだろう。

表3：対話型・思考記録②——「不本意な仕事」

- 事実：単純な事務補助など、簡単な仕事しかやれていない。
- 「Aさん」の受け止め方：この年齢になって、こんなことをしているのは情けない。自分がダメ人間に感じられ、今後に希望をもてない。
- 「Bさん」の受け止め方

①**共感、ねぎらい**：確かに以前と比べて簡単な仕事しかしていない。手応えがなくがっかりするのは無理もない。つらいところだね。

②**別の考え方**：復職して日も浅く、これから疲れが出てくる時期。今はこれくらいで自重して、慣らしていくのがよいのでは。今から飛ばすと、またダウンしかねない。もう少し余裕が出てから、上司と相談しながら仕事を増やせばいいだろう。

③**悪循環の指摘**：「ダメ人間」「今後希望を持てない」と嘆きすぎると、悪循環でAさんもつらくなる。自分で首を絞めることになる。

④**提案**：悲観的に考えすぎず、「今は辛抱の時」と割り切ってみてはどうか。アフター5や週末は、体を動かして気分転換しながら。

表4：対話型・思考記録③——「風邪で休んだ」

- 事実：風邪をひいて、会社を休んでしまった。
- 「Aさん」の受け止め方：不注意で、用心が足りない。たるんでおり、ひどいもんだ。こんな有様では、先が思いやられる。
- 「Bさん」の受け止め方

①**共感、ねぎらい**：風邪をひいて休んでしまい残念に感じるのは、当然のこと。自分を責める気持ちは、よくわかる。

②**別の考え方**：風邪が流行っていて、何人かの同僚が咳込んでいた。長時間同じ部屋で仕事をしていたのだから、うつったのは仕方ない面がある。熱が下がって咳も止まってきたから、もうすぐ出勤できるだろう。長い目で見れば、数日休んだことなど些細なこと。

③**悪循環の指摘**：「たるんでいる」「先が思いやられる」とネガティブに考えすぎると、悪循環で風邪も治りにくくなり、Aさんも損をする。

④**提案**：風邪が治ってきているので、気分転換しながら体調を整えよう。週末しっかり治して、週明けから出勤すればよい。

思い当たるところがあれば、今後このテーマを面接で取り上げていくことができる旨を伝える。加えて「①からだを動かす、②自然を楽しむ、③良い人間関係を味わう（相手が動物でも可）、④遊ぶ」の四因子を、意識的に生活のなかに取り入れる必要がある現代的な事情を次のように説明する（原田、二〇一七b、二〇一七c）。

以前の日本、たとえば江戸時代や明治時代の我が国では、精神科の病気は今より少なかったのではないかと推測されます。それでは、当時現代ほどストレスがなかったかというと、決してそんなことはないでしょう。昔ならではの大きなストレス、たとえば流行り病で子どもや若者が亡くなってしまう、凶作で飢饉に陥り餓死者が出たり人身売買が行われる、といった過酷な事態がありました。

そうした深刻なストレス因があるなか、精神科の病気が今よりも少なかったと仮定すると、そこにはどんな理由が考えられるでしょうか。もちろんさまざまな事柄が関与している可能性があるのですが、その中に〝経済的な余裕のなさ〟と〝科学技術の未発達〟から派生する因子も含まれると思っています。

昔は経済的な余裕がないので、ひどくつらい出来事があっても（例 幼い我が子が急に亡くなる）、程なく（例 葬式が終わる）自分の体を動かして生業を再開しなくてはならなかった。たとえば、農民ならば田畑の作業。その際、昔は科学技術が発達していないので自分の足で歩いて田畑に行き、自分の体で農作業に精を出すことになる。

その過程で人は土や水～農作物～農機具と触れ、周囲の自然～生き物と接する機会を得ます。昔は今よりも自然が豊かで動植物が多く、里山的環境のなかで樹木～草花、鳥獣虫魚と接触する機会に日常的に恵まれていました。

さらには、外で作業をするなかで人との接触も出てくる。大家族制で地縁の絆も深いなか、質の良い人との関わりがあったでしょう。
つまり大きなストレス因があっても、①その直後から自分で体を動かして仕事を行い、②豊かな自然〜動植物と接し、③質の良い他者との関わりを持つなかでつらい問題と徐々に距離をとって癒され、バランスを取り戻すことができる可能性があった訳です。のっぴきならないさまざまなストレスと向き合ってきた人間は、自らの内なる自然治癒力〜レジリエンスをこのように活性化して、何とかしのいできた面があると思います。

しかるに現代では、経済的な余裕が増して科学技術が発達した結果、このプロセスに変化が生じています。つらい出来事や屈託があるなか、（1）必ずしも自分で体を動かして仕事を行わずに済み、（2）豊かな自然〜動植物と接する機会が少なくなり、（3）ダイレクトな人間関係を持たないで過ごす場合が相対的に多くなったのです。

人間の生活が豊かで便利になり、つらい出来事があった後で〝体を動かして仕事に従事しなくともよいオプション〟があることは、基本的に好ましい変化でしょう。しかしそのことで、人間に備わっている自然治癒力〜レジリエンスが活性化するプロセスの発動が妨げられてしまい、心身の不調から脱するのが難しい事態に陥りうることには、十分留意すべきですね。

ここまで述べてきた三事項以外で、人間の回復力の発現にとって重要なものに「遊び」があります。遊んで、楽しみ、笑い、スリルを味わい、くつろぐ。人間は遊ぶ動物〜笑う動物という定義があるほど、とても大切な因子です。

この「遊び」も、昔と今では大分変わってきています。昔の子どもの遊び、たとえば「鬼ごっこ」にはそのなかに「体を動かす」「自然と接する」「質の良い人間関係」が含まれています。一方、今の子どもの代表的な「遊び」であるコンピュータゲームには、三要素が十分含まれているとはいえません。コンピュータゲームも「遊び」の重要な一員ですが、三要素は十分含まれていないため、他の活動を通して三要素を体験する必要がある事情を、踏まえておくべきなのでしょうね。

上記の内容は、エビデンスのない筆者の空想的ナラティブであるが、ある程度の妥当性はあるのではないかと（勝手に）考えている。そしてこうした問題点への対応法として、筆者は、①神田橋（二〇〇九）による「気持ちがいいこと」を養生の中心に据える見解を紹介し、②必要時に認知行動療法の行動活性化に言及するようにしている。

③親子関係関連障害に併存する病態と、その治療に関する情報提供（心理教育）を行う

著者が本書で指摘しており、この解説文の「1．筆者のクリニックにおける親子関係関連障害の実態・簡易調査の結果」でも触れたように、親子関係関連障害ではさまざまな精神障害がみられる。こうした併存症がある際には、当該の精神障害の病態とその治療法に関する情報提供（心理教育）を行う。[注5]

なお親子関係関連障害では、当然のことながら愛着障害が併存する場合が多い。筆者が愛着障害への治療的関与を試みる場合、次の文献を紹介するようにしている。神田橋による独創的な方法は、高い有効性を発揮しうると感じている。

神田橋條治（二〇一六）「付録 胎児期愛着障害の気功治療」『治療のための精神分析ノート』創元社

＊

5．精神科の診療では、どのようなやり取りが交わされるのだろうか？③――複雑性外傷記憶の扱い方

親子関係関連障害の臨床では、「2-5．外傷性記憶（中井久夫）、複雑性外傷記憶」で触れた複雑性外傷記憶に関する心理教育が欠かせない。というのも、親子関係関連障害の当事者～親の双方とも複雑性外傷記憶の活性化に伴う混乱を体験するという、自他が困る状況が頻繁にみられるからである。

親子関係関連障害の当事者の生活において、複雑性外傷記憶（本節では以下、外傷性記憶と簡略化して記す）がどのような役割を果たしているか、本書に出てくる記述を例に挙げてみてみよう。筆者の判断では、たとえば次のような急激で強烈な情動反応が親に生じて混乱状態に陥る際、その多くに外傷性記憶が関与している。

- キーッと目を吊り上げる
- ヒステリックにまくしたてる
- 瞬時に形相を変える
- 強烈な剣幕で怒鳴りつける
- 爆発的な感情表出に呆気にとられる
- 猛烈な憎しみを込めて睨みつける

このような状況で何が起きているのかを理解し対応を工夫するうえで、外傷性記憶に関する知識が役に立つため、親子関係関連障害の臨床においては外傷性記憶に関する情報提供（心理教育）が欠かせない。以下、

外傷性記憶に関する情報提供（心理教育）の筆者なりのやり方を紹介してみよう。

誰にも好ましくない記憶（エピソード記憶）は、無数にあるものですね。たとえば、財布を落とした、テストで赤点をとった、ころんで足を挫いた、といった内容。こうした記憶を想起するのは嬉しいことではありませんが、気持ちがかき乱されてひどい混乱状態に陥るといった類のものではないですね。

しかるに自分の存在の基盤そのものに関わり、安全感や自尊心が根本からひどく損われるような深刻な経験の記憶の場合、随分事情が異なります。こうしたひどくつらい体験の基になるものに自然災害・事故・犯罪などがありますが、人間関係にまつわる継続的な問題も多いものです。たとえば、親子関係における激しい葛藤・対立・虐待、いじめや各種のハラスメント、強圧的で暴力的な教師との関係に伴う被害など。

ここでは、このような人間関係に関連する経験（複雑性ＰＴＳＤ～軽度・複雑性ＰＴＳＤ）について説明することにします。こうした経験の記憶には外傷性記憶（複雑性外傷記憶）という名前がついていて、次のような特徴がみられます。

1．きわめて長い間記憶が保持されて、些細なきっかけで再現してしまう。
2．その記憶には瞬時に大きな動揺をもたらす強力な作用があり、強い不安が生じて当人が混乱状態に陥り、不快・嫌悪・恥・驚きなどの感情が体験される。
3．外傷性記憶が活性化すると、普段の状態（友好・安心モード）とは異なり、外傷体験に基づくモード（敵対・混乱モード）で自分～周囲の人が見えがちになってしまう（図４）。具体的には、「周囲

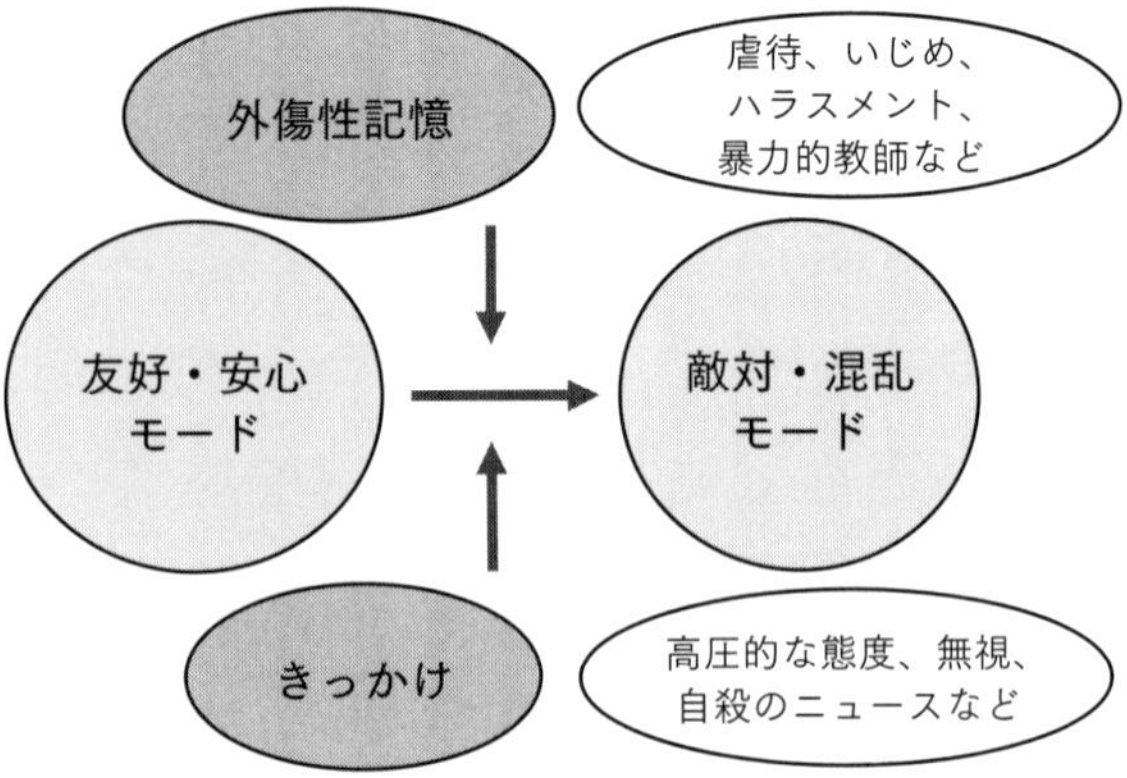

図4：複雑性外傷記憶に関する説明図

の人＝自分を批判し否定してないがしろにする、一方的・高圧的で危険な存在」「自分＝理不尽な被害を受ける、受け身一方で困惑している存在」といった具合です。

4．きっかけとなるのは、原因になった状況と類似の要素を含む状況～場面が多い。たとえば、「他人から無視される」「相手が自分の意見・意向に耳を傾けない」「理不尽な扱い～明らかな差別を受ける」「相手が感情的になっている」「高圧的な態度～無作法な振る舞いをする人がいる」など。

5．敵対・混乱モードで過ごす時間はとてもつらいものですし、敵対・混乱モードに基づく自他の言動が軋轢を強めてしまい、さらにしんどい状況に陥りがちです。

ちなみに、典型的な外傷後ストレス障害（PTSD）の場合（例：東日本大震災での被災）、外傷性記憶が賦活化されると視覚像を伴うフラッシュバックが生じるので、当然本人はその経験を意識します。しかるに「親や養育者による虐待、いじめ、ハラスメント、暴力的な教師との関係」などに伴う複雑性ＰＴＳＤ（〜軽症・複雑性ＰＴＳＤ）では、外傷性記憶（複雑性外傷記憶）が活性化されても視覚像を伴わないことが多く、本人ははっきりとは意識しない場合が多数派のようです。

外傷性記憶への対応を工夫する際には、こうした仕組みを理解しておくと役立ちます。かさぶたがとれて外傷性記憶が活性化したら、ある出来事がきっかけとなって（例：理不尽な扱いを受けた）外傷性記憶が露わになった経緯を把握することが大切です。苦手なトリガーと接して外傷性記憶が露呈し、敵対・混乱モードに陥っていると自覚するのですね。この認識ができると、混乱の世界から首一つ頭を出して自分が陥っている状態を俯瞰して観察しやすくなります。

「過去の出来事（外傷性記憶）〜きっかけ（トリガー）〜現在の状態（敵対・混乱モード）」の関連をしっかり理解するとともに、「どうやったら、早めに友好・安心モードに戻れるだろうか？」という対応策を考えやすくなるのです（外傷性記憶の認知療法）。

ある出来事で外傷性記憶が活性化されて敵対・混乱モードに入ってしまった際に、敵対・混乱モードでの出来事を頭に思い描いてその世界に浸っていると、どんどん深みにはまってしまいがちです。ブラックホール、底なし沼、蟻地獄、蛸壺などと称される、すこぶるつらい状態ですね。ですから敵対・混乱モードに陥った際に、そのモードでのやり取り〜記憶を反すうし続けるのは得策ではありません。

こうしたときに、普段から自分が慣れ親しんでいることをやってみると、早く敵対・混乱モードから抜けるのに役立つ場合があります（外傷性記憶の行動療法）。たとえば、次のような例ですね。

•親しい人と話したり、メールでやり取りをする
•動物と遊ぶ
•慣れ親しんだ公園や喫茶店に行く
•親しみを感じ、安心感を持っているものと接する（例 ぬいぐるみ、大事な写真、お守り）
•好きなアニメ、ゲーム、マンガ、芸術作品を楽しむ
•ヨガ、サイクリング、整体、カラオケを試す

こうした自分に合ったやり方のレパートリーを、いくつかもてるといいですね。外傷性記憶がもたらす敵対・混乱モードとは異なり、これらの活動では相手～周囲との関係性が親しみを帯びています。こうした気持の良い友好・安心モードを体験できると、敵対・混乱モードからの回復を促すことができるのですね。

加えて、安心・友好モードから敵対・混乱モードへの移行の契機となったきっかけ、トリガーへの対策も大切です。きっかけとなった人物・状況をなるべく避けることが賢明ですし、避けにくい場合には相手との関りを極力〝浅く、短く、軽く〟できると被害が小さくなります。また、きっかけとなった出来事の受け止め方を工夫するのが有効なこともあります。

なお人間の自然回復力を促す四因子として「①からだを動かす、②自然を楽しむ、③良い人間関係を味わう（相手が動物でも可）、④遊ぶ」が知られています。この四因子には、敵対・混乱モードから友好・安心モードへの移行をサポートする作用があります。

ちなみに、外傷性記憶の基になった経験における相手の振る舞いも、何らかの外傷性記憶がからんで

いることが多いようです。たとえば、何気ない子どもの言動に対して親が不当な仕打ちをして、それが子どもの外傷性記憶になってしまう場合。子どもの側に悪意はないのですが、他意のない子どもの言動によって親の外傷性記憶が活性化されて敵対・混乱モードに入ってしまい、「頭ごなしに全否定された」「理不尽な侮辱を受けた」などの受け止め方に伴う強烈な不快感や怒りが生まれる。そして混乱した親が、子どもに極端な振る舞いをしてしまう。こうしたケースでは、親自身も外傷性記憶〜敵対・混乱モードに翻弄されているわけです。たとえば、親がその親から虐待を受けたことによる外傷性記憶があり、それがまだ癒えていないといった場合ですね。こうした事情も踏まえておくと、外傷性記憶との上手な接し方を工夫するのに役立つことが多いものです。[注6]

筆者の臨床経験によれば、外傷性記憶の影響で苦しんでいる当事者はこの説明内容をおおむね理解する。そして外傷性記憶が生じる状況や相手に関する認識を深めて、「外傷性記憶に伴う敵対・混乱モードから友好・安心モードに移行するための対応の工夫」を始めるきっかけとなりうる。[注7]

＊

6. 精神科の診療では、どのようなやり取りが交わされるのだろうか？④
——家族の心理教育〜常識的家族療法

著者は自らの精神科受診経験に関連して、次のように記している。

この先生はさらに両親を呼んで、「お嬢さんの病気はあなた方の関わり方に原因があるから、それを改めてほしい」と、はっきり指摘し指示することまでしてくれた。もちろんそれも、それまでの医師は誰一人やってくれなかったことだった。

それでも両親の私に対する姿勢はほとんど変わらなかったが、この先生が私のためにそこまでしてくれたことだけで、私の中に一種〝もういい、気が済んだ〟という想いが芽生えた。たった一人とはいえ、赤の他人が私だけのためにそこまで身を投げ打ってくれたのだから、自分もその厚意に報い、立ち直って頑張って生きなければという想いが猛然と湧いてきた。

（本書二八七―二八八頁）

こうした「最後の一人」の精神科医による家族への関与が、素晴らしい治療効果につながった経緯が改めて良く伝わってくる。実際のところ、この医師との関わりを通して著者が見事に回復したことから本書が生まれた。加えて「最後の一人」の精神科医の発言、「お嬢さんの病気はあなた方の関わり方に原因があるから、それを改めてほしい」が本書の内容、特に「第Ⅱ部 子どもに心を病ませないために、親の立場あの方にお願いしたいこと」「第Ⅲ部 親との関係が原因の心の病から脱却するために、子どもの立場の方に勧めたいこと」に影響を与えているように感じられる。

こうした家族への対応に関連して、まずは筆者がよく行うシンプルな対応法を紹介させていただく。以前、この内容をエッセイ（原田、二〇一三）のなかで触れたことがあるので再掲する。

臨床の場で、家族や当事者から「家族が当事者と接する際の、望ましいやり方は？」という質問をいただく機会がありますね。そうした際、わたしは「家族の感情表出ＥＥにまつわる知見」や中井久夫先生の「日本型・高度感情表出家族」（「看護のための精神医学」医学書院）を参照して作ってみた、次の我流の言い回しを基本定石としています。

〝当事者の経過〟と〝家族の接し方〟に関する研究が、随分行われてきました。その結果によれば、家族の態度に〝批判〟や〝過干渉〟の要素が濃すぎると経過が悪くなりやすい、と報告されています。当事者のことを思って家族が一所懸命になると、えてして〝批判〟や〝過干渉〟といった態度につながりがちですが、家族の思いとは逆に結果的に悪い影響をもたらしてしまう訳です。

それではどんな態度が望ましいかというと、〝批判〟と〝過干渉〟の逆です。〝批判〟の逆は〝共感〟。本人のつらさを汲み、本人なりの工夫や努力を評価する姿勢です。〝過干渉〟の逆は〝待ちの姿勢〟。本人に、「家族ができることがあったら、言ってください。家族ができる範囲でサポートします」と伝えて、本人の申し出を待つやり方ですね。

わたしは、この内容を当事者・家族に伝える機会が多いのですが、結構重宝しています。中には、わたしが書いたメモ「×：批判、過干渉、○：共感、待ちの姿勢」を持ち帰って居間に貼り、時々皆で見返している家族もいるほどです。

以上のシンプルな心理教育をふまえてさらに家族同席面接を行う場合、どのような考え方に基づいてどのようなやり方をとるか。ここでは、日頃筆者が念頭に置いているサリヴァンと下坂幸三の論を紹介させていただく。まずは、サリヴァン（一九八六）の引用。

［…］たとえば奥さんが夫の治療はどうしたらよいか相談に来る。女の子が恋人のことで来る。逆の場

合も無論ある。(いずれにせよ)面接を受けるとひょっとすると二人の関係のひずみが多少減るのではあるまいかと思ってやって来るのである。そして実際に減ることも時にはある。学校の先生も来る。[…]親も来る。[…]こういう状況における精神科医は自分以外の人間や制度的なものなどを介する(間接的な)働きかけによって(相談に来る人が相手にしている人の)利益をはかるわけだが、しかし、そうはいっても、面接者が自分の必要なデータをほんとうに得ようと思えば面接にやって来る人のほうも援助する必要がある。これを後まわしにしないことである。その人たちが生きやすくなるように何とかしてあげるべきだ。別に禁じられていることじゃないのだから。(七〇頁)

[…]しかし、だからと言って、基本的に重要なのはやはり、面接者と会った結果、被面接者の生きる自信や物事をやりとげる自信が増大することである。[…]面接者は、発見をして納得のゆくように説明するだけでは足りない。被面接者もそこから何かが得られるようにしなくてはいけない。(七二頁)

ここでサリヴァンが述べている内容、「(家族を含めた)その人たちが生きやすくなるように何とかしてあげるべきだ」「被面接者もそこから何かが得られるようにしなくてはいけない」を基本姿勢にすることに、多くの精神科医は賛成すると思う。

しからば家族間の葛藤が強い場合、この基本方針を実現するためにどのような方法論がありうるか。ここでは、筆者が日頃範にしている下坂のやり方を紹介しよう。

下坂(一九九八)は、自分の家族同席面接の流儀に「常識的家族療法」と命名している。そしてこの名称に含まれる「常識」について、「常識的なアプローチとは、患者、家族、治療者の三方に納得がゆくこと、なろうことなら彼らのそれぞれが『腑に落ちること』というように考えたい」(三三頁)と説明している。[注8] ここで下坂が述べている内容と、サリヴァンの考え方に重なる部分が大きいことは、改めて指摘するまでもないだろう。

これから、下坂（一九九八）が書いている家族同席面接の要諦を引用する。いささか長くなってしまうが、この解説文の勘所のひとつと深く関わる内容なので、ご寛恕をいただければ幸いである。

子供の精神障害はいわずもがな、不登校だの摂食障害だの非行だのといった青年期の障害者には、たいてい親が同伴してくる。こういうケースの場合、多くの精神科医はまずは親子を分けて面接しているが、それ相応の理由はあるとしても、これは治療者のはからいであって、一緒に来院した人々には一緒に会うということが本来より自然な形である。

はじめからの同席面接の場合、どこまでも患者中心という治療者の考えは一応括弧のなかにいれる必要がある。このさい、のっけから親がまくしたてるということもあり得るだろう。それはそれでよい。それがその家族の在り様の特徴の一端なのだから、やがて頃合を見計らって、つぎに患者が主に話すように仕向ければよい。親子の双方が互いの顔色をうかがってお互いに逡巡しているようなら、治療者が双方の緊張をやわらげ、発言しやすい状況を作ればよい。このようなとき、私はときに「言論は自由なのですから、憲法で保証されているのですから」と大げさなことを言い、各自の発言をうながすこともある。

こんなことはごく稀なことだが、われわれの面前で親子が互いに言い争いをはじめる。それもそれでよいので、この言い争いの様相をよく把握しようと心掛ければよい。言い争いも静観していればふつうは数分しか続かないとしたもので、あとはたいてい落着いた面接に移行できる。

同席面接といっても（本式の）「家族療法」を目指すわけではないのだから、治療者はなにも気張る必要は少しもなく、個人面接の拡大といった気組みでよい。若い医師が年輩者の親に軽くみられるのは当たり前のことであって、ゆめゆめ親と勝負するような気になってはならない。

患者の言い分、家族の言い分に等分に耳を傾け、等分に肩入れをし、それぞれの言い分の差をはっきり認識することが、同席面接の要諦だと私は思っている。そのためには治療者がただまじめにうなずいているだけでは不充分である。各人の言い分をこちらで少しまとめて、「○さんはこう言われた、△さんはこう言われた、……のところは違いますが、それぞれに理がありますね」といったあんばいで、言語的に確認するのがよい。これはきわめて単純なことのようだが、患者も家族もそれぞれの主張を受けとめてもらったという少なからざる満足感を得るものである。

さて、上記のように患者、家族の言い分を等分に聞くという表現を使ったが、これは理想を述べたわけで、実際はなかなかこうはいかない。それは形式として可能である。話を聞いたうえで親の立場をある程度理解するということがむつかしい。内心ではコノオヤジ奴、コノオフクロ奴と思ったりする。治療者が若ければなおさらのこと、年輩の治療者といえども、親子関係のしがらみを全く超越することはできないのだから、上記のような感情が治療者の内心に芽生えたとしても無理からぬことである。われわれは誰でも、自分の両親、きょうだいを自分の色眼鏡を通してみてきた長い歴史をもっている。家族をも合わせて面接するときには、個人面接のとき以上に、このわれわれの色眼鏡がよくもわるくも濃厚に働く。つまり患者の両親像と治療者の両親像とはわずかなりともダブる。自分の両親は立派で患者のこんな両親とは全く違うと思う治療者がいるとすれば、それもひとつの隔離というダブりである。ちなみに最近、自分と原家族との間柄を縦横に見直すためのスーパーヴィジョンを受けることが家族療法を志す人にすすめられていることは大いに根拠のあることである。

こんな事情だから各家族成員に平等に肩入れすると心掛けていても文字通りにはいかないのはいたし方ない。上記のようなスーパーヴィジョンを受ける機会にめぐまれることはわれわれにはまずないから、自分と両親ならびに自分ときょうだいとの間柄はどのようであったかを絶えず考え直してみる訓練を自分に課するほかはない。

これはひどく乱暴な言い方なのだが、精神療法に熱心な若年の精神科医は、患者に対してよりも、両親により多く肩入れするような心構えをもつくらいで、ちょうど患者と家族に平等になれるような気がする。反対に生物学的精神医学に強い親和性を抱かれる方は、患者により多く肩入れするくらいの心構えをもつとよいかもしれない。そう考えられる理由は、省く。ここは妄言と思われる向きもあるだろうが、ある程度納得して下さる読者もいるだろう。

青年期の患者を診ると、子は親に親は子に、同じくらいの比重で猜疑と不信とを向け合っていることが多い。親子別々に面接していると、この猜疑、不信はなかなか拭い難い。待合室で待たされている親はしばしばこう思う。××はわたし（おれ）の悪口ばかり言っているんじゃないか。他方、子の親に対する不信はさんざん説かれているので、ここでは改めて触れない。これが同席面接だと、互いの言いたいことにある程度ブレーキがかかる——はじめのころの面接では子と親の言い分がすっかり吐露されない方がむしろ好ましいことが多い——としても、互いの目の前で同一の医師にてんでに訴えるのだから互いの猜疑心はずいぶんうすらぐ。また親子ともに医師の発言を同時に聞いているのだから、医師の品定めもし易かろう。

同席面接のあとには、私は個人面接の場合と比べて比較的さわやかな気分になれる。患者、家族、医師の三者で同じ土俵に上ってすこぶる風通しがよかったといった感じである。この感覚はどうも家族にも

共通しているようで、同席面接が首尾よくいったときは患者も親もさっぱりしたといった風情をみせる。（八七–九〇頁）

以上からわかるように、下坂は「患者の言い分、家族の言い分に等分に耳を傾け、等分に肩入れをし、それぞれの言い分の差をはっきり認識することが、同席面接の要諦だと私は思っている」と述べ、「患者の言い分」だけに肩入れする介入を戒めている。これに関連して、下坂（一九九八）は次のようにも記している。

- 患者が親の言動を問題とするときは、そのさいの患者の発言を省略させないようにつとめる。あたかも台本のように会話を丸ごと再現させるわけである。個人療法の中でこのような働きかけをおこたらなければ、精神分析療法とは異なった文脈で、患者の洞察を促すことになる。
- 患者がしきりに親を非難する場合、しずかにきくが、たやすくうなずいたりしてはならない。ごくかるく首をかしげながらきくくらいの心構えの方がよい。この場合、前にあげた介入法をしばしば用いなければならない。親への非難にふかくうなずいたりすれば、患者は先生も親が悪いといっていたといいかねないであろう。（四五–四六頁）

まだごく未熟な自我しか持ち合わせていない青年の一人暮し願望に肩をもったり、親に楯つくことや無理な突飛な職業につこうとすることを暗に扇動したりする精神科医には、自分が似たような経験をしてきたものがいる。それは、自分にとってはよい経験であったから、患者にとってもよいはずだと短絡的に考えてしまう。彼我の自我の強さをはじめとする境遇の差を考えない。これは患者を剣呑な道へと

歩ませかねぬ精神科医の姿勢である。（八一頁）

ここまで、下坂による家族同席面接の紹介を行ってきた。筆者が家族同席面接を行う場合、（実現可能かどうかは別として）この常識的家族療法に則った関与を試みている。本書を読みながら、筆者は「こうした下坂先生のやり方を行ったとして、著者の場合どのような成り行きがありえただろうか？」と空想する機会があった。しかるにあまりに根拠のない憶測になってしまうので、その内容を記すことは控えさせていただく。

なお著者は、「五五歳の時に完全に両親と絶縁した」（本書一五六頁）との由である。この箇所を読んだ筆者は、「たとえ常識的家族療法に準ずるアプローチを行ったとしても、やはりこのような結果に至った可能性が高いのだろう」と感じた。そして、信田（二〇一三）による次の警句を思い起こした。

私はパラドクシカルな結論に達した。

「コミュニケーション復活の第一歩は、コミュニケーションの断念である」と。（一六九頁）

＊

7．追補コメント①――「一七歳のときに発症したうつ病」の発病の経緯～病態理解に関する感想

ここから、二つの追補内容に移る。まずは、著者が「一七歳のときに発症したうつ病」に関する感想から。

著者は、「一七歳の時に、私は『境界性人格障害』と『うつ病』を発症した」と記している（本書三九頁）。

そして、

①背景に元来からの特徴的な親子関係があるなか、
②一七歳のときの「ある同級生の何気ないひと言」（本書一四四頁）がきっかけとなり、
③「それまで『これが自分』と信じてきたものがまったく本当の自分ではなく、自分にそう信じ込ませただけの『完全に嘘の自分』をずっと生きてきたことに、突然気付かされた衝撃」を受け、「『自分で自分がわからない』『自分が自分でないような気がする』という、自己同一性障害の症状が、この時から始まった」（本書一四六頁）

ことを発症の理由として挙げている。

また自らの出生が難産だったことから、「海馬が萎縮したことが、一七歳で精神疾患を発病する原因になった可能性が非常に高いと推測できる」（本書二三四頁）とも述べている。

筆者は〝特徴的な親子関係〜自己同一性障害〟と境界性人格障害の関連についての考察内容に同意し、難産による海馬の萎縮がリスクファクターの一つになった可能性について「あるいは否定できないかもしれない」という感想を抱いた。

しかるに「うつ病」発症に関しては、特徴的な親子関係〜自己同一性障害〜境界性人格障害という因子に加えて、当時の生活習慣の影響も大きいのではないかと感じた。

神田橋（二〇〇六）は、精神障害と治療〜回復に関する次のような定義を行っている。

- こころの病気とは、典型的な脳の心身症であり、生活習慣病なのです。
- 天性の資質に無理のない、相性の良い脳の生活習慣に変えることで、脳というからだは自然治癒、すなわち自ら、ひずみを修復していくのです。

（六七―六八頁）

うつ病を発症した背景の「脳の生活習慣」のなかに、特徴的な親子関係にまつわる各種因子、たとえば「親の専制支配」「自主性の剥奪、自尊心の徹底破壊」があることにもちろん同意する。しかるに、次のような〝当時の生活習慣〟の関与も大きかったのではないかと、筆者には感じられる。

高校に入ると、休前日だけは七時間寝られたものの、それ以外は毎日三時間に睡眠時間を削らなければならなくなった。

食事とトイレと入浴と気分転換のテレビ一時間以外、すべて点取り勉強に充てた。［…］休み時間もクラスメートとほとんど口を利かず、数学の問題を解くなどして、一分一秒無駄にせぬよう努めた。

「付き合いは勉強の邪魔」と心得、原則、友達は作らなかった。

（本書一二六頁）

当然のことながら、こうした無理な「生活習慣」を選択せざるをえなかったことに、著者の親子関係が深く関わっているが（例 東大医学部合格で母の賞賛を得たい）、「脳の慢性蓄積疲労で脳がシステムダウンするうつ病」が発症した直接の契機としては、上に引用したような〝当時の生活習慣〟が大きく影響しただろうという推測を記しておきたい。

境界性人格障害とうつ病の併存率は高いが、うつ病の併存がみられない境界性人格障害が少なからず存在することも事実である。うつ病併発の有無に関しては、「脳の生活習慣」[注9]が大きく関与するという一精神科医の見解を記して参考にしていただけたらと考え、あえて追記した次第である。

＊

8．追補コメント②――著者の親子関係～親子関係関連障害の社会的背景に関する感想

最後に、著者の親子関係～親子関係関連障害の社会的背景に関する私的な感想を記してみる。著者は自らの親子関係の背景因子として、『親は無条件で尊く、感謝すべき存在』という〝親信仰〟が昔から特に根強い日本の社会」（本書一〇頁）の特徴をあげている。

一方、下坂（一九九八）は「今日の親の心理的苦労を増大させている一般的条件」として、次の四項目を抽出して論じている。

1．その家の規範・規準をそれぞれの家の親が決めなければならない。これは実は面倒で複雑なことである。現代の日本では、国家、宗教、教育というものが規範を明示できないし、明示することも許されない状況にある。［…］

2．少ない子どもの数は、同胞抗争を激化させている。二人ないしは三人というきょうだいのなかで、だれがもっとも親に配慮されているか、愛されているかに子どもたちはすこぶる敏感になっている。子どもに対する親の多少の不公平な態度はあたりまえのことなのだが、数が少なくないうえに、日本の戦後民主主義の平等思想は、子どもたちのこころにもしみこんでいるから、子どもたちは不平等を容認しない。それに娘たちは幼児といえども男女同権を自覚していることに、親はもっと気をつ

ける必要があるだろう。ヤンチャで親の不公平・不平等に喰ってかかる子どもならよいのだが、こらえて口に出さない子だと後年困る。親が気づかないうちに、ひどく親を恨むようになるということが出来《しゅったい》しかねない。［…］

3．マスメディアに対する親と子との反応には差がありすぎて、これも親にとっては頭の痛いことである。目下、子どもたちに流行の「朝シャン」の火付け人は、どうみてもテレビのコマーシャルである。自我にもろいところのある、それ故に外形にとらわれる子どもたちのこころの中には、とくにコマーシャルは浸透していく。これに対しては、親のもっともだが地味な説教などは抗しうべくもない。痩身法、痩せ薬、下剤などの宣伝は、こころのよるべを失った少女たちを間断なく誘惑する現代の妖怪である。子どもが総じてコマーシャルにどんどんのせられていくようであれば、こころの拠り所を失っているなと親は察したほうがよいだろう。

4．さきに親の子への過剰期待にちょっと触れたが、現代の子どもの親への過剰期待も並はずれている。［…］

（九五–九八頁）

ここに出てくる「朝シャン」「痩身法」「痩せ薬」「下剤」などを、より現代的なキーワードに置き換えれば、下坂の趣旨はそのまま現在にも当てはまるのではないか。そしてこの「今日の親の心理的苦労を増大させている一般的条件」は、当然のことながら現代の親子関係〜親子関係関連障害に強い影響を与えていることになる。

一方、信田（二〇一二）は、アダルト・チルドレンの母親に関連して「ロマンチックラブイデオロギー（RLI）と呼ばれる『愛・性・結婚の三位一体説』が、その強固な屋台骨であった」（一〇一頁）と論じている。

これらの優れた論に教えられ賛意を覚えつつ、著者の親子関係〜親子関係関連障害には現代日本社会に残存する前近代的な要素も関わっているのではないか、と筆者は感じている。筆者の認識では、この因子も考慮に入れる必要性と有効性があるため、少々長くなってしまうが、かつて記した内容（原田、二〇一七c）を再掲させていただく。

現代日本社会の特徴②：「人間の自然治癒力〜レジリエンスの発現／抑制」という視点から眺めて、以前と変わっていない旧態依然のところ

精神科の診察室では、いじめ〜ハラスメントの類いの話が語られて治療的対処を模索する機会が多い。そうした経験を通して、筆者は「以前と較べて変わっていない、旧態依然たる現代日本の特徴」も痛感している。このテーマと関連がある内容について、以前エッセイを記したことがある（原田、二〇一六）ので引用させていただく。

ある演劇人をめぐる断想

今年五月一二日、ある高名な演出家が亡くなった。享年八〇歳。逝去後にＮＨＫと民放で追悼番組が放映されたので、ご覧になった方も多いだろう。酸素カニューレを鼻にあてて車椅子に座り、役者に次々と怒声を浴びせかける鬼気迫る姿。わたしはいささか複雑な想いを胸にしながら、〃彼の様相＝Ｎ氏の白鳥の歌〃を味わった。

激すると俳優に物を投げつけることがしばしばだった、ハラスメントすれすれの彼の所作は、見る者

をして両価的な心情を生み出す類のもの。恐らく多くの方は、彼のやり方を総体的には肯定的に受け止めたのではないか。実際のところ、（追悼番組なので当然だが）薫陶を受けた俳優たちは口々に感謝～賛辞を述べていたし、番組の取り上げ方も「N氏・讃」というニュアンスが色濃かった。

しかるにTV画面と対峙していたわたしの中では、暗雲が垂れ込め不穏な風が吹きすさんだ。その内実を分析すると、①ああいう演出法で手傷を受け、外傷体験になった俳優が少なくないという推測、②あのようなやり方をとらずとも、優れた指導はできるとの判断（例 落合博光、カルロス・クライバー、パオロ・ソレンティーノ、神田橋條治）、③この種の接し方を是とする、我が国に残存する文化的風土への反発と危惧、④そうした文化を維持する要因の一つになっている（一部の）教育への問題意識、がありそうである。

わたしがN氏に抱く個人的な想いは、どうやら最後の「教育」のテーマに由来するところが大きいようだ。彼の最終学歴は開成高校であり、それはわたしの母校でもある。開成の教育に素晴らしい点が多々あることは充分自覚し感謝もしているが、（少なくとも、わたしが通っていた当時の）開成の風土にN氏的な（≒旧・日本軍的な）色彩が残存していたことも確かである。つまり私の屈託は、「彼の振る舞いには、我らが母校の影響が少なからずあるのではないか」という仮説から、かなり影響を受けている。

このような感慨から、現在なお残っているN氏～開成～プチ旧・日本軍的な風潮が社会の中でさまざまな形で顕現して、わたしたちが被害者の相談にのっている図柄が改めて意識される。加えて一部の精神療法の指導～スーパービジョンにおいて、今もN氏流が皆無ではないことも想起されるところだ。

ここで忘れてならないのは、N氏的要素が確実にわたしの中にも残っている事実。中・高を開成で過ごし、大学でも体育会系クラブに属していたわたしには、彼と同質の因子が濃厚に遺伝している。すべての体験がそうであるように、この経験には陰陽の両側面があるが、その負の要素をさまざまな形でわたし～周囲の人が味わってきた／いるのですね。こうした総括をしたわたしは、たった今も同窓の先輩との対話を試みている。

幸いにして、今のところNさんは穏やかな口調で平和裡に、物など投げずにこやかに対話に応じて下さっているので、皆さんご安心下さいませ（SH）。

引用文中にあるように、筆者は〝N氏～開成～プチ旧・日本軍的な、攻撃性の表出を安易に容認する風潮〟が社会の中に色濃く残存しており、さまざまな悪影響を及ぼしていると考えている。この特徴が、いろいろな表現型で出没して周囲に悪影響を及ぼす場は枚挙に暇がなく、家庭～地域社会、学校～企業～役所、部活～各種サークルなどきりがない。

そして、こうした根強い風潮がいじめ～ハラスメント、無茶なしごき～強要、さらにはクレーマーやモンスターペアレントが生じる土壌の一部になっていると感じている。例えばこの傾向には、中井（一九九七）が「いじめの政治学」で抽出した「孤立化」「無力化」「透明化」を誘発する要素が内在しているだろう。（そもそも中井自身が酷いいじめを体験したのが、戦時下の旧・日本軍的な風潮が濃厚な息の詰まる閉鎖社会であった。）そしてプチ旧・日本軍的な風潮～いじめ～ハラスメントの類が、人間の自然治癒力～レジリエンスの発動を妨げて抑制しがちな事情の理解は至極容易に違いない。

しからば、この〝N氏～開成～プチ旧・日本軍的な、攻撃性の表出を安易に容認する風潮〟のルーツがどこにあるか。この問いにはさまざまな解答が存在しうるが、筆者には丸谷才一の一連の論がしっくりきて合点がいく。ここでは、丸谷（一九九七）のエッセイ集『どこ吹く風』から二編を引用してみよう。

丸谷は〝プチ旧・日本軍的な、攻撃性の表出を安易に容認する風潮〟の起源〜伝播〜繁茂を明快に論じ、それが我が国の（アマ〜プロを問わない）スポーツ界で跋扈している事情を見事に描いている。

殴るな

日本軍の名物は殴ることだつた。古参兵が新兵を殴るのである。晝も夜も、理由のあるなしにかかはらず、これをやつた。それが厭さに脱走して処罰される兵隊も多かつた。このへんのこと、詳しく知りたい人は野間宏さんの『真空地帯』をお読みになるといい。

あれは西洋の軍隊の真似なんですね。殊にイギリス海軍の私刑は有名で、バットで尻を打つ。帝国海軍はあれを採用した。帝国陸軍も負けちやゐなくて、いろんな体罰をプロシャ陸軍から学んだ。

で、日本の小学校の教員が軍隊にはいつて、さんざんひどい目に会つたあげく、満期除隊で帰つて来ると、今度は自分が生徒を殴つた。このせいで体罰が近代日本風俗として定着し、愛の鞭なんて称して、乱暴なことをするのが教育法になつた。今でもこれをやつてる小学校や中学校の先生が多いと聞く。服装がどうとか、髪がどうとか言つて殴りつけ、自分は教育熱心だと思つてゐるのだろう。

そしてこれが、体育関係では公認されてゐて、高校でも、大学でも、体育部は殴るらしい。プロのスポーツでもさうだといふ。どうやら日本のスポーツの指導者は、角兵衛獅子の親方みたいな連中が揃つてゐるやうだ。虎は死んで皮を残し、日本軍は解体して角兵衛獅子の親方を残したわけだ。

しかし、顔を殴るとか、尻を打つとか、さういう侮辱を加へながらでなくちや、ものを教へられないのは、智恵がないね。訓練法として間違つていると思ふ。相手を人間として尊重し、礼節を守つて仕込むのがいい。立派なチームは、野蛮な人間関係からは生れない。

それなのに「星野鉄拳野球」なんて幕を外野にひろげて、おだてる奴がゐる。大洋の大杉コーチは記者会見で、大いにぶん殴るなんて公言してゐる。よしたほうがいいなあ。もう、そんな時代ぢやないよ。もしも本当に殴る気なら、日本人の選手だけぢやなく、外国人選手も殴つてみろよ。

忠勇義烈

読売ジャイアンツは巨人軍といふ別名を持つ。この「軍」は象徴的だね。といふのは、日本の野球はをかしなところで旧日本軍と縁が深いからだ。

旧日本軍は兵隊を殴るので有名だつたが、同様に日本野球の一特色は、アマとプロとを問はず、選手を殴ることである。これは本場の野球にはない。(中略)

明治維新以前の日本では、人を殴つたりしたら大変なことになつた。めいめいが自分の名誉をうんと大事にして暮らしてゐた。これは歌舞伎を見ればわかる。ところが維新以後、じつに安直に人を殴るようになつた。軍隊のせいですね。

村や町での人間関係と違ひ、軍隊では天皇の威光をかさに着て威張りちらすことができるし、それに除隊になればもうその相手と顔を合わす恐れがない。そこでしたたかビンタを取つたんです。(中略)

この悪風が学校の体育部に取り入れられ、ひいてはプロ野球でもしきりに殴るやうになつた。コーチが殴る、監督が殴る。観客に見えないところで殴る。見えるところでもついうつかり殴る。

このあひだヤクルトの野村監督が新井選手をポカリとやりましたね。スポーツ新聞その他は、殴ることそれ自体を非難しなかつた。衆人環境のなかでやるのはまづい、と批判しただけだつた。

ああ日本の野球は忠勇義烈だなあ。

ヤクルト飛燕軍と呼びたいくらゐだなあ。
ヤクルト飲んで出征しよう。

諸兄姉は、どのような感想を抱かれたでしょうか。筆者は、〝①英独軍隊の私刑・体罰の悪しき伝統→②旧・日本軍への導入→③軍隊に入った教師が体験する→④満期除隊した教師が、学校で同じ行動パターンをとる→⑤さまざまな現場（例 スポーツ）への伝播〟という形で、〝プチ旧・日本軍的な、攻撃性の表出を安易に容認する風潮〟が広がり根づいた経緯をコンパクトに論じた、丸谷ならではの名論と思っています。

言わずもがなであるが、この風潮は決して教育～スポーツ界に限定されない広がりを持つ。例えば「いじめ～ハラスメント」問題を声高に語り、対策を講じようとしているマスコミ～行政の世界の一部にも、〝プチ旧・日本軍的な、攻撃性の表出を安易に容認する風潮〟が根強く残っている。

すると、次の命題が改めて生じることになる。「こうした悪しき風潮～伝統と、我々精神科医はどのように向き合うべきだろうか？」

当然のことながら、〝プチ旧・日本軍的な、攻撃性の表出を安易に容認する風潮、いじめ～ハラスメント〟に対する自らの見解をしっかりと抱き、精神科医としての対応を工夫し行動することが本筋となるだろう（本稿を記して自身の見解を表明している営為も、こうした行動の一環のつもりである）。

加えて筆者が感じているのは、先に引用したエッセイ「ある演劇人をめぐる断想」で記したように、我々精神科医自身も「N氏（＝ある演劇人）と同質の因子」を（程度はさまざまにしても）遺伝しており、「その負の要素をさまざまな形でわたし～周囲の人が味わってきた／いる」事実を自覚することが重要と考えている。

最後に、こうした論旨と関連のある武田泰淳（一九六六）のエッセイの一節を引用する。文中の傍点は、筆者がつけました。

悪玉は、他人の迷惑におかまいなしに行動する。しかも次から次へと、「善玉」には思いも及ばぬ方法で、むずかしい目的に到達する。そこが映画や芝居の悪玉に人気のあるゆえんだ。ただぼんやりしている「悪玉」はあり得ない。映画「男の争い」で、選りすぐった札つきの連中が、金庫やぶりに苦心する場面の、あの数十分のスリルは、善玉には永久に味わえぬものだ。善玉のほうは、「暴力教室」は児童の教育上よろしくないなどと、安全地帯で心配していればすむ。

スクリーンや舞台では、悪玉の活躍に拍手しながら、近所づきあいでは、わずかの悪事にも眉をひそめずにはいられない、僕ら善玉の矛盾ははなはだしい。悪玉より悪知恵はたらく善玉が、自由自在に動きまわる「劇」が、舞台でも現実でも進行するようにならないかぎり、この矛盾は消え失せないにちがいない（悪徳について）。

善をすすめ、悪をこらしめなければなりません。それはなお継続するでしょう。そしてそれは方程式の解法の無限の可能性を信ずることでもありましょう。つまりはそれを解く困難さを身にしみること、そのことによってまず自分自身の動揺転倒を愛すること（勧善懲悪について）。

以上の文章に、神田橋先生が「コメント」を寄せて下さった（神田橋、二〇一七）。このコメント内容は、〝本解説文全体の解説役〟を果たしてくれるように感じられるため、再掲させていただく。

短いコメント　神田橋條治

暑いですねェ。

先生からの論考、嬉しく拝読しました。ボクが二〇年ほど考え続けているテーマを、先生も考えて下さっていることが嬉しいのです（考える人がほとんどいないという、淋しさがありました）。

ボクの現時点での考えは、ほとんどノート（神田橋、二〇一六）に書いていますが、抽出してみますと……

①〝イジメ〟や〝殴る〟やらは、双方に「殴る⇅殴られる」の構図が伝わってゆきます。文化の伝承とはこれです。「情けは人のためならず」とは、他者に情けをかけることは、「かける⇅かけられる」の構図が、双方に伝わってゆくとの意です。

ある程度の中枢神経系をもつ生物における学習の本質です。「見よう見まね学習」とボクは呼びましたが、学習の影響は双方向的なのです。

②イジメや殴るなどは、単純化されたシステムです。システム化されていない世界（複雑系）に接することで、生命体はその資質が許す限度まで、文化学習と同じことが生じます。「なじむ」「溶け合う」です。システムの単純な構図が関与すると、単純な文化学習になります。

③おそらく江戸時代のシステムがルーズであった庶民は、ルーズな（複雑な）外界をとり込み、そこに自然界の春夏秋冬などのような不思議な流れとなじみ（フラクタル）、似たような複雑系が動き続ける。これが「自然治癒力」の本質であり、自然界の生物はみなこのプロセスを共有しています。おそらくシ

ステムが確立していた武家社会では、精神異常は多かったと思います。

④システムを硬直化させる文化の最たるものが、文字文化です。文字のない時代は、自然治癒力が力強く作動していたでしょうし、文字を介さない人と人の関係が多いほど、自然治癒力が育つでしょう（大家族はその典型であり、スラム街なども健康度が高いはずです）。戦後の闇市などの「学ばざれば憂いなし」の真髄は、それだと思っています。

⑤「退行」はシステムの崩壊であり、内側のシステムが複雑系を取り戻すし、外界とのシステムがゆるむのでしょう。「リオのカーニバル」を含め、祭りの治癒力はそのせいと思っています。

まあ、こんなところです。近く新刊書（神田橋・白柳、二〇一七）を贈ります。

神田橋條治

原田誠一先生

＊

精神科医の役割にはさまざまなものがあるが、大変重要なもののひとつに「通訳」という機能がある。たとえば、当事者のこころとからだ〜脳の通訳、内部で葛藤している自分同士の通訳、過去〜将来の自分と現在の自分の通訳、といった具合だ。加えて、当事者と家族〜周囲の人たちの通訳、当事者・家族と社会の通訳を試みることもある。

この解説でも、筆者なりに「通訳」の役割を果たせないか工夫してみた。この一文が、著者・本書〜読者の皆さま〜精神医療をつなぐ「通訳」の役目を少しでも果たせると嬉しい。

†注

［1］著者の親の呼び方においては「ご両親」などと記すのが通例であるが、この解説文では尊称を用いない形をとらせていただく。今回この記載法を採用したのは、著者のなかにご両親への強い陰性感情が存在し、その感情に支配されてのことではない事実を、ご理解いただければ幸いである。著者自身も認識しておられ、またこれからこの解説文で繰り返し触れることになるが、著者と同様ご両親も親子関係関連障害の当事者であると筆者は考えている。

［2］著者が体験した「精神医療と関わることで、当事者の回復がかえって妨げられてしまう場合も少なくない現実」のなかには、単なる「精神科医による不適切な対応」の範疇におさまらない、〝妥当性を欠く精神科医の行動化〟も存在するのではないかと感じている。たとえば、著者による『私は親に殺された！——東大卒女性医師の告白』（朝日新聞出版）の一三四—一四一頁、二〇三—二二六頁を参照。

［3］本解説では、複雑性PTSDでみられる外傷性記憶に対して複雑性外傷記憶という仮称をつけてみた。こうした命名を行ったのは、この分野に不勉強な筆者が該当する既存の術語を知らないためである。おそらく、ここでいう複雑性外傷記憶に当たる用語がすでにあるのだろうが、筆者の知識が不十分なことからこの記載を試みた次第である。

［4］「一致」というのは、口先だけでなく、心の底から受容・共感を行うことをいう。著者の記載にある「『それはひどい。本当に辛かっただろう』と、心底そう思っている調子で相槌を打ってくれた」の「心底そう思っている調子で」という箇所に、「一致」が示されている。ちなみにこの「相槌の打ち方」について、下坂幸三はいささか異なる見解を記している。詳しくは、「6．精神科の診療では、どのようなやり取りが交わされるのだろうか？④——家族の心理教育〜常識的家族療法」をご参照願いたい。

［5］本解説「1．筆者のクリニックにおける親子関係関連障害の実態・簡易調査の結果」で記したように、筆者が自分のクリニックの一カ月分の予約簿を調べたところ、八〇名を超える親子関係関連障害に該当する患者さんが存在すると判明した。この八〇余名の診断名を眺めたところ、従来の精神医学で表立って扱われることが少なく、その病態～心理機制が看過されて治療が難渋しやすい「コミュニケーション強迫、接触強迫、失敗恐怖」が高率（各一割以上）でみられた。これらについて関心がおありの方は、次の文献をご参照願いたい。

原田誠一（二〇一三）「「コミュニケーション強迫」と「接触強迫」に関する覚書」『精神療法』三九、七一四-七一七頁

原田誠一（二〇一六）「恐怖症の治療——限局性恐怖症と失敗恐怖の診療の工夫。強迫性障害と社交不安障害のあまり知られていない亜型」原田誠一・森山成彬＝編『外来精神科診療シリーズ：不安障害、ストレス関連障害、身体表現性障害、嗜癖症、パーソナリティ障害』中山書店

［6］精神療法で重視される「受容、共感、一致」は、敵対・混乱モードに陥っている患者が友好・安心モードに戻る一助となりうる。

［7］外傷性記憶と関連のあるフラッシュバック体験に対して、漢方薬（四物湯《しもつとう》と桂枝加芍薬湯《けいしかしゃくやくとう》の併用）が有効性を発揮する場合があることが知られている。興味をお持ちの方は、次の文献をご参照願いたい。

神田橋條治（二〇〇七）「PTSDの治療」『臨床精神医学』三六、四一七-四三三頁

波多腰正隆（二〇一六）「外傷体験・フラッシュバックの薬物療法（向精神薬、漢方薬）」原田誠一・森山成彬＝編『外来精神科診療シリーズ：不安障害、ストレス関連障害、身体表現性障害、嗜癖症、パーソナリティ障害』中山書店

［8］ここで述べられている「腑に落ちること」に加えて、下坂（一九九八）は「手応え」も重視している。たとえば、「近頃の患者と家族とは手応えのある面接を痛切に望んでいると私は思っている。だからたとい小家族療法といえども、面接のつど、家族に多少の手応えを与えるものでなければならないと考える」（三九頁）と記している。

［9］当時の著者の生活習慣には、人間の自然回復力を促してくれる四因子「①からだを動かす、②自然を楽しむ、③良い人間関係を味わう（相手が動物でも可）、④遊ぶ」が、あまりみられなかったのではなかろうか。

†文献
原田誠一（二〇一三）「我流・家族教育の3つの余得」『精神療法』三九、八一一頁
原田誠一（二〇一六）「ある演劇人をめぐる断想」『精神療法』四二、七六〇頁
原田誠一（二〇一七a）「慢性化したうつ病への認知行動療法の工夫」『臨床精神医学』四六、五四七-五五七頁
原田誠一（二〇一七b）「臨床閑談——一開業精神科医の生活と意見」『臨床精神医学』四六、一五四七-一五四九頁
原田誠一（二〇一七c）「現代日本社会における2つの特徴——「人間の自然治癒力〜レジリエンスの発現／抑制」という視点からみた〝変化した／変化していない〟問題点」原田誠一＝編『外来精神科診療シリーズ：精神医療からみたわが国の特徴と問題点』中山書店
ジュディス・ハーマン［中井久夫＝訳］（一九九六）『心的外傷と回復』みすず書房
伊藤絵美（二〇一五）『自分でできるスキーマ療法ワークブック Book2』星和書店
神田橋條治（二〇〇六）『「現場からの治療論」という物語』岩崎学術出版社
神田橋條治（二〇〇九）『改訂 精神科養生のコツ』岩崎学術出版社
神田橋條治（二〇一六）『治療のための精神分析ノート』創元社
神田橋條治（二〇一七）「原田論文へのコメント」原田誠一＝編『外来精神科診療シリーズ：精神医療からみたわが国の特徴と問題点』中山書店、
神田橋條治・白柳直子（二〇一七）『いのちはモビール——心から身体から』木星舎
丸谷才一（一九九七）『どこ吹く風』講談社
中井久夫（一九九七）「いじめの政治学」『アリアドネからの糸』みすず書房
中井久夫（二〇〇四）『徴候、記憶、外傷』みすず書房
中村伸一（二〇一三）「多世代伝達モデル」日本家族研究・家族療法学会＝編『家族療法テキストブック』金剛出版
信田さよ子（二〇一二）『それでも、家族は続く——カウンセリング現場で考える』NTT出版
信田さよ子（二〇一三）『コミュニケーション断念のすすめ』亜紀書房
斎藤 学（一九九六）『アダルト・チルドレンと家族——心のなかの子どもを癒す』学陽書房

下坂幸三（一九九八）『心理療法の常識』金剛出版
ハリー・スタック・サリヴァン［中井久夫、松川周悟、秋山剛ほか＝訳］（一九八六）『精神医学的面接』みすず書房
ハリー・スタック・サリヴァン［中井久夫、宮崎隆吉、高木敬三ほか＝訳］（一九九〇）『精神医学は対人関係論である』みすず書房
武田泰淳（一九六六）『新編 人間・文学・歴史』筑摩書房

あとがき

この本の原稿を書き始めた時から、もう三年が経過した。

そもそも私がこれを書こうと思い立ったきっかけは、二〇一四年末に朝日新聞に載った一つの記事がきっかけだった。

その記事では「精神疾患を持つわが子が家庭内で激しい暴力を振るう。家族の命を護るためにも、他人に被害を及ぼさないためにも、子どもを精神科の閉鎖病棟に長期的に預かってもらうしか道はない」という母親の話を紹介し、記者が母親に共感するトーンが強く読み取れた。

私は「それは違う！」と思い、矢も楯も堪らなくなった。

幸いその記事を書いた記者の方に、二〇一五年五月に会えることになったので、「今の状況だけを見て判断しないでほしい。そもそも子どもが精神疾患を発病した原因からして、親側が先に長期間絶え間なく精神的暴力を振るい続けたことにあり、さらに子どもが発病すると、親がますます『見損なった』『世間に恥ずかしい』をはじめとする言葉の暴力を激化させて、とうとう耐えきれなくなった子どもが反撃に転じたケースが、中に相当数含まれていると思われるので」と、私の持つ情報と考えを先方に正確に伝えるための文章を書いた。それがこの本の原案だった。

その後、考えが次のように大きく発展した。

子どもが暴力を振るうようになってから慌てて対応するのではなく、子どもを暴力を振るうようにしなければいい。何より子どもに精神を病ませないことが一番だ。

もちろん子どもが精神を病む原因のすべてが親の精神的暴力ではないが、それが原因の相当な割合を占めることは間違いなさそうなので、そういう一連のケースを「親子関係関連障害」とひとまとめに括ってみよう。

そしてまず人を子どもに精神的暴力を振るう親にしないためにはどうすればいいか、次に親の精神的暴力で病んだ子どもが回復するためにはどうすればいいか、現時点までに見えていることだけでも対策を提示してみたいと考えるようになった。

これまでの人生の大半を、親の精神的暴力で病み、そこから回復することに費やした私には、自分自身の体験と、自分の両親のつぶさな観察に基いて、それらの対策を提示することこそ、ライフワークにするべき貴重な仕事に思えた。


そして一年九カ月後の二〇一七年二月二一日、この本の文章がひと通り完成した。

朝日新聞の記者の方に説明する目的で書いた文章の、約一〇倍の長さに達した。

これを何とか本の形にして世の中に発表したいという強い思いから、書き上げるとすぐに原田誠一先生にデータをお送りして感想を伺った。

そしてその四日後、本の目次案を追加でお送りする際に「先生が読まれてみて、本にする値打があると思われたら、出版社を紹介していただけないか」と、ありったけの勇気を振り絞ってお願いした。

その二日後に先生から「これからしばらく仕事が非常に多忙なため、読み終わるまで少し時間的猶予が欲しい」という返信を戴いたので、私は「辛抱強く御返事をお待ちします」とお答えして、不安な胸を抱えながら待った。

原田先生は、大学で私の一年後輩で、長年精神医療に携わってこられ、現在は原田メンタルクリニックの院長をされている。

先生とは前年の二〇一六年に、先生が編集主幹をされていた、中山書店『外来精神科診療シリーズ』に「当事者からみた精神科の診断」「当事者からみた精神療法」という二つのテーマで文章を書いてみないかと声をかけていただいたことがきっかけで、いろいろお話しさせていただくようになった。

私の厚かましい依頼から三カ月経った五月末になって、原田先生から「とても啓発的でいい内容だと思うので、私から出版社に打診してみたい」という御返事のメールを戴いた。

ところがとんでもない不注意で、一カ月後の六月末になってようやく、私はそのメールを読ませていただいた。

私は飛び上がらんばかりに感激し、先生の並々ならぬ御厚意にどれほど感謝しても感謝し足りない思いになった。

そしてその時の返信のメールで、もし出版の夢が叶うなら、是非先生に解説文を書いていただきたいとお願いした。

「前二つの本を出した時、『境界性人格障害などという病名を付けられたことのある人が書くことは、第三者の目から見て客観性に乏しいことが多い』と決めてかかる感想がかなり来て、そう思われてしまったのでは文章の訴える力が半減してしまい、非常に残念なので、そうでないことをベテランの精神科医である先生に証明していただきたい」と、理由を御説明した。

先生は一カ月もメールを見落とした私を咎められず、解説文のお願いまで快く引き受けて下さった。

そして二〇一七年八月、原田先生に紹介していただいて、金剛出版から本書を刊行していただける運びになった。

さらに原田先生は、御自身が師と仰がれる神田橋條治先生に、本書の推薦文を書いて下さるよう頼んで下さった。

なんと神田橋先生は『精神医学』誌に掲載された中山書店『外来精神科診療シリーズ』の書評の中で、私がそのシリーズに書いた二つの文章について「辛うじて魂だけは守り抜いた人の『叫び』」と大変好意的に言及して下さった。

その後、私からも直接お願いして、神田橋先生に、大変鋭い見方と温かいお気持ちのたくさんこもった推薦の文章を書いていただくことが叶った。

そして原田先生も、御自身の診療経験から「親子関係関連障害」に当たる事例が今の精神医療の現場に如何に数多く溢れているかを述べられ、また私が今回そう名付けて論じた問題について、これまでの社会的評価の高い精神医学の専門家たちがどのように言及しているかを懇切丁寧に紹介された、正に全身全霊の解説文を、私のために書いて下さった。

それゆえ原田先生と神田橋先生のお二人には、どれほど御礼を申し上げても申し上げ足りない思いでいる。

そして最後に、頑固で融通の利かない私に最後まで根気よく付き合い、編集作業に携わって下さった、金剛出版編集部の藤井裕二氏と、本書の出版を快諾し、応援して下さった金剛出版代表の立石正信氏にも、心の底からの感謝を申し上げたい。

残るは本書の主張が一人でも多くの方の心に響き、「折角健康に育ち、幸せに生きられる可能性を十分持って生まれた子どもが、親の誤った働きかけが因《もと》で一度きりの魂と人生を壊される」事例が一例でも減ってくれることを、ただひたすら祈念するのみである。

二〇一八年五月二六日

小石川真実

［著者略歴］

小石川真実――こいしかわ まさみ

臨床医。一九五七年生まれ。一九八二年東京大学医学部卒業。卒後三年間小児科診療に携わった後、内科医に転向。幼少から続く親の精神的暴力が原因で、一七歳時に境界性人格障害とうつ病を発症し、三〇代半ばで病状が最も悪化した為、挫折と転職を繰り返した。だがそんな中でも末期癌患者の在宅診療をはじめ、出会ったどの患者さんにも自分にできる最善の医療を提供しようと全力で取り組んできた。三八歳で病状が大きく改善して以後は、残るうつ症状を自身でコントロールしながら安定した勤務ができるようになる。現在では都内の診療所に週四日院長として勤務し、一般内科、小児科の他に精神科も担当している。二六歳から三九歳まで自身が精神科の患者として辛い体験を舐めたことを活かし、常に「自分が受けたかった医療」を心がけている。その傍ら二〇〇一年から、自身が親の精神的暴力で人生の半分を失った体験を活かし、現在日本の社会に多数存在する、親が子どもの魂と人生を台無しにする事例を一つでも減らすことを目指して文筆活動をしている。

主著に『親という名の暴力――境界性人格障害を生きた女性医師の記録』（高文研［二〇一二］）、『私は親に殺された！――東大卒女性医師の告白』（朝日新書［二〇一五］）がある。

大《おお》いなる誤解《ごかい》・親《おや》子《こ》が殺《ころ》し合《あ》わないために

子《こ》どもの魂《たましい》を健《すこ》やかに育《そだ》て、幸《しあわ》せな親《おや》子《こ》関係《かんけい》を築《きず》くために必要《ひつよう》なこと

２０１８年10月５日　印刷
２０１８年10月15日　発行

著者――小石川真実

発行者――立石正信
発行所――株式会社　金剛出版
〒１１２-０００５
東京都文京区水道１-５-16
電話　０３-３８１５-６６６１
振替　００１２０-６-３４８４８

装丁◉戸塚泰雄（nu）
組版◉石倉康次
印刷・製本◉シナノ印刷

ISBN978-4-7724-1654-2 C3011